Eva Gramer-Viel

W0052045

Norbert Berger

Zündende
Einstiegs
ideen
zum
Textekanon
Deutsch

150 literarische Texte
variantenreich einführen

 Auer Verlag GmbH

Erweiterte Neubearbeitung des Werkes:
Norbert Berger
Literarische Texte entdecken. Materialien für einen motivierenden Einstieg
ISBN 978-3-403-0**2602**-0

Gedruckt auf umweltbewusst gefertigtem, chlorfrei gebleichtem und alterungsbeständigem Papier.

1. Auflage 2008
Nach den seit 2006 amtlich gültigen Regelungen der Rechtschreibung
© by Auer Verlag GmbH, Donauwörth
Alle Rechte vorbehalten.
Das Werk und seine Teile sind urheberrechtlich geschützt. Jede Nutzung in anderen als den gesetzlich zuge-
lassenen Fällen bedarf der vorherigen schriftlichen Einwilligung des Verlages.
Hinweis zu § 52 a UrhG: Weder das Werk noch seine Teile dürfen ohne eine solche Einwilligung eingescannt
und in ein Netzwerk eingestellt werden. Dies gilt auch für Intranets von Schulen und sonstigen Bildungsein-
richtungen.
Umschlagfoto: Digital Stock
Satz: YellowHand GbR, 73257 Köngen, www.yellowhand.de
Druck und Bindung: Aubele Druck GmbH, Bobingen
ISBN 978-3-403-0**6167**-1

www.auer-verlag.de

Inhalt

Vorwort

Seit Herbarts Formalstufentheorie[1] ist es üblich, den Verlauf einer Unterrichtsstunde in mehrere aufeinander-folgende Lehrstufen (auch Arbeits- und Lernschritte genannt) zu gliedern. Man spricht in diesem Zusammen-hang vom Aufbau des Unterrichts, aber auch von seiner Stufigkeit, Rhythmisierung, Akzentuierung, Dramati-sierung oder Artikulation. Nach Roth[2] läuft eine Stunde in sechs Stationen ab, von denen er die erste die Stufe der Motivation oder des Anstoßes für den Lernprozess nennt. Ausgehend von der Erkenntnis, dass der Unter-richtserfolg weitgehend vom Interesse der Schüler[3] abhängt, sollen in dieser ersten Phase des Unterrichts zu behandelnde Themen, für die sich die Klasse nicht oder nur mäßig interessiert, in den Fragehorizont der Schü-ler gerückt werden. Es gilt, das Interesse der Schüler zu wecken, ihre Neugier zu erregen, auf das Stundenthe-ma hinzuleiten und einzustimmen. Der biologische Grundtrieb der Neugier wird nutzbar gemacht, um bei den Schülern eine Frage- und Erwartungshaltung zu wecken, auf die alle folgenden Stufen des Unterrichtsver-laufs aufbauen können. Odenbach[4] hat aufgelistet, was die kindliche Neugier erregt: das Extreme, Versteckte, Befremdliche, Überraschende, Unheimliche, Lustige, Wetteifernde. In den meisten Einstiegsvarianten, die man in dem vorliegenden Werk findet, kommt einer dieser Bereiche zum Zuge.

Viele Unterrichtsstunden beginnen auf folgende Art und Weise:

- Der Lehrer lässt von einem einzelnen Schüler oder von der ganzen Klasse den Stoff der vorangegangenen Stunde wiederholen oder kontrolliert die Hausaufgaben und kommt dann sofort „zur Sache", „überfällt" sozusagen seine Schüler mit dem nun im Mittelpunkt stehenden Stundenthema.

- Der Lehrer erkundigt sich zunächst nach diesem oder jenem, klammert dabei auch private Themen nicht aus und kommt dann in entspannter Atmosphäre zum eigentlichen Stundeninhalt.

- Der Lehrer lässt die Schüler in einem stark gelenkten Gespräch raten, was das neue Thema ist, und glaubt, durch dieses Verfahren die Klasse dafür interessieren zu können.

- Der Lehrer beginnt die Stunde mit einer knappen, sachlichen Information über den geplanten Stundenver-lauf, gibt also eine Art Tagesordnung bekannt.

Nicht empfehlenswert ist es, den Schülern zwar Motivationsreize zu bieten, aber gleichzeitig die damit ver-bundenen Lehrabsichten geheim zu halten. Dieses häufig praktizierte Verfahren ähnelt einem Rätselraten, bei dem die Klasse herauszufinden versucht, zu welchem Stundenthema der Lehrer jeweils hinführen möchte. Die eigentliche Motivation geht verloren, die Schüler haben den Eindruck, sie sollen zum Lernen verführt werden und fühlen sich vom Lehrer nicht ernst genommen.[5] Motivation zu Beginn des Unterrichts darf nicht gleichgesetzt werden mit einer möglichst angenehmen Verpackung der Lerninhalte. Dann wird Motivation nämlich zum Strohfeuer, wird von den Schülern als Werbetrick, als Köderversuch, als Ablenkung vom Thema, als Effekthascherei, als bewusste Zurückhaltung von Informationen, als umständlicher Umweg, als überflüssi-ge Verzuckerung des Stoffes durchschaut.[6] Weit ehrlicher und deshalb noch lange nicht weniger motivierend ist es meiner Ansicht nach, der Klasse gleich zu Beginn das Thema der Stunde (z. B. den zu behandelnden literarischen Text) mitzuteilen. Dies kann gleichzeitig zur Motivationsphase erfolgen oder dieser unmittelbar vorausgehen. Der informierende Unterrichtseinstieg schließt Motivation nicht aus, verhindert das ablenkende Rätselraten der Schüler und nimmt diese als Menschen, die das Recht haben, möglichst früh zu erfahren, was der Lehrer in der Stunde vorhat, ernst.

---

1   Herbart, Johann Friedrich: Allgemeine Pädagogik. 1806.
2   Roth, Heinrich: Pädagogische Psychologie des Lehrens. Hannover 1961.
3   Aufgrund der besseren Lesbarkeit werden in diesem Buch ausschließlich die männlichen Formen verwendet.
     Wenn von Schüler gesprochen wird, ist immer auch die Schülerin gemeint, ebenso verhält es sich mit Lehrer und Lehrerin.
4   Odenbach, Karl: Die Motivation im Unterricht. In: Röhrs, Hermann: Didaktik. Frankfurt 1971. S. 191 ff.
5   Grell, Jochen und Monika: Unterrichtsrezepte. Weinheim und Basel 1983. S. 143.
6   a.a.O., S. 143.

Fehler, die man in der Einstiegsphase vermeiden sollte:

Der Einstieg sollte wegen eines kurzfristigen Motivationseffektes nicht an ein zwar interessantes, aber im weiteren Unterrichtsverlauf nebensächlich bleibendes Detail geheftet werden. Er sollte vielmehr ins Zentrum des Sachzusammenhangs führen.

- Die Einstiegsphase darf keine Eigendynamik entfalten, darf also nicht zu faszinierend sein. Die Schüler sollten sich nach dem motivierenden Unterrichtsbeginn gerne dem eigentlichen Stundenthema zuwenden, sie sollten nicht bedauern, dass zum Beispiel das zur Erregung des Interesses eingesetzte Bild nicht in den Mittelpunkt der Stunde gerückt wird. Eine rechtzeitige und gute Überleitung ist deshalb unabdingbar.

- Hat die in der vorangegangenen Stunde gegebene Hausaufgabe keinen Bezug zum Stundenthema, sollte die Hausaufgabe nicht vor der Einstiegsphase kontrolliert werden, da der Einstieg dann von den Schülern als Bruch empfunden würde. Als Alternative ist ein Einsammeln der Hefte, in denen sich die Hausaufgabe befindet, denkbar.

Folgende Materialien bzw. Verfahren werden in dem vorliegenden Werk zur Motivation der Schüler während der Einstiegsphase vorgeschlagen:

1. Abbildungen (Fotos, Postkarten, Prospekte, Werbeanzeigen, Karikaturen, historische Stiche oder Drucke, Plakate, Zeichnungen, Schülerzeichnungen)

2. Texte (Zeitungsmeldungen, biografische Texte, Lexikonartikel, Sachtexte, historische Quellen, Teile des zu behandelnden Textes, Briefe, Witze, Rätsel)

3. Tonaufnahmen (von Geräuschen, Liedern, Gesprächen)

4. Gegenstände

5. Spiele (Rollenspiele, Wettangebote)

6. Erzählungen von Schülern (z.B. Ferienerlebnisse)

7. Reportagen von Schülern

8. Vorgestalten des Textes durch Schüler

9. Erfragen von Vorkenntnissen in Form eines Karteikarten-Spiels (Schüler notieren mit Filzstiften auf großen Karten, was sie wissen bzw. wissen möchten; diese Karten werden dann an die Tafel oder Pinnwand geheftet)

Gedichte

Bachmann, Ingeborg: Reklame Abb. 1

Der Klasse wird das Stundenthema mitgeteilt und eine Werbeanzeige des Konzerns „Shell" (**Abb. 1**) gezeigt. Die Schüler sollen die Anzeige beschreiben und analysieren, insbesondere aber auf die Intention der Schlagzeile („Ohne Sorge") achten und Superlative sowie positive Wörter aus dem Anzeigentext heraussuchen. Anschließen könnten Sie die kritische Frage anführen, welche Probleme auch das beste Motorenöl dem Autofahrer nicht abnehmen könne. Die Erwähnung der ständigen Unfall- und Lebensgefahr beim Autofahren kann sogar die Frage nach dem Sinn des Lebens stellen lassen. Damit wurden Interesse und Problembewusstsein für das Gedicht von Ingeborg Bachmann geschaffen. Dies könnte zunächst nur „halb" auf einer Folie dargeboten werden, die nur die Zeilen mit den „Werbesprüchen" und Freizeilen für den „Zwischentext" mit den nachdenklich stimmenden Fragen enthält. Diese „schrittweise" Präsentation des Gesamttextes motiviert die Schüler besonders zur gedanklichen Auseinandersetzung mit dem Thema.

BEZUGSQUELLE DES ORIGINALTEXTES:
Bachmann, Ingeborg: Werke. Band 1. Piper. München 1978.

Benn, Gottfried: Reisen Abb. 2

Der Klasse, die darüber informiert wurde, welches Gedicht im Unterricht besprochen werden soll, werden einige Reiseprospekte (**Abb. 2**) vorgelegt, die als Auslöser zu einem Gespräch über beliebte Reiseziele und über den Sinn des Reisens in heutiger Zeit dienen sollen. Zum Gedicht überleitend, erwähnt der Lehrer, dass sich Gottfried Benn seine eigenen Gedanken zum Thema Reisen gemacht habe.

BEZUGSQUELLE DES ORIGINALTEXTES:
Benn, Gottfried: Gesammelte Werke in acht Bänden. Band 3. Dieter Wellershoff (Hrsg.). Limes Verlag. Wiesbaden 1960. S. 327.

Brambach, Rainer: Paul Text 1

Die Klasse wird darüber informiert, dass ein Gedicht Rainer Brambachs behandelt werden wird, in dem das Schicksal eines jungen Mannes namens Paul beschrieben wird, der im 2. Weltkrieg ums Leben gekommen ist. Dann liest der Lehrer einen Wehrmachtsbrief aus der Zeit des 2. Weltkrieges vor, in dem die Eltern eines Jungen vom Tod ihres Kindes erfahren (**Text 1**). Ein Gespräch über die Fragen, was der Junge vom Leben gehabt habe und wie dies der Verfasser des Briefes sehe, leitet zum Text Brambachs über, der dem Wortlaut des Briefes konträr gegenübersteht.

BEZUGSQUELLE DES ORIGINALTEXTES:
Brambach, Rainer: Wirf eine Münze auf. Diogenes. Zürich 1977. S. 20.

Brecht, Bertolt: Der Kirschdieb

Der Klasse wird gesagt, dass Bertolt Brechts Gedicht „Der Kirschdieb" behandelt werden soll. Ein Rollenspiel soll in die Thematik einführen: Ein Schüler soll einen lustigen, pfeifenden Jungen spielen, der gerade Kirschen von einem fremden Baum pflückt und dem Besitzer lächelnd zunickt. Ein anderer soll den Besitzer des Baumes spielen. Das Rollenspiel könnte mehrfach durchgeführt werden, wobei aber nur die Rolle des Besitzers wechseln sollte, der jeweils unterschiedlich auf die Situation reagiert. Die Schüler sind nun neugierig auf das Gedicht, das zunächst ohne seinen Schluss (bis Vers 5) vorgelesen werden könnte. Erst nachdem über mögliche Reaktionen des Besitzers geredet wurde (vgl. Rollenspiel), wird der Schluss „verraten".

BEZUGSQUELLE DES ORIGINALTEXTES:
Brecht, Bertolt: Gesammelte Werke in 20 Bänden. Band 9. Suhrkamp. Frankfurt a.M. 1967. S. 816.

BRECHT, BERTOLT: DER RAUCH Abb. 3

Der Klasse wird die Kinderzeichnung (**Abb. 3**) gezeigt, welche vom Lehrer als mögliche Illustration zu einem Gedicht Bertolt Brechts, das im Mittelpunkt der Unterrichtsstunde stehen soll, vorgestellt wird. Weisen die Schüler nicht von selbst auf den fehlenden Rauch hin, fragt man sie, was sie noch auf dem Bild ergänzen würden. Die Frage, warum ein aus dem Schornstein aufsteigender Rauch so gerne gemalt werde, führt auf den Symbolgehalt des Rauchs (Wärme, Bewohnbarkeit des Hauses, Geborgenheit, menschliche Gemeinschaft) und damit auf das Gedicht Brechts und seine Intention hin.

BEZUGSQUELLE DES ORIGINALTEXTES:
Ebd., Band 10. S. 1012.

BRECHT, BERTOLT: FAHREND IN EINEM BEQUEMEN WAGEN Text 2

Nachdem die Klasse das Thema der Stunde mitgeteilt bekommen hat, dürfen die Schüler ein kurzes Rollenspiel durchführen: Einer soll einen Landstreicher spielen (Bringen Sie dazu einen alten Hut mit!), der am Straßenrand steht und mitgenommen werden will; drei andere spielen eine Familie, die auf der gleichen Straße mit dem Auto (vier Stühle) fährt. Gestik und Mimik des „Anhalters" und die Reaktionen bzw. das Gespräch der „Autoinsassen" werden kurz diskutiert und leiten zu dem Text Bertolt Brechts über, auf den die Schüler nun gespannt sein werden.
Alternative (eventuell auch direkt im Anschluss an obiges Verfahren): Brechts Text wird ohne seine besondere Zeilenanordnung, also wie ein fortlaufender, rechtsbündiger Prosatext ausgeteilt, an die Tafel geschrieben oder auf Folie kopiert und an die Wand projiziert (**Text 2**). Die Schüler sollen und dürfen selbst bestimmen, wo sie die Versenden setzen würden. Die Begründungen führen zu einer intensiven Auseinandersetzung mit Sprache und Inhalt des Textes, der dann in seiner „richtigen", also vom Autor vorgesehenen Form präsentiert wird.

BEZUGSQUELLE DES ORIGINALTEXTES:
Ebd., Band 9. S. 586.

BRECHT, BERTOLT: FRAGEN EINES LESENDEN ARBEITERS TEXT 3 Abb. 4

Sobald die Schüler erfahren haben, welches Gedicht von Bertolt Brecht behandelt wird, zeigt ihnen der Lehrer ein Bild der Chinesischen Mauer (**Abb. 4**) und fragt, wer sie erbaut habe. Die Klasse wird in der Regel die Antwort nicht geben können, sodass sich die Frage ergibt, wo man die fehlende Information herbekommen könne. Nachdem Lexikon und Geschichtsbuch genannt wurden, liest der Lehrer einen kurzen Ausschnitt aus einem Geschichtsbuch (**Text 3**) vor, in dem als Erbauer der Mauer die Kaiser genannt werden. Erheben die Schüler nicht von selbst und spontan den Einwand, dass die Kaiser wohl kaum selbst Hand angelegt haben dürften, lässt sich dieser Einwand leicht provozieren, indem man die Klasse auffordert, den Satz aus dem Geschichtsbuch kritisch zu hinterfragen. Auf jeden Fall wurde dadurch eine Einsicht und eine Situation erzeugt, die genau der des „lesenden Arbeiters" entspricht. Auf Brechts Gedicht wurde eingestimmt und motivierend hingeführt.

BEZUGSQUELLE DES ORIGINALTEXTES:
Ebd., Band 9. S. 656f.

BRECHT, BERTOLT: LEGENDE VOM TOTEN SOLDATEN Abb. 5

Nachdem ihnen Autor und Titel des Gedichts mitgeteilt wurden, betrachten die Schüler eine Karikatur von Grosz (**Abb. 5**). Die Beschreibung der Zeichnung und die Herausarbeitung der Intention des Künstlers leiten über zu Bertolt Brechts Gedicht, das einen sehr ähnlichen Inhalt besitzt.

BEZUGSQUELLE DES ORIGINALTEXTES:
Ebd., Band 8. S. 256.

BRECHT, BERTOLT: VOM ARMEN B.B.

Text 4

Nachdem die Schüler erfahren haben, dass ein Gedicht von Bertolt Brecht im Unterricht besprochen werden wird, lesen sie einen Text von Hellmuth Karasek (**Text 4**), der Brechts Jugend in Augsburg zum Inhalt hat und von dem sich direkte Bezüge zum anschließend behandelten Gedicht herstellen lassen werden.

BEZUGSQUELLE DES ORIGINALTEXTES:
Ebd., Band 8, S. 261–263.

BRECHT, BERTOLT: VON DER FREUNDLICHKEIT DER WELT

Der Lehrer erklärt, dass ein Gedicht Bertolt Brechts behandelt werden soll, nennt aber ausnahmsweise nicht den Titel, sondern sagt nur, dass es um das Verhältnis zwischen Umwelt und Mensch gehe, und schreibt folgendes Schema an die Tafel:

WELT

Freundlichkeit: **Feindlichkeit:**

Die Schüler sammeln nun Argumente für beide Seiten, wobei sie auf eigene Erfahrungen zurückgreifen können. Anschließend liest der Lehrer einige, aus dem Zusammenhang gerissene Wörter des Gedichtes vor: „kalt", „nackt", „frierend", „ohne alle Hab", „unbekannt", „Schorf und Grind". Daraufhin sollen die Schüler den Titel raten, wobei ihnen verraten wird, dass zwei Wörter des vom Lehrer notierten Tafelschemas vorkommen. Die Gegenüberstellung der Schülervermutungen (Die Feindlichkeit der Welt) mit dem tatsächlichen Titel führt zur Einführung oder Wiederholung des Stilmittels der Ironie und bereitet die anschließende Textlektüre vor.

BEZUGSQUELLE DES ORIGINALTEXTES:
Ebd., Band 8. S. 205.

BRITTING, GEORG: RAUBRITTER

Abb. 6 Abb. 7

Während die Klasse über Autor und Titel des Gedichts, das zu behandeln ist, informiert wird, werden ihr zwei Fotos (**Abb. 6 und 7**) gezeigt. Die Schüler sollen selbst einen Vergleich zwischen dem Fisch (**Abb. 6**) und dem Raubritter (**Abb. 7**) anstellen, bevor sie durch die Lektüre von Georg Brittings Text erfahren, ob sie alle Ähnlichkeiten herausgefunden haben. Ein solches vorgestaltendes Herantasten an das Gedicht erhöht sowohl die Motivation der Schüler als auch ihr Verständnis für das Gedicht.

BEZUGSQUELLE DES ORIGINALTEXTES:
Britting, Georg: Sämtliche Werke. Paul List Verlag. München u. Leipzig o.J. Band 5. S. 177.

CELAN, PAUL: TODESFUGE

Text 5 Abb. 8-10

Nachdem die Klasse darüber informiert wurde, welcher Text im Mittelpunkt der Stunde stehen wird, liest der Lehrer Ausschnitte eines Berichts von einem ehemaligen KZ-Insassen (**Text 5**) vor und projiziert mittels Folien gleichzeitig einige Zeichnungen eines anderen KZ-Häftlings (**Abb. 8-10**) an die Wand. Über die erschütternde Wirkung, die sowohl vom Augenzeugenbericht wie von den Zeichnungen ausgeht, sollte kurz gesprochen werden, bevor der Lehrer den Auftrag erteilt, bei der stillen Lektüre des Gedichts von Paul Celan insbesondere darauf zu achten, inwiefern Personen oder Vorgänge aus dem Bericht und den Zeichnungen lyrisch verarbeitet werden.

BEZUGSQUELLE DES ORIGINALTEXTES:
Celan, Paul: Gesammelte Werke in fünf Bänden. Suhrkamp. Frankfurt a.M. 1975. Band 3. S. 63f.

CLAUDIUS, MATTHIAS: DER MENSCH

Abb. 11

Nachdem die Klasse erfahren hat, welches Gedicht Thema der Stunde sein wird, wird ihr die Abbildung gezeigt (**Abb. 11**), auf der ein Kleinkind, das sich an einen Totenschädel lehnt, und die lateinische Bildunterschrift „Quis evadet" („Wer entrinnt") zu sehen sind. Die Kommentierung durch die Schüler (Erkenntnis der Kürze des Lebens, Unaufhaltsamkeit des Todes, Vergänglichkeit des Lebens etc.) leitet auf den Inhalt des Gedichtes von Matthias Claudius hin, das anschließend gelesen wird.

BEZUGSQUELLE DES ORIGINALTEXTES:
http://gutenberg.spiegel.de

EICH, GÜNTER: INVENTUR

Text 6 / Abb. 12

Während der Klasse mitgeteilt wird, dass ein Gedicht von Günter Eich, welches aus der Sicht eines deutschen Kriegsgefangenen verfasst wurde, im Unterricht behandelt werden wird, wird ein Foto (**Abb. 12**) gezeigt, auf dem deutsche Kriegsgefangene während der Essensausgabe zu sehen sind. Nach einer kurzen Klärung des historischen Hintergrunds, wobei das Vorwissen der Schüler aus dem Geschichtsunterricht über das Ende des 2. Weltkriegs einbezogen wird, wird die Tagebuchaufzeichnung eines 16-jährigen Deutschen in russischer Gefangenschaft vorgelesen (**Text 6**). Die dort erwähnten und als „lebenswichtig" bezeichneten Alltagsgegenstände, über deren Bedeutung für Kriegsgefangene noch kurz gesprochen werden kann, leiten sehr präzise auf den Inhalt von Eichs Gedicht über.

BEZUGSQUELLE DES ORIGINALTEXTES:
Eich, Günter: Gesammelte Werke in vier Bänden. Hrsg. Von Susanne Müller-Hanpft, Horst Ohde, Heinz Schafroth und Heint Schwitzke. Suhrkamp. Frankfurt a.M. 1973. Band 1. S. 35.

EICHENDORFF, JOSEPH VON: MONDNACHT

Abb. 13

Der Klasse werden Autor und Titel des Gedichts mitgeteilt, das im Mittelpunkt der Stunde stehen soll. Gleichzeitig wird ihr ein Foto (**Abb. 13**) gezeigt, das recht gut die Stimmung des Textes wiedergibt. Diese Stimmung sollen die Schüler beschreiben, bevor Joseph von Eichendorffs Gedicht gelesen wird.

BEZUGSQUELLE DES ORIGINALTEXTES:
Eichendorff, Joseph Freiherr von: Sämtliche Gedichte. Hanser / dtv. München 1971. S. 271.

EICHENDORFF, JOSEPH VON: SEHNSUCHT

Sobald die Schüler wissen, welches Gedicht behandelt wird, sollen sie in einer Tabelle eintragen,

wonach man sich sehnen kann	was Sehnsüchte auslösen kann	in welchen Situationen man sich nach etwas sehnt	ob die jeweilige Sehnsucht etwas Schönes, Angenehmes oder etwas Schmerzhaftes ist

Nach einer kurzen Aussprache über die Ergebnisse dieser Umfrage, sind die Schüler für die Lektüre und Behandlung des Gedichts von Joseph von Eichendorff motiviert.

BEZUGSQUELLE DES ORIGINALTEXTES:
Eichendorff, Joseph von: Werke. Winkler Verlag. München 1970. Band 1. S. 66.

EICHENDORFF, JOSEPH VON: WINTERNACHT /Abb. 14

Nachdem die Klasse Verfasser und Titel des in der folgenden Unterrichtsstunde im Mittelpunkt stehenden Gedichtes erfahren hat, wird ihr ein Foto von einem Baum in einer verschneiten Landschaft (**Abb. 14**) gezeigt. Nach einigen spontanen Schüleräußerungen (z.B. zur Kälte, zur Einsamkeit der Landschaft) sollen sich die Schüler vorstellen, der Baum könnte nachts träumen. Die vermuteten Inhalte eines solchen Traums (Frühling, Blüten, Wärme, Quellen etc.) nehmen wichtige Motive des Naturgedichts von Joseph von Eichendorff vorweg und führen motivierend auf diesen Text hin.

BEZUGSQUELLE DES ORIGINALTEXTES:
Eichendorff, Joseph Freiherr von: Sämtliche Gedichte. Hauser/dtv. München 1971. S. 274f.

GLEIM, JOHANN WILHELM LUDWIG: KRIEG IST MEIN LIED /Abb. 15

Nachdem der Klasse mitgeteilt wurde, dass J. W. Ludwig Gleims Kriegsgedicht behandelt werden soll, wird ihr eine Zeichnung gezeigt, welche die vom Autor in seinem Text angeführten Rechtfertigungen des Krieges auf anschauliche und schockierende Weise demaskiert (**Abb. 15**). Dadurch werden die Schülerinnen und Schüler nicht nur für die Behandlung des lyrischen Textes motiviert, sondern auch mit einer kritischeren Haltung an die Lektüre herangeführt.

BEZUGSQUELLE DES ORIGINALTEXTES:
Gleim, Johann Wilhelm Ludwig: Sämtliche Schriften des Herrn J.W. Gleim. Band 1. o.O. 1798. S. 13 f.
http://gutenberg.spiegel.de

GOETHE, JOHANN WOLFGANG VON: PROMETHEUS /Abb. 16 / Text 7

Nach der Bekanntgabe von Autor und Titel des Gedichts, das in der Stunde durchgenommen werden soll, kann zunächst nach dem Vorwissen der Schüler über Prometheus gefragt werden. Die Kenntnisse werden vertieft durch das Vorlesen der Sage aus der griechischen Mythologie (**Text 7**). Die Klasse bekommt so das nötige Hintergrundwissen und wird auf Goethes Gedicht neugierig gemacht.
Das in der griechischen Mythologie erzählte Geschehen kann ferner durch eine Zeichnung von Anselm Feuerbach (**Abb. 16**) veranschaulicht werden.

BEZUGSQUELLE DES ORIGINALTEXTES:
http://gutenberg.spiegel.de

GOETHE, JOHANN WOLFGANG VON: WANDRERS NACHTLIED /Abb. 17 /Abb. 18

Zu Beginn der Stunde wird der Klasse gesagt, dass das Gedicht „Wandrers Nachtlied" von seinem Verfasser, Johann Wolfgang von Goethe, anlässlich einer Wanderung auf den Kickelhahn bei Ilmenau (in der Nähe von Weimar) in das Holz einer Schutzhütte eingeritzt wurde. Gleichzeitig sehen die Schüler ein Foto dieser Hütte, an der eine Gedenktafel mit dem Text des Gedichtes angebracht wurde (**Abb. 17**). Die Klasse wird neugierig sein, was auf der Gedenktafel steht. Auch dies kann mithilfe einer Vergrößerung (**Abb. 18**) gezeigt werden.

BEZUGSQUELLE DES ORIGINALTEXTES:
http://gutenberg.spiegel.de

GOETHE, JOHANN WOLFGANG VON: WILLKOMMEN UND ABSCHIED /Abb. 19/Text 8

Der Lehrer teilt seiner Klasse mit, welches Gedicht in der Stunde behandelt werden soll, und erklärt, dass Johann Wolfgang von Goethe durch seine Liebe zur Pfarrerstochter Friederike Brion zum Verfassen des Gedichtes inspiriert wurde. Das konkrete Erlebnis, das dem Text zugrunde liegt, erzählt sein Verfasser in der Autobiografie „Dichtung und Wahrheit", aus dem der betreffende Abschnitt (Text 8) vorgelesen wird, was die Schüler auf das Gedicht einstimmt. Ergänzend hierzu kann ein Bild Friederikes (Abb. 19) gezeigt werden.

BEZUGSQUELLE DES ORIGINALTEXTES:
Goethe, Johann Wolfgang von: Goethes Werke. Band 1. Herausgegeben von Erich Trunz. C.H. Beck. München o.J. S. 28.

GRYPHIUS, ANDREAS: ABEND

Der Lehrer schreibt zu Beginn der Stunde den Anfang des Gedichtes, das behandelt werden soll, an die Tafel: „Die Nacht schwingt ihre Fahn." Es folgt ein kurzes Unterrichtsgespräch über die Assoziationen, die die Schüler mit diesem Satz verbinden. Zur Sprache kommen könnte, dass die Nacht als Feldherr dargestellt wird, also als etwas, wovor man Angst hat, dass auf der Fahne Sterne sein könnten, dass die Sterne aber auch als Soldaten gesehen werden könnten, dass Nacht auch Einsamkeit bedeuten kann etc. Die Klasse sollte neugierig auf den weiteren Verlauf des Sonetts werden.

BEZUGSQUELLE DES ORIGINALTEXTES:
Echtermeyer, Theodor / Wiese, Benno von (Herausgeber): Deutsche Gedichte von den Anfängen bis zur Gegenwart.
Schwann Verlag. Düsseldorf 1981. S. 110f.

GRYPHIUS, ANDREAS: ES IST ALLES EITEL /Abb. 20/Abb. 21

Nachdem der Lehrer das Thema der Stunde, nämlich ein Sonett des Barocklyrikers Andreas Gryphius, genannt hat, zeigt er zwei Bilder: Das Foto eines barocken Bauwerks (Abb. 20) und einen Stich, der eine Begebenheit aus dem Dreißigjährigen Krieg zeigt (Abb. 21). Die Schüler kommentieren die beiden Abbildungen und sollen sich insbesondere zu der Frage äußern, wie die zeitlich fast parallelen Phänomene der Bautätigkeit und der Zerstörung durch den Krieg auf die Menschen dieser Epoche gewirkt haben mögen. Nach einigen Schülermeinungen wird die Tafel aufgeklappt, auf die der Lehrer bereits vor Stundenbeginn folgende Zeile aus dem Gryphius-Text notiert hat: „Was dieser heute baut, reißt jener morgen ein."
Die Schüler sollen Unterschiede zu den eigenen, oben gemachten Äußerungen nennen und erkennen die poetische Formulierung, möglicherweise auch schon das Versmaß, als entscheidenden Unterschied. Das Interesse für den Rest des Sonetts ist geweckt.

BEZUGSQUELLE DES ORIGINALTEXTES:
Frankfurter Anthologie. Band 2. Insel Verlag. Frankfurt a.M. 1977. S. 14ff.

HACKS, PETER: NACHRICHT VOM LEBEN DER SPAZOREN

Zu Beginn der Stunde informiert der Lehrer die Klasse, dass ein Gedicht von Peter Hacks behandelt wird, in dem von „Spazoren" die Rede ist. Die Schüler stellen Vermutungen über das Aussehen (Ohren) und die Tätigkeiten (spazieren gehen) von „Spazoren" an und sind danach gespannt, im Gedicht genauere Informationen über diese Wesen zu bekommen.

BEZUGSQUELLE DES ORIGINALTEXTES:
Hacks, Peter: Der Flohmarkt. Gedichte für Kinder. Eulenspiegel Verlag. Berlin 2001. S. 57.

HEBBEL, FRIEDRICH: HERBSTBILD
Abb. 22

Sobald die Klasse informiert wurde, dass Hebbels Herbstgedicht besprochen werden wird, sollen die Schüler einen Stich von Merian (Abb. 22) betrachten und beschreiben. Die genannten Bildelemente (sonniger Tag, fallende Blätter von Bäumen, Weinlese, Ernte von Früchten) finden sich auch in Hebbels Gedicht und bereiten somit dessen Lektüre vor.

BEZUGSQUELLE DES ORIGINALTEXTES:
http://gutenberg.spiegel.de

HEINE, HEINRICH: DIE SCHLESISCHEN WEBER
Abb. 23

Wurde die Klasse über das Stundenthema informiert, soll sie die Radierung „Der Weberzug" von Käthe Kollwitz (Abb. 23) betrachten und kommentieren. Erkannt werden soll unter anderem, dass die mageren Arbeiter mit ihren ausgemergelten Gesichtern feste, aber von der schweren Arbeit gezeichnete Hände haben, teilweise gekrümmt laufen, einfach gekleidet sind, ernst und grimmig blicken und zum Teil Beile und Sensen als Waffen tragen. Dann soll kurz die Wirkung, die von der Radierung ausgeht, zur Sprache gebracht werden. Durch die dunkle Horizontlinie unmittelbar über den Köpfen der Personen wirkt das Bild bedrückend, wodurch die Enge der Hoffnungslosigkeit des Weberdaseins zum Ausdruck kommt. Die Faust, die auffallend diese Linie durchbricht, die Geschlossenheit der Gruppe und die finstern Mienen der Arbeiter geben der Darstellung etwas Bedrohliches. Vom Geschichtsunterricht her sollten die Schüler wissen, worauf sich die Abbildung bezieht. Hingewiesen werden sollte auf die Ablösung der Handarbeit durch Maschinen in der zweiten Hälfte des 18. Jahrhunderts, die von England ausging und zu tiefgreifenden Veränderungen in der Gesellschaft führte. Es kam zur Herausbildung eines vierten Standes, dem der städtischen Fabrikarbeiter, deren Löhne immer geringer wurden. Beim Stand der Weber sorgte die Erfindung der mechanischen Webstühle (1790) und der mit Dampfkraft betriebenen Spinnmaschinen für soziales Elend. Vor dem hiermit erarbeiteten Hintergrund kann nun Heinrich Heines Gedicht gelesen werden.

BEZUGSQUELLE DES ORIGINALTEXTES:
Heine, Heinrich: Werke. Band 1. Hrsg. von Christoph Siegrist. Insel Verlag. Frankfurt a.M. 1968. S. 269f.

HEINE, HEINRICH: ICH WEISS NICHT, WAS SOLL ES BEDEUTEN

Der Nennung des Stundenthemas folgt das Vorspielen der Vertonung Friedrich Silchers. Das Lied ist in zahlreichen Aufnahmen auf CD (vor allem gesungen von Männerchören) vorhanden, zum Beispiel:
- Männerchöre: Schönste Volkslieder (Delta Music 2554)
- Heute geht die Post ab (Deutsche Austrophon 9522033)
- Die Singphoniker: Deutsche Volkslieder (Harmonia Mundi OC 548)

Der Beschreibung der Melodie durch die Schüler (schwebend, gleitend, fließend) folgt der Vortrag des Gedichts durch den Lehrer.

BEZUGSQUELLE DES ORIGINALTEXTES:
Heine, Heinrich: Buch der Lieder. Insel Verlag. Leipzig 1975. S. 90f.

HEYM, GEORG: DER HERBST

In der vorangegangenen Stunde kündigte der Lehrer die Behandlung von Georg Heyms Gedicht „Der Herbst" für die folgende Deutschstunde an und gab als häusliche Aufgabe, ein farbiges Herbstbild zu malen. Denkbar ist als Alternative auch die Zusammenarbeit mit dem Kunstlehrer. In der eigentlichen „Gedichtstunde" sollen die Schüler ihre Bilder beschreiben. Die dabei genannten Kennzeichen des Herbstes werden an der Tafel notiert: bunte Blätter, Drachen, Wind, blauer Himmel, Ernte etc. Bei der anschließenden Lektüre des Gedichts sollen die Schüler insbesondere darauf achten, welche der gemalten Motive auch von Georg Heym verwendet und sprachlich umgesetzt wurden. Der Vergleich eigener Vorstellungen mit denen eines Dichters motiviert die Schüler zur Beschäftigung mit dem lyrischen Text.

BEZUGSQUELLE DES ORIGINALTEXTES:
Heym, Georg: Dichtungen und Schriften. Gesamtausgabe. Hrsg. von Karl Ludwig Schneider. Ellermann Verlag. München 1964, Bd. 1., S. 187.

HEYM, GEORG: DER KRIEG Abb. 24 | Abb. 25

Die Nennung des Stundenthemas wird begleitet von der Projektion einer Folie, auf der eine Propaganda-postkarte des Jahres 1914 (**Abb. 24**) zu sehen ist. Beim Gespräch über das Bild wird die Sprache sicherlich auch auf die darin erkennbare Glorifizierung des Krieges kommen. Die Ankündigung, dass Georg Heym ein anderes Bild des Krieges in Worten gezeichnet habe, leitet über zur Lektüre des Gedichts. Dieser kann die Betrachtung einer anderen Zeichnung (**Abb. 25**) vorausgehen, in der, ähnlich wie in Heyms Gedicht, der Krieg als personifi-zierte Übermacht mit einer Fackel in der Hand und über verwüstetes Land schreitend dargestellt wird.

BEZUGSQUELLE DES ORIGINALTEXTES:
Ebd., S. 192.

HÖLLERER: DER LAG BESONDERS MÜHELOS Abb. 26 | Abb. 27

Zusammen mit der Nennung des Dichters und des Titels werden der Klasse zwei Fotos eines am Wegrand lie-genden toten Soldaten des 2. Weltkriegs (**Abb. 26 und 27**) gezeigt, welche die Schüler sehr betroffen machen und in ihrer schonungslosen Brutalität auf den nicht minder grausamen Inhalt des lyrischen Textes von Walter Höllerer einstimmen werden.

BEZUGSQUELLE DES ORIGINALTEXTES:
Höllerer, Walter: Der andere Gast. Carl Hanser Verlag. München 1952. S. 21.

HOFMANNSWALDAU, CHRISTIAN HOFMANN VON: DIE WELT Abb. 28 | Abb. 29

Nachdem die Klasse erfahren hat, dass ein Gedicht mit dem Titel „Die Welt" des zur Zeit des Barock lebenden Dichters Hofmann von Hofmannswaldau besprochen werden soll, werden einige in dieser Epoche entstan-dene Embleme gezeigt (**Abb. 28 u. 29**), welche die Lebenseinstellung der Menschen dieser Zeit veranschauli-chen und in die Gedankenwelt Hofmannswaldaus einführen (Vergänglichkeit des Lebens, Frömmigkeit).

BEZUGSQUELLE DES ORIGINALTEXTES:
Hofmannswaldau, Christian Hofmann von: Gedichte. Reclam. Stuttgart 1994. S. 103.

HUCHEL, PETER: BERICHT EINES PFARRERS VOM UNTERGANG SEINER GEMEINDE Text 9

Nachdem die Klasse über Autor und Titel des Gedichts informiert wurde, wird ein Text vorgelesen, in dem ein Pfarrer sehr eindrucksvoll von einem Bombenangriff am Ende des 2. Weltkriegs erzählt (**Text 9**). Die Frage, ob solche Erlebnisse lyrisch verarbeitet werden können, leitet zu Peter Huchels Gedicht über.

BEZUGSQUELLE DES ORIGINALTEXTES:
Huchel, Peter: Chausseen, Chausseen. Gedichte. S. Fischer Verlag. Frankfurt a.M. 1963. S. 69.

HUCHEL, PETER: LÖWENZAHN Abb. 30

Nachdem Autor und Titel des Gedichts an die Tafel notiert wurden, zeigt der Lehrer einen mitgebrachten Lö-wenzahn, den er von einem Schüler anpusten lässt, oder projiziert mittels einer Folie einen Holzschnitt (**Abb. 30**) an die Wand. Die Schülerinnen und Schüler sollen Vergleiche für die fliegenden Löwenzahnsamen suchen. Von der Form ausgehend, werden u. a. Fallschirme, Lampen, Wimpern, Schaum, Wolle, Monde genannt wer-den, von der Farbe ausgehend vielleicht Schneeflocken und Licht. Damit wurden wichtige Bilder des Gedichts von Peter Huchel vorweggenommen. Die Klasse wurde für die Behandlung des lyrischen Textes sensibilisiert.

BEZUGSQUELLE DES ORIGINALTEXTES:
Huchel, Peter: Die Sternenreuse. Piper. München 1967. S. 55.

JANDL, ERNST: AUF DEM LANDE

Der Ankündigung, dass ein Lautgedicht Ernst Jandls behandelt werde, folgt eine vom Lehrer vorbereitete Aufnahme mit verschiedenen Tierlauten. Ein kurzes Gespräch über die Aufnahme leitet zu dem Text über, der im sprachlichen Bereich versucht, die Laute zu übertragen.

BEZUGSQUELLE DES ORIGINALTEXTES:
Jandl, Ernst: Laut und Luise. Sammlung Luchterhand. Neuwied 1971. S. 141.

KÄSTNER, ERICH: IM AUTO ÜBER LAND

Die Schüler erfahren, dass Erich Kästners Gedicht „Im Auto über Land" gelesen und behandelt werden soll, und dürfen von einer Autofahrt mit den Eltern (zum Beispiel während der letzten Ferien) erzählen. Ziel dieser Phase der Schüleräußerungen, die nicht länger als 5 Minuten dauern sollte, ist es, Neugier für das Gedicht zu wecken.

BEZUGSQUELLE DES ORIGINALTEXTES:
Kästner, Erich: Werke. Band 1. Zeitgenossen, haufenweise. Gedichte. Carl Hanser Verlag. München. S. 255f.

KASCHNITZ, MARIE LUISE: HIROSHIMA Abb. 31 Text 10

Der Klasse wird mitgeteilt, dass das Gedicht „Hiroshima" von Marie Luise Kaschnitz im Unterricht behandelt werden wird. Was die Schüler bereits über die Stadt und vor allem den Atombombenabwurf der Amerikaner über Hiroshima und Nagasaki wissen, wird ergänzt durch das Zeigen eines Fotos des Bomberpiloten (**Abb. 31**) und das Vorlesen eines erschütternden Augenzeugenberichts (**Text 10**). Nach der Aussprache über den Text und der abschließenden Frage, wie es dem Mann, der die Bombe ausgeklinkt habe, wohl danach ergangen sei, erklärt der Lehrer, dass sich die Dichterin eben diese Frage auch gestellt und in ihrem Text zu beantworten versucht habe. Die Schüler sind gespannt auf die Antworten der Lyrikerin.

BEZUGSQUELLE DES ORIGINALTEXTES:
Kaschnitz, Luise: Überallnie. Ausgewählte Gedichte. 1928–1965. Claassen Verlag. Hamburg 1965. S. 133.

LERSCH, HEINRICH: BRÜDER Abb. 32

Die Klasse wird über das Stundenthema kurz informiert, bevor ihr mittels einer an die Wand projizierten Folie ein Foto eines toten Soldaten gezeigt wird, der schon vor langer Zeit gefallen sein muss (**Abb. 32**) (vgl. Vers 1 des Gedichts: „Es lag schon lang ein Toter ..."). Das folgende Unterrichtsgespräch soll unter der Leitfrage stehen, was man mit der Leiche tun sollte, falls man selbst als Soldat einer Streitmacht kämpfen würde.

BEZUGSQUELLE DES ORIGINALTEXTES:
Lersch, Heinrich: Ausgewählte Werke in zwei Bänden. Diederichs Verlag. Köln 1965. Band 1. S. 85.

LERSCH, HEINRICH: NACH EINEM STURMANGRIFF Abb. 33

Sobald die Klasse weiß, welches Gedicht in der folgenden Stunde behandelt werden soll, wird mittels Folie ein Foto an die Wand projiziert (**Abb. 33**), das einige tote Soldaten auf einem Schlachtfeld zeigt. Beim sich anschließenden Gespräch über das Bild soll davon ausgegangen werden, dass Soldaten verschiedener Streitkräfte gefallen sind, wodurch auf die Grundaussage von Heinrich Lerschs Text (der Feind als Mitmensch, als Mitleidender) vorbereitet wird.

BEZUGSQUELLE DES ORIGINALTEXTES:
Ebd. S. 99.

LOGAU, FRIEDRICH VON: DES KRIEGES BUCHSTABEN

Der Lehrer kündigt die Behandlung des Gedichtes von Friedrich von Logau an, schreibt die Anfangsbuchstaben der fünf Zeilen untereinander an die Tafel, erklärt den Begriff Akrostichon (die Anfangsbuchstaben aufeinanderfolgender Verse oder Zeilen ergeben aneinandergereiht einen Sinn) und sammelt für jeden der fünf Buchstaben aus den Reihen der Klasse Nomen, die mit dem jeweiligen Buchstaben beginnen und Auswirkungen des Krieges bezeichnen. Sie werden überrascht sein, wie viele Vorschläge kommen. Auf jeden Fall ist die Klasse danach neugierig, wie der Dichter das Akrostichon gestaltet hat.

BEZUGSQUELLE DES ORIGINALTEXTES:
Logau, Friedrich von: Sinngedichte. Hrsg.: Ernst-Peter Wieckenberg. Reclam. Stuttgart 1984. S. 57.

MEYER, CONRAD FERDINAND: DER GESANG DES MEERES /Abb. 34

Sobald die Schüler wissen, welches Gedicht von Conrad Ferdinand Meyer behandelt werden soll, zeigt ihnen der Lehrer ein Modell vom Kreislauf des Wassers (Abb. 34) und fragt, in welches poetische Bild man diese Fakten umsetzen könne. Als Hilfe kann man anbieten, sich den Weg eines einzigen Regentropfens vorzustellen. Nun dürfte es keine Schwierigkeit mehr sein, auf die Metapher einer Reise oder einer Wanderung zu kommen bzw. sich den Tropfen als Wanderer vorzustellen. Damit wurde der Grundgedanke von Conrad Ferdinand Meyers Text vorab geklärt und das Verständnis des Gedichts erleichtert.

BEZUGSQUELLE DES ORIGINALTEXTES:
Meyer, Conrad Ferdinand: Sämtliche Werke in zwei Bänden. Phaidon Verlag. Essen o.J. Band 1. S. 96
http://gutenberg.spiegel.de

MEYER, CONRAD FERDINAND: DER RÖMISCHE BRUNNEN /Abb. 35

Während der Klasse Autor und Titel des im Unterricht zu behandelnden Gedichtes mitgeteilt wird, wird ein Foto des Brunnens in Rom (Abb. 35) gezeigt, welchen der Dichter höchstwahrscheinlich vor Augen hatte, als er seinen Text verfasste. Die Schüler beschreiben den Brunnen (drei Schalen) und den Verlauf des Wassers (von der obersten in die mittlere und schließlich die untere Schale), sodass der Inhalt von C. F. Meyers Gedicht bereits vor seiner Lektüre vorentlastet wurde.

BEZUGSQUELLE DES ORIGINALTEXTES:
Ebd. S. 88. http://gutenberg.spiegel.de

MÖRIKE, EDUARD: ER IST'S

Der Lehrer informiert die Klasse, dass Eduard Mörikes Frühlingsgedicht „Er ist's" besprochen werden soll, und fragt, wie wohl ein Blinder erkennt, dass es Frühling wird. Die von den Schülern genannten Frühlingsboten (Wärme, Düfte bestimmter Blumen, laue Winde u.a.) stimmen auf die Behandlung des lyrischen Textes ein und nehmen einige Motive, die Mörike lyrisch verarbeitet hat, vorweg.

BEZUGSQUELLE DES ORIGINALTEXTES:
Mörike, Eduard: Eduard Mörikes sämtliche Werke in sechs Bänden. Hrsg. von Rudolf Krauß. Band 2. Max Hesse Verlag. Leipzig 1905. S. 34.
http://gutenberg.spiegel.de

MÖRIKE, EDUARD: UM MITTERNACHT

Nachdem der Lehrer der Klasse bekannt gegeben hat, dass ein Gedicht Eduard Mörikes behandelt werden soll, in dem es darum geht, dass um Mitternacht die Ereignisse des Tages noch nicht verblasst sind, sich der neue Tag aber schon ankündigt, wird gefragt, wie man dieses Motiv bildnerisch darstellen könne. Vielleicht kommt ein Schüler auf das Bild der Waage. Aber auch wenn dies nicht der Fall sein sollte, kann durch das kurze Unterrichtsgespräch das Interesse für den lyrischen Text und die Metapher, die Mörike darin gefunden hat, erzeugt werden.

BEZUGSQUELLE DES ORIGINALTEXTES:
Ebd., Band 1. S. 100f. http://gutenberg.spiegel.de

RILKE, RAINER MARIA: DAS KARUSSELL

Die Schüler sollen sich vorstellen, sie stünden auf einem Jahrmarkt oder Volksfest vor einem Karussell, auf dem die Kinder auf verschiedenen Tieren sitzen könnten. Ihre Eindrücke als Betrachter sollen sie in einem kurzen (lyrischen) Text beschreiben. Danach, so der Lehrer, werde ein Gedicht Rilkes besprochen, in dem es um das gleiche Motiv gehe. Die Schüler sollen neugierig darauf werden, wie ein Schriftsteller den gleichen Sachverhalt in Worte fassen kann.

BEZUGSQUELLE DES ORIGINALTEXTES:
Rilke, Rainer Maria: Werke in drei Bänden. Band 1. Insel Verlag. Frankfurt a.M. 1982. S. 286f.
http://gutenberg.spiegel.de

RILKE, RAINER MARIA: DER PANTHER /Abb. 36

Während die Schüler Dichter und Titel erfahren, wird ihnen ein Bild eines Raubtiers hinter Gittern (**Abb. 36**) mittels einer Folie an die Wand projiziert. Sie sollen in ein paar Sätzen schriftlich festhalten, wie sich das Tier fühlt. Die Ankündigung, dass sich Rainer Maria Rilke in poetischer Form mit diesem Thema beschäftigt habe, leitet zum Gedicht über.

BEZUGSQUELLE DES ORIGINALTEXTES:
Ebd., S. 261.
http://gutenberg.spiegel.de

RINGELNATZ, JOACHIM: ICH HABE DICH SO LIEB /Text 11

Nachdem die Schüler Autor und Titel des Gedichts erfahren haben, werden sie angeregt, sich über Erfahrungen in der Liebe und Liebeskummer auszutauschen. Das Gespräch, welches auf den Inhalt des Gedichtes vorbereitet, kann durch die Lektüre eines Artikels einer Pop- und Jugendzeitschrift zu diesem Thema (**Text 11**) unterstützt werden.

BEZUGSQUELLE DES ORIGINALTEXTES:
http://gutenberg.spiegel.de

SCHILLER, FRIEDRICH: DIE GLOCKE /Abb. 37 /Text 12

Nach der Ankündigung, dass Schillers Gedicht „Die Glocke" gelesen werde, sollen die Schüler Gelegenheit bekommen, ihr Vorwissen über die Herstellung einer Bronzeglocke zu zeigen. Da dies aber nicht sehr detailliert und exakt sein dürfte, werden die Ausführungen durch einen informativen Text (**Text 12**) und einige Fotos (**Abb. 37**) ergänzt.
Alternative: Der Ankündigung des Lehrers folgt das Vorspielen einer vom Lehrer vorbereiteten Aufnahme mit Glockengeläut. Schon durch dieses Hörerlebnis dürfte das Interesse der Klasse geweckt sein.

BEZUGSQUELLE DES ORIGINALTEXTES:
http://gutenberg.spiegel.de

STORM, THEODOR: DIE STADT /Abb. 38

Verfasser und Titel des Gedichtes werden der Klasse zu Beginn der Stunde mitgeteilt. Danach wird den Schülern ein altes Bild der Stadt Husum (**Abb. 38**) gezeigt, das sie kurz beschreiben sollen. Die Klasse wird neugierig, wie Theodor Storm seine Heimatstadt in Form eines Gedichtes beschrieben hat.

BEZUGSQUELLE DES ORIGINALTEXTES:
Storm, Theodor: Gesammelte Werke. Band 1. Nymphenburger Verlagsanstalt. München 1981. S. 22.
http://gutenberg.spiegel.de

TRAKL, GEORG: GRODEK

vgl. Heym: Der Krieg (S.14)

BEZUGSQUELLE DES ORIGINALTEXTES:
Trakl, Georg: Die Dichtungen. Salzburg 1978. S. 193.
http://gutenberg.spiegel.de

TUCHOLSKY, KURT: AUGEN IN DER GROSS-STADT   Abb. 39

Der Lehrer erklärt, dass Kurt Tucholskys Gedicht „Augen in einer Groß-Stadt" behandelt werden soll, und zeigt ein Foto, das recht gut die im lyrischen Text dargestellte Stiuation veranschaulicht (Abb. 39). Das Gespräch über das Bild sollte überleiten zur Lektüre des Textes.

BEZUGSQUELLE DES ORIGINALTEXTES:
Tucholsky, Kurt: Gesammelte Werke. Band 8. Rowohlt Verlag. Hamburg 1960. S. 56.

TUCHOLSKY, KURT: MUTTERNS HÄNDE   Abb. 40

Während der Klasse die Zeichnung von Käthe Kollwitz gezeigt wird (Abb. 40), erfahren die Schüler, dass Kurt Tucholskys Gedicht behandelt werden wird. Sie sollen sich Gedanken darüber machen, was diese Hände bereits alles getan haben können (Kochen, Putzen, Waschen u. v. a., aber auch Ermahnungen und Ohrfeigen geben) und wie man nun seinerseits diesen Händen Gutes tun könnte (Streicheln, Drücken, Pflegen u.a.). Vieles, was aus den Reihen der Klasse genannt werden wird, kommt in Tucholskys Gedicht ebenfalls vor.

BEZUGSQUELLE DES ORIGINALTEXTES:
Ebd., S. 69.

VON DER VOGELWEIDE, WALTHER: ICH SAZ ÛF EIME STEINE   Abb. 41

Bereits während den Schülern Verfasser und Titel des Gedichtes mitgeteilt werden, betrachten sie eine Abbildung Walthers von der Vogelweide (Abb. 41). Ein Gespräch über die Haltung, die der Dichter auf dem Bild einnimmt (sitzend, Kopf auf die Hand gestützt, etwas lesend, nachdenkliche Miene) bereitet die Lektüre des mittelhochdeutschen Textes vor, der die Sorgen seines Autors zum Thema hat.

BEZUGSQUELLE DES ORIGINALTEXTES:
http://gutenberg.spiegel.de

VON DER VOGELWEIDE, WALTHER: UNDER DER LINDEN   Abb. 42

Nachdem der Klasse mitgeteilt wurde, dass ein mittelalterliches Gedicht von Walther von der Vogelweide im Unterricht behandelt werden wird, betrachten sie ein Bild (Abb. 42), welches sie beschreiben sollen. Der Lehrer erläutert dabei, dass die Liebe eines Ritters zu einer „frouwe" (Dame von adeliger Abstammung) als beharrlicher Dienst an einer mit allen Vorzügen ausgestatteten höfischen Herrin (Idealbild der Frau), die dem Werbenden aber immer unerreichbar bleibt und namentlich in seinen Liedern nie erwähnt wird, als „hohe Minne" bezeichnet wird und sich von der „niederen Minne", der bloßen Befriedigung des Liebestriebes, abhebt. Damit sind die Schüler auf Walther von der Vogelweides Minnelied vorbereitet.

BEZUGSQUELLE DES ORIGINALTEXTES:
http://gutenberg.spiegel.de

Balladen

BIERMANN, WOLF: DIE BALLADE VOM BRIEFTRÄGER WILLIAM L. MOORE — Abb. 43

Der Lehrer nennt als Stundenthema Wolf Biermanns Ballade und zeigt einen rassistischen Cartoon (**Abb. 43**), der die Schüler zunächst teilweise zum Lachen bringen wird. Ein Unterrichtsgespräch über die Reaktion der Klasse und die Gründe für die Ablehnung oder Lächerlichmachung Andersfarbiger leitet zum Text über und weckt ein gewisses Problembewusstsein.

BEZUGSQUELLE DES ORIGINALTEXTES:
Biermann, Wolf: Nachlaß 1. Büchergilde Gutenberg. Frankfurt 1977. S. 43f.

BRECHT, BERTOLT: DER SCHNEIDER VON ULM — Abb. 44

Haben die Schüler Autor und Titel des Textes, der behandelt werden soll, erfahren, dürfen sie zunächst mitteilen, was sie über den Ulmer Schneider und seinen Flugversuch wissen. Der Lehrer ergänzt, dass der Schneider Albrecht Ludwig Berblinger geheißen und von 1770 bis 1829 gelebt habe, und dass sein 1812 unternommener Flugversuch in der Donau geendet habe. Die Informationen werden illustriert (**Abb. 44**). Bei der Lektüre der Ballade Bertolt Brechts sollen die Schüler nun besonders auf inhaltliche Abweichungen von der historischen Figur achten, ein Auftrag, der die Aufmerksamkeit der Schüler und ihr Interesse fördert.

BEZUGSQUELLE DES ORIGINALTEXTES:
Brecht, Bertolt: Gesammelte Werke in 20 Bänden. Band 9. Suhrkamp. Frankfurt a.M. 1967. S. 645f.

CHAMISSO, ADALBERT VON: DAS RIESEN-SPIELZEUG — Abb. 45

Der Klasse wird mitgeteilt, dass das Stundenthema eine Ballade von Adalbert von Chamisso sein wird. Danach betrachten sie einen Holzschnitt (**Abb. 45**), der die zentrale Stelle des Balladentextes illustriert, und äußern Vermutungen über dessen Inhalt bzw. wie es zu der im Holzschnitt dargestellten Situation (Mädchen zeigt einem älteren Mann einen kleinen Bauern mit Pflug und Ochse) gekommen sein könnte. Dabei sollten die Mimik und Gestik der Personen (böser Blick und erhobener Zeigefinger des Mannes, freudiger Gesichtsausdruck des Mädchens, Angst und Entsetzen des Bauern) erkannt und begründet werden: Das Mädchen (Riesenfräulein) glaubt, ein Spielzeug gefunden zu haben, der Mann (Vater) weiß um die Bedeutung des Bauern für das Leben der Riesen. Damit werden der Verlauf und die Grundaussage der Ballade, die dann gelesen oder vorgetragen werden kann, vorab geklärt.

BEZUGSQUELLE DES ORIGINALTEXTES:
Wersig, Peter (Hrsg.): Chamissos Werke in einem Band. Aufbau Verlag. Berlin u. Weimar 1967. S. 98f.

DROSTE-HÜLSHOFF, ANNETTE VON: DER KNABE IM MOOR — Abb. 46

Der Lehrer kündigt die Lektüre und Besprechung einer Ballade an, in der es um Erlebnisse eines Jungen beim Durchqueren eines Moores geht, zeigt zur Einstimmung die Zeichnung einer Moorlandschaft (**Abb. 46**) und lässt die Schüler Geräusche nennen, die man im Moor hören kann. Die anschließende Frage, woran man bei solchen Geräuschen denken könne, leitet über zur Ballade.

BEZUGSQUELLE DES ORIGINALTEXTES:
Droste-Hülshoff, Annette von: Historisch-kritische Ausgabe. Band 1. Hrsg. Von Winfried Woesler. Niemeyer Verlag. Tübingen 1978. S. 71.
http://gutenberg.spiegel.de

Fontane, Theodor: John Maynard

Abb. 47

Der Lehrer kündigt an, dass Theodor Fontanes Ballade „John Maynard" behandelt wird. Auf die Frage der Schüler, wer dies gewesen sei (vgl. Vers 2 der Ballade), erwidert er, es handele sich um den Steuermann eines Raddampfschiffes auf dem Eriesee, und zeigt ein Bild eines solchen Schiffes (**Abb. 47**). Die Frage, was passieren könnte, wenn auf so einem Schiff während der Fahrt Feuer ausbricht und wie die Passagiere in so einem Fall gerettet werden könnten, leitet über zum Text der Ballade.

BEZUGSQUELLE DES ORIGINALTEXTES:
Fontane, Theodor: Sämtliche Werke. Band 20. Hrsg. von Eduard Groß. Nymphenburger Verlagsanstalt. München 1962. S. 163f.
http://gutenberg.spiegel.de

Goethe, Johann Wolfgang von: Der Zauberlehrling

Abb. 48

Sobald der Klasse gesagt wurde, welcher Text im Unterricht behandelt wird, betrachten sie eine Karikatur von Marie Marcks (**Abb. 48**) und stellen Vermutungen darüber an, wie es zu der dort dargestellten Überschwemmung gekommen sein könnte. Dadurch wird die Neugier auf Goethes Ballade geweckt, die nun gelesen und besprochen werden kann.

BEZUGSQUELLE DES ORIGINALTEXTES:
http://gutenberg.spiegel.de

Hacks, Peter: Ballade vom schweren Leben des Ritters Kauz von Rabensee

Abb. 49

Vor der Lektüre des Gedichts sollen sich die Schüler über dessen Titel äußern. Erkennen sie das Wortspiel mit dem Adjektiv „schwer", auf das die Geschichte der Ballade aufbaut, nicht sofort, wird ihnen ein Bild eines Ritters mit seiner schweren Rüstung (**Abb. 49**) gezeigt. Nachdem sie geschätzt haben, wie viel eine solche Rüstung wiegt (ca. 30 kg), kann Peter Hacks Text gelesen werden.

BEZUGSQUELLE DES ORIGINALTEXTES:
Hacks, Peter: Der Flohmarkt. Gedichte für Kinder. Eulenspiegel Verlag. Berlin 2001. S. 21.

Meyer, Conrad Ferdinand: Die Füsse im Feuer

Text 13 Abb. 50

Nachdem der Klasse Autor und Titel der Ballade genannt wurden, erklärt man, dass es darin um einen Hugenotten gehe. Das Vorwissen der Schüler über Hugenotten, das nicht sehr groß sein dürfte, wird ergänzt durch die Lektüre eines geschichtlichen Textes (**Text 13**), der informativ und motivierend wirkt, sowie durch eine Illustration, die das gewaltsame Vorgehen gegen Hugenotten zeigt (**Abb. 50**).

BEZUGSQUELLE DES ORIGINALTEXTES:
http://gutenberg.spiegel.de

Mörike, Eduard: Der Feuerreiter

Text 14

Der Ankündigung des Lehrers, dass Eduard Mörikes Ballade vom Feuerreiter im Mittelpunkt der Stunde stehe, folgt die Frage, was man sich darunter eigentlich vorstelle. Auch wenn aus den Reihen der Klasse neben vielen fantasievollen Ideen bereits eine passende Erklärung kommt (was aber eher selten der Fall sein dürfte), wird ein Artikel aus dem Lexikon des Aberglaubens (**Text 14**) vorgelesen, der nicht nur die Bezeichnung „Feuerreiter" erklärt, sondern auch auf Mörikes Ballade einstimmt.

BEZUGSQUELLE DES ORIGINALTEXTES:
http://gutenberg.spiegel.de

SCHILLER, FRIEDRICH: DIE BÜRGSCHAFT

Text 15

Nachdem die Klasse erfahren hat, dass Schillers Ballade „Die Bürgschaft" gelesen werden wird, informiert der Lehrer über den historischen Hintergrund, der zum Verständnis des Textes nötig ist (**Text 15**).

BEZUGSQUELLE DES ORIGINALTEXTES:
http://gutenberg.spiegel.de

SCHILLER, FRIEDRICH: DER HANDSCHUH

Abb. 51

Sobald die Schüler wissen, dass Friedrich Schillers Ballade „Der Handschuh" behandelt werden soll, wird ihnen eine Zeichnung gezeigt, auf der ein Zweikampf von Rittern zu sehen ist (**Abb. 51**). Die Frage, warum bzw. worum die beiden Ritter eigentlich kämpfen (Ehre, Liebe einer höfischen Dame, Ruhm), bereitet auf den Inhalt der Ballade vor.

BEZUGSQUELLE DES ORIGINALTEXTES:
http://gutenberg.spiegel.de

Erzählungen und Kurzgeschichten

AICHINGER, ILSE: DAS FENSTER-THEATER Abb. 52

Nachdem der Klasse der Titel und die Autorin der Kurzgeschichte genannt wurden, wird ein Foto einer alten Frau am Fenster (**Abb. 52**) mittels einer Folie an die Wand projiziert. Die Schülerinnen und Schüler werden spontan zu dem Bild Stellung nehmen. Ihre Äußerungen (Langeweile der alten Frau, Neugier, Suche nach Abwechslung, Problem der Alten in unserer Gesellschaft etc.) werden aufgegriffen, um auf die Lektüre des Textes überzuleiten.

BEZUGSQUELLE DES ORIGINALTEXTES:
Aichinger, Ilse: Der Gefesselte. Erzählungen. Fischer Taschenbuch. Frankfurt a.M. 1953. S. 83 – 86.

ANDRES, STEFAN: DAS TROCKENDOCK Abb. 53

Nach dem informierenden Unterrichtseinstieg über Verfasser und Titel der Geschichte werden die Schüler gebeten, zu erklären, was ein Trockendock ist. Das Vorwissen wird illustriert durch eine Abbildung (**Abb. 53**). Die Ankündigung des Lehrers, dass es in Stefan Andres' Text um einen Mann gehe, der die Stützbalken eines im Trockendock liegenden Schiffes zu entfernen habe, macht die Klasse auf die Geschichte gespannt.

BEZUGSQUELLE DES ORIGINALTEXTES:
Andres, Stefan: Die Verteidigung der Xanthippe. Piper. München 1961. S. 5–8.

BENDER, HANS: EIN BÄR WÄCHST BIS ZUM DACH

Die Schüler sollen als Hausaufgabe einen Fantasieaufsatz zu der Zeitungsmeldung schreiben, die unter der Überschrift „Übermütiger Dieb stahl im Tiergarten" am Anfang von Hans Benders Kurzgeschichte steht. In der folgenden Stunde, in der, wie der Klasse mitgeteilt wurde, Benders Geschichte gelesen wird, dürfen zwei Schüler vorher ihre Erzählungen vorlesen.

BEZUGSQUELLE DES ORIGINALTEXTES:
Bender, Hans: Worte, Bilder, Menschen, Geschichten, Romane, Berichte, Aufsätze. C. Hanser Verlag. München 1969. S. 231–237.

BICHSEL, PETER: DIE TOCHTER Abb. 54

Zunächst erfahren die Schüler, dass im Unterricht Peter Bichsels Kurzgeschichte „Die Tochter" gelesen und besprochen werden wird. Anschließend zeigt ihnen der Lehrer ein Filmplakat des Films „Tanguy. Der Nesthocker" (**Abb. 54**), welches sie beschreiben und kommentieren sollen. Die dargestellte witzige Situation (ein grinsender junger Mann sitzt sichtlich zufrieden zwischen Vater und Mutter im Ehebett) führt zu einem Gespräch über die Fragen, wann und aus welchen Gründen ein junger Mensch das Elternhaus verlassen sollte. Dadurch wird gezielt auf die Lektüre von Bichsels Text hingeführt.

BEZUGSQUELLE DES ORIGINALTEXTES:
Bichsel, Peter: Eigentlich möchte Frau Blum den Milchmann kennenlernen. 21 Geschichten. Walter Verlag. Freiburg 1966. S. 43–45.

BICHSEL, PETER: EIN TISCH IST EIN TISCH

Der Lehrer nennt den Titel der Kurzgeschichte, die in der Stunde behandelt werden soll, und liest folgenden Ausschnitt daraus vor:
„Am Morgen blieb der alte Mann lange im Bild liegen, um neun läutete das Fotoalbum, der Mann stand auf und stellte sich auf den Schrank, damit er nicht an den Füßen fror, dann nahm er seine Kleider aus der Zeitung,

zog sich an, schaute in den Stuhl an der Wand, setzte sich dann auf den Wecker an den Teppich und blätterte den Spiegel durch, bis er den Tisch seiner Mutter fand."

Nach spontanen Schülereindrücken („So ein Quatsch!" etc.), fragt der Lehrer, wie jemand auf die Idee zu so einer verdrehten Sprache kommen könne. Vermutungen aus den Reihen der Klasse steigern die Neugier auf den Text.

BEZUGSQUELLE DES ORIGINALTEXTES:
Bichsel, Peter: Kindergeschichten. Suhrkamp. Frankfurt a.M. 2008. S. 21–30.

BÖLL, HEINRICH: ANEKDOTE ZUR SENKUNG DER ARBEITSMORAL — Abb. 55

Der Klasse wird das Stundenthema (Autor, Texttitel) mitgeteilt und ein Foto eines Fischerbootes in einem irischen Hafen (Abb. 55) gezeigt. Die Schüler sollen sich vorstellen, in dem Boot sitze ein vor sich hin dösender Fischer, davor stehe ein deutscher Tourist. Vorschläge aus der Klasse, welches Gespräch zwischen beiden entstehen könnte, motivieren zur Lektüre von Heinrich Bölls Geschichte und bereiten auf die reiz- und spannungsvolle Ausgangssituation vor.

BEZUGSQUELLE DES ORIGINALTEXTES:
Böll, Heinrich: Werke. Band 4, Romane und Erzählungen 1961 – 70. Kiepenheuer & Witsch. Köln o.J. S. 267–269.

BÖLL, HEINRICH: DIE WAAGE DER BALEKS — Abb. 56

Nach der Information über Autor und Titel der Erzählung betrachten die Schüler ein um 1900 entstandenes Bild, das Kinderarbeit auf dem Land darstellt (Abb. 56). Ein kurzes Gespräch über die Armut der zu sehenden Dorfbewohner leitet über zu Heinrich Bölls Text.

BEZUGSQUELLE DES ORIGINALTEXTES:
Ebd. Band 2. S. 45–52.

BORCHERT, WOLFGANG: AN DIESEM DIENSTAG — Abb. 57 Abb. 58

Zunächst wird der Klasse mitgeteilt, dass der Gegenstand der Unterrichtsstunde, nämlich Wolfgang Borcherts Kurzgeschichte „An diesem Dienstag", im 2. Weltkrieg spielt. Anschließend sollen die Schüler zwei Fotos, welche ganz unterschiedliche Situationen aus dieser Zeit festhalten (Abb. 57 und 58), beschreiben und kommentieren: Mit dem kranken Soldaten, der auf einer Bahre in einen oder aus einem Lazarettzug getragen wird, und dem unbeschwert erscheinenden Tanz in den Mai vor einem mit dem Spruchband „Freut euch des Lebens" geschmückten Gebäude (Brauerei) werden die antithetische Struktur und der ständige Perspektivenwechsel von Borcherts Text, der abwechselnd das Geschehen an der Front und in der Heimat schildert, vorweggenommen. Damit wurde die Klasse auf die nun folgende Lektüre und Behandlung der Kurzgeschichte vorbereitet.

BEZUGSQUELLE DES ORIGINALTEXTES:
Borchert, Wolfgang: Das gesammelte Werk. Rowohlt. Hamburg 1949. S. 191–193.

BORCHERT, WOLFGANG: DAS BROT — Text 16 Abb. 59

Wurden den Schülerinnen und Schülern Autor, Titel und Entstehungszeit der Geschichte mitgeteilt, werden sie gefragt, ob sie eine Ahnung haben, welche Menge Brot einem Deutschen am Ende des 2. Weltkrieges zustand. Nach einigen Vermutungen wird als Antwort auf diese Einstiegsfrage ein erläuternder historischer Text (Text 16) gelesen, dessen Informationen noch durch Betrachtung eines Fotos (Abb. 59) veranschaulicht werden können. Der Lehrer erläutert, dass darauf Lebensmittelkarten zu sehen sind, mit denen gewährleistet werden konnte, dass jeder in etwa die gleiche Ration an bestimmten Nahrungsmitteln erwerben konnte. Ein kurzes Gespräch über diese Situation leitet über auf Borcherts Kurzgeschichte.

BEZUGSQUELLE DES ORIGINALTEXTES:
Borchert, Wolfgang: Das Gesamtwerk. Rowohlt. Hamburg 1949. S. 304–306.

BORCHERT, WOLFGANG: DIE DREI DUNKLEN KÖNIGE

Abb. 60

Nach den Informationen des Lehrers zu Autor und Titel der Kurzgeschichte zeigt der Lehrer anhand einer an die Wand projizierten Folie ein Foto von Kriegsheimkehrern (**Abb. 60**). Im Verlauf des dadurch ausgelösten Unterrichtsgesprächs sollten die historisch-politischen Hintergründe kurz erläutert werden.

BEZUGSQUELLE DES ORIGINALTEXTES:
Ebd. S. 185–187.

BORCHERT, WOLFGANG: DIE KÜCHENUHR

Text 17

Der Lehrer erklärt der Klasse, dass das Thema der Unterrichtsstunde eine Kurzgeschichte von Wolfgang Borchert sei, in der es um einige Menschen in einer während des Zweiten Weltkrieges bombardierten Stadt gehe. Damit sich die Jugendlichen einen Eindruck von dieser für sie fremden Zeit machen können, wird ein Augenzeugenbericht (**Text 17**) gelesen.

BEZUGSQUELLE DES ORIGINALTEXTES:
Ebd. S. 201–203.

BORCHERT, WOLFGANG: NACHTS SCHLAFEN DIE RATTEN DOCH

Abb. 61 Text 18

Gleich im Anschluss an die Nennung des Titels der Kurzgeschichte von Wolfgang Borchert werden sich die Schüler spontan zu der Behauptung, nachts würden die Ratten schlafen, äußern und diese bestreiten. Nach der Frage des Lehrers, in welchen Zeiten die Menschen in unserem Land mit der Rattenplage zu kämpfen hatten (Mittelalter, Pest, Kriegsende), wird der Klasse ein Foto von einem Jungen, der vor einem Trümmerhaufen steht, gezeigt (**Abb. 61**). Die spontanen Äußerungen aus den Reihen der Klasse (Zerstörung nach einem Bombenangriff, vielleicht hat der Junge Eltern und Geschwister dabei verloren, Hoffnungslosigkeit des Jungen u. Ä.) leiten zum Text über und motivieren zu seiner Lektüre. Ergänzend dazu kann noch ein Text vorgelesen werden, der die Rattenplage im zerstörten Nachkriegsdeutschland zum Thema hat (**Text 18**).

BEZUGSQUELLE DES ORIGINALTEXTES:
Ebd. S. 216–218.

BRECHT, BERTOLT: DER AUGSBURGER KREIDEKREIS

Nachdem die Klasse erfahren hat, dass Brechts Erzählung „Der Augsburger Kreidekreis" behandelt wird, schlägt der Lehrer ein kurzes Rollenspiel vor, um in das Thema der Geschichte einzuführen: Zwei Kinder sollen sich um eine Puppe streiten, wobei ausdrücklich erlaubt sein soll, dass die Schüler an dem Spielzeug zerren und versuchen, es dem Partner zu entreißen. Je nach Verlauf des Rollenspiels; leitet der Lehrer dann zur Erzählung über, in der es statt um eine Puppe um ein Kind geht.

BEZUGSQUELLE DES ORIGINALTEXTES:
Brecht, Bertolt: Kalendergeschichten. Suhrkamp. Frankfurt a.M. 2003. S. 321.

BRITTING, GEORG: BRUDERMORD IM ALTWASSER

Abb. 62

Nachdem die Schüler Verfasser und Titel der Erzählung erfahren haben, werden sie fragen, was ein Altwasser sei. Die Erklärung des Lehrers wird durch ein Foto (**Abb. 62**) illustriert, das das Altwasser der Donau bei Regensburg zeigt. Die Schüler sollen die Stimmung, die das Foto vermittelt, kurz schildern, wodurch auf die in Georg Brittings Text vorkommende Naturbeschreibung eingestimmt wird. Das zweite im Titel vorkommende Nomen (Brudermord) kann anschließend als Auslöser für Vermutungen seitens der Schüler zum Inhalt der Geschichte genutzt werden, was die Spannung auf die Lektüre noch erhöht.

BEZUGSQUELLE DES ORIGINALTEXTES:
Britting, Georg: Sämtliche Werke. Hrsg.: Walter Schmitz. List Verlag. München u. Leipzig 1996. Band 3. S. 20.

CESCO, FEDERICA DE: SPAGHETTIFRESSER Text 19

Der Lehrer informiert die Klasse über Autorin und Titel der Geschichte, die behandelt werden soll, und schreibt folgende provokative Thesen an die Tafel:
- Es gibt immer mehr Ausländer in Deutschland.
- Ausländer belasten unsere Wirtschaft.
- Wegen der Ausländer haben wir in Deutschland eine hohe Arbeitslosigkeit.

Am Ende eines Gesprächs über diese Behauptungen, das sicherlich recht kontrovers geführt werden wird, steht die Lektüre eines Textes (Text 19), der die anfangs aufgestellten Thesen widerlegt. Damit sind die Schüler gut auf die Lektüre der Geschichte vorbereitet.

BEZUGSQUELLE DES ORIGINALTEXTES:
Cesco, Federica de: Freundschaft hat viele Gesichter. Rex Verlag. Stuttgart 1986. S. 79–84.

HEBEL, JOHANN PETER: DER BARBIERJUNGE VON SEGRINGEN Abb. 63

Nachdem die Klasse über das Thema der Stunde informiert wurde, wird ihr eine Illustration zu der Geschichte von Johann Peter Hebel gezeigt (Abb. 63). Der Blick des Meisters oder Gesellen und das Messer in der rechten Hand des Kunden verraten den Schülern, worum es gehen könnte, ohne das Ende bzw. die Pointe der Anekdote vorwegzunehmen. Die Schüler sind gespannt auf den Text.

BEZUGSQUELLE DES ORIGINALTEXTES:
Hebel, Johann Peter: Gesammelte Werke, Band 1. Hrsg. von Eberhard Meckel. Insel Verlag. Frankfurt a.M. 1968. S. 60f.
http://gutenberg.spiegel.de

HEBEL, JOHANN PETER: DER KLUGE RICHTER Text 20

Der Lehrer zeigt einen Zettel, den er angeblich am Schwarzen Brett der Schule gefunden hat (Text 20), und erklärt, dass er mit den Schülern nach einem Gespräch über diesen Zettel die Geschichte „Der kluge Richter" von Johann Peter Hebel lesen und besprechen wolle. Die Schüler sollen erzählen, wie der Verlierer des Geldbeutels reagieren könne, falls ihm jemand die Börse zurückbringt. Die Frage, mit welcher Begründung der versprochene Finderlohn verweigert werden könnte, leitet zum Text der Kalendergeschichte über und weckt die Neugier der Schüler.

BEZUGSQUELLE DES ORIGINALTEXTES:
Ebd. S. 40–42.
http://gutenberg.spiegel.de

HEBEL, JOHANN PETER: DER ZAHNARZT

Der Lehrer kündigt an, dass es in der Geschichte Hebels um Leute gehe, denen ein angebliches Wundermittel gegen Zahnschmerzen „angedreht" werde, und zeigt ein Schächtelchen, in dem sich dieses Medikament befinde. Tatsächlich hat er vorher aus Brot gedrehte und in farbiges Papier verpackte „Pillen" in die kleine Schachtel gelegt, die ein Schüler öffnen darf. Nach einem kurzen Gespräch über den Inhalt der Schachtel sind die Schüler sicherlich sehr gespannt auf die Geschichte.

BEZUGSQUELLE DES ORIGINALTEXTES:
Ebd. S. 164–166.
http://gutenberg.spiegel.de

HEBEL, JOHANN PETER: DIE DREI WÜNSCHE

Nach der Ankündigung des Lehrers, dass eine Geschichte mit dem Titel „Die drei Wünsche" gelesen werde, sollen die Schüler sagen, was sie sich wünschen würden, wenn eine Fee ins Klassenzimmer käme und die ganze Klasse drei Wünsche frei hätte. Die ersten drei Wünsche werden an der Tafel notiert und in der Klasse diskutiert.

BEZUGSQUELLE DES ORIGINALTEXTES:
Ebd. S. 235–238.
http://gutenberg.spiegel.de

HOHLER, FRANZ: DER TRAGISCHE TAUSENDFÜSSLER

Nachdem der Klasse Autor und Titel der Geschichte mitgeteilt wurden, werden die Schüler ermutigt, einen Witz oder eine Scherzfrage über einen Tausendfüßler zu erzählen.
Beispiele:
Was macht 999-mal Tipp und einmal Tapp? (Ein Tausendfüßler mit Holzbein)
Was sagt ein Tausendfüßler, wenn er ein Paar Schuhe geschenkt bekommt? (Tausend Dank)
Nachdem daran anschließend die Frage beantwortet wurde, wie viele Beine ein Tausendfüßler tatsächlich besitzt (etwa 70), kann Franz Hohlers tragisch verlaufende Geschichte gelesen und besprochen werden.

BEZUGSQUELLE DES ORIGINALTEXTES:
Hohler, Franz: Das große LaLuLa. H. Ellermann Verlag. München 1971. S. 90f.

KAFKA, FRANZ: AUF DER GALERIE   Abb. 64

Sobald die Klasse über das Unterrichtsthema informiert wurde, wird ihr eine Illustration von Otto Bartning zu Kafkas Text (Abb. 64) vorgelegt. Am Ende der Beschreibung der Zeichnung sollte die Frage stehen, warum unter all den applaudierenden Zuschauern einer den Kopf auf die Arme legt. Die Vermutungen der Schüler(innen), dass er eingeschlafen oder traurig sei und vielleicht sogar weine, lenken das Interesse auf die nun folgende Lektüre des Textes, von der eine Antwort erwartet wird.

BEZUGSQUELLE DES ORIGINALTEXTES:
http://gutenberg.spiegel.de

KAFKA, FRANZ: DIE VERWANDLUNG   Abb. 65

Vor der Lektüre und Behandlung der Erzählung sollen die Schüler Ottomar Starkes Titelbild einer im Verlag Kurt Wolff erschienenen Ausgabe aus dem Jahre 1915 (Abb. 65) kommentieren. Die Frage, was hinter der halb geöffneten Tür sei und warum die Person die Hände vor das Gesicht schlage, weckt die Neugier der Klasse auf den Inhalt der Erzählung Franz Kafkas.

BEZUGSQUELLE DES ORIGINALTEXTES:
http://gutenberg.spiegel.de

KÄSTNER, ERICH: DAS MÄRCHEN VOM GLÜCK   Text 21 Text 22

Sobald der Klasse mitgeteilt wurde, welcher Text im Unterricht besprochen werden wird, erhalten die Schüler einen „Test" aus der Bildzeitung, mit dem man angeblich das Glück seines Lebens messen kann (Text 22). Nachdem jeder sein individuelles Ergebnis errechnet hat, wird über die Brauchbarkeit eines solchen Tests und die Faktoren, die zu einem glücklichen Leben führen, diskutiert. Das Gespräch, das eventuell durch die Lektüre einer „Anleitung zum Glücklichsein" aus der Boulevardzeitung „tz" (Text 21) ergänzt wird, führt auf Erich Kästners Märchen hin, das eine weitere wichtige Bedingung für das Gefühl des Glücks vorstellt.

BEZUGSQUELLE DES ORIGINALTEXTES:
Kästner, Erich: Werke. Wir sind so frei. Chansons, Kabarett, kleine Prosa. Carl Hanser Verlag. München 1998. S. 148ff.

KLEIST, HEINRICH VON: DAS BETTELWEIB VON LOCARNO

Die Schüler erfahren zu Beginn der Stunde, dass Kleists unheimliche Erzählung behandelt werden wird, und sollen zunächst aber über eventuelle eigene Spukerlebnisse erzählen. Meist wird der Lehrer hier die Erzählfreude der Jugendlichen bremsen müssen, um nach etwa 5 Minuten den Text Kleists ins Zentrum des Interesses zu rücken.

BEZUGSQUELLE DES ORIGINALTEXTES:
Kleist, Heinrich von: Sämtliche Werke. Artemis & Winkler. München 1967. S. 163–165.
http://gutenberg.spiegel.de

KUNERT, GÜNTER: ZIRKUSWESEN — Text 23

Der Klasse, die über Autor und Titel der Geschichte informiert wurde, wird ein Zeitungsartikel über die Suche nach einem entwichenen Kaiman (**Text 23**) vorgelegt. Die Schüler sollen sich vorstellen, was alles passieren könnte, wenn das Tier nicht gefangen würde. Die Überlegungen stimmen die Klasse auf die Lektüre von Günter Kunerts Text ein.

BEZUGSQUELLE DES ORIGINALTEXTES:
Kunert, Günter: Camera obscura. Prosa. C. Hanser. München 1978.

KUNZE, REINER: FÜNFZEHN — Abb. 66

Nachdem die Schüler erfahren haben, dass ein Ausschnitt aus Reiner Kunzes Autobiografie „Die wunderbaren Jahre", in dem es um seine Beziehung zu seiner Tochter geht, besprochen werden wird, wird der Klasse eine Seite aus einer Jugendzeitschrift (**Abb. 66**) vorgelegt, in der aktuelle Mode für Mädchen vorgestellt wird. Dies soll als Impuls für ein Gespräch über Kleidung von Jugendlichen dienen und damit auf Kunerts Text überleiten, in dem die unterschiedlichen Vorstellungen über Mode von Vater und Tochter eine zentrale Rolle spielen.

BEZUGSQUELLE DES ORIGINALTEXTES:
Kunze, Reiner: Die wunderbaren Jahre. S. Fischer Verlag. Frankfurt 1976. S. 27–29.

LANGGÄSSER, ELISABETH: SAISONBEGINN — Abb. 67a Abb. 67b

Der Klasse wird zu Beginn der Stunde gesagt, dass eine Kurzgeschichte von Elisabeth Langgässer mit dem Titel „Saisonbeginn" behandelt werden wird. Gleichzeitig kann ein Foto an die Wand projiziert werden, das ein Herrenkreuz und ein Schild, dessen Inschrift wegretuschiert wurde, vor einer Ortschaft zeigt (**Abb. 67a**). Die Schülerinnen und Schüler sollen versuchen, eine Verbindung zwischen dem Titel und dem Foto herzustellen. Vermutlich werden sie mit „Saisonbeginn" den Beginn der Urlaubszeit assoziieren. Die Ankündigung des Lehrers, dass mit Saisonbeginn noch etwas anderes gemeint sei, der Titel also doppeldeutig sei (Jagdsaison, Jagd auf jüdische Bürger), weckt die Neugier auf den Text, der nun gelesen wird. Erst nach der Lektüre zeigt man das Foto ohne retuschierte Inschrift (**Abb. 67b**).

BEZUGSQUELLE DES ORIGINALTEXTES:
Langgässer, Elisabeth: Torso. Claassen Verlag. Hamburg 1947. S. 15–17.

MALECHA, HERBERT: DIE PROBE — Abb. 68

Nachdem die Klasse über Verfasser und Titel der Kurzgeschichte informiert wurde, wird ihr ein Fahndungsplakat der Polizei (**Abb. 68**) gezeigt. Die Schüler sollen sich vorstellen, was in dem gesuchten Verbrecher vorgeht, wovor er sich in Acht nehmen muss, welche Vorsichtsmaßnahmen er treffen könnte, um nicht gefasst zu werden, wie er sein weiteres Leben plant, wohin er fliehen will etc. Die Vermutungen der Schüler führen motivierend zum Text hin.

BEZUGSQUELLE DES ORIGINALTEXTES:
Die 16 besten Kurzgeschichten aus dem Preisausschreiben der Wochenzeitung DIE ZEIT. Marion von Schroeder Verlag. Hamburg 1956. S. 21–27.
Ulrich, Winfried: Deutsche Kurzgeschichten, 7.-8. Schuljahr. Reclam. Stuttgart 1973. S. 48ff.

Müller, Heiner: Das Eiserne Kreuz ⟋Abb. 69⟍Text 24⟍

Nachdem der Klasse mitgeteilt wurde, dass Heiner Müllers Kurzgeschichte „Das Eiserne Kreuz" gelesen und besprochen werden soll, betrachten sie ein zunächst rätselhaft erscheinendes Foto (**Abb. 69**), auf dem russische Offiziere und drei Leichen auf zwei Parkbänken zu sehen sind. Nach einigen Vermutungen seitens der Schüler über die Entstehung der fotografierten Situation wird der begleitende Text (**Text 24**) vorgelesen, der den Hintergrund klärt. Einer kurzen Aussprache über die Beweggründe des Familienvaters, der seine Familie und sich tötete, folgt die Lektüre der Kurzgeschichte, die einen sehr ähnlichen Vorfall erzählt und auf die die Klasse nun vorbereitet und eingestimmt wurde. Denkbar wäre als methodische Variante auch, die Schüler zu Hause eine Geschichte zu dem Foto schreiben zu lassen und erst in der folgenden Unterrichtsstunde nach dem Vorlesen einiger Schülertexte Heiner Müllers Kurzgeschichte zu lesen.

BEZUGSQUELLE DES ORIGINALTEXTES:
Müller, Heiner: Die Prosa. Werke 2. Hrsg. Frank Hörnigk. Suhrkamp. Frankfurt a.M. 1999. S. 72–74.

Nöstlinger, Christine: Der TV-Karl ⟋Abb. 70⟍Text 25⟍

Nachdem die Schüler Autorin und Titel der Geschichte, die in der Deutschstunde behandelt werden wird, mitgeteilt wurden, betrachten sie ein Foto, das zwei Kinder vor dem Bildschirm zeigt (**Abb. 70**). Ihre spontanen Äußerungen können noch durch die Lektüre eines Ausschnitts aus einem Zeitungsartikel der ZEIT (**Text 25**) unterstützt werden, in dem es um das Gefahrenpotenzial des Fernsehens geht. Foto und Artikel führen unmittelbar auf Christine Nöstlingers Geschichte hin.

BEZUGSQUELLE DES ORIGINALTEXTES:
Nöstlinger, Christine: Der TV-Karl. Beltz & Gelberg. Weinheim und Basel 1998.

Reding, Josef: Fahrerflucht ⟋Text 26⟍

Nachdem die Klasse Titel und Verfasser der Erzählung erfahren hat, wird ein sachlicher, informierender Text von Kurt Gaede (**Text 26**) vorgelesen, in dem es um Ursachen und Folgen von Fahrerflucht geht. Die Schüler werden sich spontan zu den gegebenen Fakten äußern wollen. Auf die Geschichte von Josef Reding überleitend, sollen sie sich dann vorstellen, was in einer Person vorgeht, die soeben einen Unfall verursacht hat, aber nicht stehen geblieben ist. Da Reding in seiner Erzählung vor allem die innere Handlung stark in den Vordergrund rückt, sind die Schüler nun auf die Lektüre eingestimmt.

BEZUGSQUELLE DES ORIGINALTEXTES:
Reding, Josesf: Nennt mich nicht Nigger. Kurzgeschichten aus zwei Jahrzehnten. Arena Verlag. Würzburg 1995.

Schnurre, Wolfdietrich: Auf der Flucht ⟋Abb. 71⟍Text 27a,b⟍Text 28⟍

Nach der Mitteilung des Lehrers, dass eine Kurzgeschichte von Wolfdietrich Schnurre, die sich mit der Vertreibung der Deutschen aus den ehemaligen deutschen Ostprovinzen beschäftigt, im Unterricht behandelt werden wird, wird ein Flugblatt der polnischen Regierung vom Juli 1945 (**Text 27b**) gezeigt, in dem die deutsche Bevölkerung der Stadt Bad Salzbrunn aufgefordert wird, innerhalb von drei Stunden mit höchstens 20 kg Gepäck ohne Transportmittel in das Gebiet westlich der Neiße „umzusiedeln", wobei die Wohnungseinrichtung Eigentum der polnischen Regierung wird. Einem kurzen Gespräch über den historischen Hintergrund (Flucht und Vertreibung als Folge der NS-Politik, Beschluss der Siegermächte auf den Konferenzen von Teheran und Jalta, Aufteilung des Deutschen Reichs in verschiedene Einflusssphären, Umsiedlung von 14 Millionen Deutschen seit 1944, ca. 2 Millionen Todesopfer) folgt die Lektüre von zwei Augenzeugenberichten (**Texte 27a und 28**). Begleitend hierzu kann ein Foto gezeigt werden (**Abb. 71**), auf dem ein deutsches Ehepaar auf der Flucht zu sehen ist. Ein kurzes Gespräch über den Text und das Foto bereitet die Lektüre von Schnurres Kurzgeschichte vor.

BEZUGSQUELLE DES ORIGINALTEXTES:
Schnurre, Wolfdietrich: Man sollte dagegen sein. Fischer Bücherei. Frankfurt 1964. S. 37–44.

SCHNURRE, WOLFDIETRICH: DER BRÖTCHENCLOU

Nachdem der Autor und der Titel der Erzählung genannt wurden, erläutert der Lehrer, dass es in der Geschichte um einen Jungen gehe, der wettet, eine bestimmte Anzahl von Brötchen hintereinander essen zu können. Die Schüler dürfen raten, wie viele Brötchen der Held vertilgen wolle bzw. könne. Es kann darüber geredet werden, woran eine solche Wette scheitern könnte, wo die Schwierigkeiten liegen und was überhaupt der Grund oder der Anlass für so eine Wette sein könnte. Mit Sicherheit werden die Schüler aber auf Schnurres Erzählung neugierig geworden sein.

BEZUGSQUELLE DES ORIGINALTEXTES:
Schnurre, Wolfdietrich: Als Vaters Bart noch rot war. Verlag Die Arche. Zürich 1958. S. 37–41.

SCHNURRE, WOLFDIETRICH: JENÖ WAR MEIN FREUND — Text 29

Nach der Information über Verfasser und Titel der Erzählung, klärt der Lehrer den politisch-historischen Hintergrund durch Vorlesen eines Textes (Text 29), der sich mit dem Schicksal der Zigeuner (Sinti) in der Zeit des Nationalsozialismus beschäftigt. Schüleräußerungen, worin die Probleme einer Freundschaft zwischen einem deutschen Jungen und einem gleichaltrigen Zigeuner in dieser Zeit gelegen hätten, bereiten auf die Lektüre der Erzählung von Wolfdietrich Schnurre vor.

BEZUGSQUELLE DES ORIGINALTEXTES:
Ebd. S. 149–152.

WEISENBORN, GÜNTER: ZWEI MÄNNER — Text 30

Nachdem die Schüler erfahren haben, dass eine Kurzgeschichte, die in Argentinien spielt, behandelt werden wird, wird folgende „Quizfrage" in der Art der Fernsehsendung „Wer wird Millionär?" gestellt:
Wie heißt der größte Strom Argentiniens?
A. Paraguay B. Amazonas C. Parana D. Rio Grande
Der Auflösung (Antwort C) folgt die Lektüre eines Ausschnitts aus einem Reisebericht aus dem Jahre 1920 (Text 30), welcher der Klasse Vorteile, Gefahren und Problematik dieses Stromes deutlich vor Augen führt. Ein kurzes Gespräch über den Text bereitet die Lektüre von Weisenborns Kurzgeschichte vor.

BEZUGSQUELLE DES ORIGINALTEXTES:
Weyrauch, Wolfgang: Im Gänsemarsch. Erzählte Zeit. 50 deutsche Kurzgeschichten. Rowohlt. Hamburg o.J.

WEISS, PETER: NICHT VERSETZT — Abb. 72

Am Beginn der Stunde wurde die Information gegeben, dass ein Ausschnitt aus der Autobiografie von Peter Weiss besprochen werden soll. Ein Gespräch über die in **Abb. 72** dargestellte Familienszene kann in die Lektüre des Textes einführen. Vor allem sollte dabei über Gestik und Mimik der Personen und über die Rolle der Frau, die den Arm des Vaters ergreift, gesprochen werden.

BEZUGSQUELLE DES ORIGINALTEXTES:
Weiss, Peter: Abschied von den Eltern. Suhrkamp. Frankfurt a.M. 1964.

WOHMANN, GABRIELE: DIE KLAVIERSTUNDE — Text 31

Nachdem der Klasse Autorin und Titel der Kurzgeschichte mitgeteilt wurden, erhalten die Schüler Gelegenheit, über eigene Erfahrungen mit Klavierstunden zu erzählen. Angeregt oder erweitert werden kann das Gespräch durch die Lektüre eines sehr witzigen Ausschnitts aus Patrick Süskinds „Die Geschichte von Herrn Sommer" (Text 31), in dem von leidvollen Erfahrungen eines kleinen Jungen mit seiner verhassten Klavierlehrerin erzählt wird. Gespräch und Diskussion wecken das Interesse der Schüler für Gabriele Wohmanns Text.

BEZUGSQUELLE DES ORIGINALTEXTES:
Wohmann, Gabriele: Erzählungen. Langewiesche-Brand Verlag. Ebenhausen bei München 1966. S. 67–70.

Parabeln

Brecht, Bertolt: Das Horoskop

Nachdem Autor und Titel des Gedichts genannt wurden, werden aktuelle Horoskope aus einer Zeitschrift vorgelesen. Das sich daran anschließende kurze Unterrichtsgespräch zur vagen Formulierung und zur Fragwürdigkeit bzw. sogar Widersprüchlichkeit der Horoskope leitet zu Brechts Text über und weckt das Interesse der Schüler daran.

BEZUGSQUELLE DES ORIGINALTEXTES:
Brecht, Bertolt: Gesammelte Werke in 20 Bänden. Band 12. Suhrkamp Verlag. Frankfurt a.M. S. 397f.

Brecht, Bertolt: Der Kälbermarsch   /Abb. 73 \Text 32

Der Klasse wird gezeigt, dass ein Gedicht von Bertolt Brecht behandelt werden soll, das sich mit dem Nationalsozialismus beschäftigt. Beim Betrachten einer Karikatur von Adolf Hitler als Metzger (**Abb. 73**) sollen die Schüler Vorschläge unterbreiten und begründen, wie in der Karikatur konsequenterweise die Gefolgsleute Hitlers dargestellt werden müssten. Sicherlich werden unter anderem auch Kälber genannt, die dem Metzger blind vertrauend in ihr Unheil rennen. Dann wird der Klasse der Text des Horst Wessel-Lieds (**Text 32**) vorgelegt. Die Schüler sollen den Text so umformulieren und verfremden, dass er zur Karikatur und ihrer Aussage (Metzger, Kälber) passt. Das Ergebnis wird dann mit Brechts Text verglichen, auf den die Klasse nun bestimmt neugierig geworden ist.

BEZUGSQUELLE DES ORIGINALTEXTES:
Ebd., Band 5. S. 1976.

Brecht, Bertolt: Herrn K.s Lieblingstier   /Abb. 74

Nachdem die Schüler Autor und Titel der Parabel erfahren haben, dürfen sie zunächst ihre eigenen Lieblingstiere nennen, sollen aber immer begründen, warum sie gerade dieses Tier ausgewählt haben. Sobald der Elefant genannt wird, sollen dessen Eigenschaften und Vorzüge besonders ausführlich beschrieben werden. Diese Aufgabe kann durch ein Foto (**Abb. 74**) unterstützt werden. Daraufhin ist die Klasse gespannt, warum der Elefant das Lieblingstier von Herrn K. ist.

BEZUGSQUELLE DES ORIGINALTEXTES:
Ebd., Band 12. S. 387f.

Brecht, Bertolt: Massnahmen gegen die Gewalt   /Text 33

Nachdem die Schüler Autor und Titel des Textes erfahren haben, sollen sie zunächst selbst mögliche Maßnahmen gegen gewaltsame Unterdrückungsmechanismen nennen. Dabei darf ruhig an totalitäre Staaten erinnert werden. Dann wird ein ganz kurzer Auszug aus einer Biografie Bertolt Brechts (**Text 33**) vorgelesen. Über Brechts eigene „Maßnahme", sich der Gewalt zu entziehen (Flucht nach Prag, Exil), wird diskutiert, bevor der Text, auf den nun hinreichend vorbereitet wurde, gelesen und besprochen werden kann.

BEZUGSQUELLE DES ORIGINALTEXTES:
Ebd., Band 12. S. 375f.

Nach der Nennung des Autors und des Titels der Parabel, die im Mittelpunkt der Unterrichtsstunde stehen soll, zitiert der Lehrer aus der Bibel, dem 2. Buch Mose 20,4: „Du sollst Dir kein Bildnis machen." Die Schüler werden gefragt, ob dieses Gebot auch auf Menschen übertragen werden könne. Das Unterrichtsgespräch kann leicht auf das Thema der Vorurteile gegenüber anderen Rassen, Hautfarben, Religionsgemeinschaften etc. gelenkt werden, falls die Schüler nicht selbst die Sprache darauf bringen. Damit ist eine motivierende Überleitung auf Max Frischs Text geschaffen.

Alternative: Der Klasse wird eine Karikatur aus einem Lesebuch gezeigt, das in der Zeit des Nationalsozialismus verwendet wurde und Aussehen sowie Verhalten von Juden so darstellt, wie es der Rassenideologie Hitlers entsprach (**Abb. 75**). Das Gespräch über das Bild leitet ebenfalls zum Text von Max Frisch über.

BEZUGSQUELLE DES ORIGINALTEXTES:
Frisch, Max: Gesammelte Werke in zeitlicher Reihenfolge. Werkausgabe. Band 2. Suhrkamp. Frankfurt a.M. 1976. S. 372ff.

KAFKA, FRANZ: VOR DEM GESETZ /Abb. 76 /Abb. 77 /Abb. 78

Den Schülern, denen mitgeteilt wurde, dass Kafkas Parabel „Vor dem Gesetz" behandelt werden wird, werden drei Illustrationen zu diesem Text (**Abb. 76-78**) zum Vergleich vorgelegt. Während in dem Holzschnitt von Hans Fronius (**Abb. 77**) vor allem der von den hellen Strahlen ausgehende Glanz hinter der geöffneten Tür am Ende des Ganges die Darstellung bestimmt und die Personen in seinen Bann zieht, liegt der Nachdruck in der Lithografie von Otto Bartning (**Abb. 76**) auf dem sozialen Unterschied zwischen einem sehr klein abgebildeten demütigen Bittsteller und einem dickbauchigen, hochnäsig wirkenden, herrschaftlichen Portier. Guido Zingerl schließlich stellt in seiner Zeichnung (**Abb. 78**) dar, welches undurchdringlich wirkende Labyrinth an Mauern, Toren und Treppen den „kleinen Mann" erwartet, wenn er von dem Mann am Tor eingelassen werden sollte. Alle drei Abbildungen fordern die Schüler dazu auf, Vermutungen über die Handlung der Parabel zu äußern. Dadurch werden bereits wesentliche Motive des Textes vorweggenommen und die Neugier auf dessen Inhalt gesteigert.

BEZUGSQUELLE DES ORIGINALTEXTES:
http://gutenberg.spiegel.de

KUNERT, GÜNTER: ZENTRALBAHNHOF

Nachdem die Klasse erfahren hat, dass eine Parabel von Günter Kunert mit dem Titel „Zentralbahnhof" behandelt werden wird, liest der Lehrer den Inhalt des Schreibens vor, das der Jemand des Textes zu Beginn der Geschichte erhält. Die spontanen Reaktionen der Schüler (Verwirrung, Betroffenheit, Erklärungsversuche etc.) leiten auf den Text hin, der nun sicherlich aufmerksam und neugierig gelesen wird.

BEZUGSQUELLE DES ORIGINALTEXTES:
Kunert, Günter: Tagträume in Berlin und andernorts. S. Fischer Verlag. Frankfurt a.M. 1974. S. 145f.

Fabeln

AESOP: DER FUCHS UND DER ZIEGENBOCK

Abb. 79

Der Lehrer kündigt an, dass man die Fabel vom Fuchs und vom Ziegenbock lesen und behandeln werde, und zeigt eine Werbeanzeige mit einem Fuchs (**Abb. 79**). Die Frage, warum gerade dieses Tier für die Anzeige ausgewählt wurde und warum es in Fabeln so häufig vorkommt, führt zur Erwähnung der dem Fuchs zugesprochenen (angedichteten) Schlauheit. Ein Tier, dem besondere Dummheit nachgesagt wird, ist neben der Gans, dem Esel, dem Schaf und anderen, auch der Ziegenbock. Die Schüler sind gespannt, wie es dem Fuchs gelingen wird, seinen Kontrahenten, den Ziegenbock, zu überlisten.

BEZUGSQUELLE DES ORIGINALTEXTES:
Nickel, Rainer (Hrsg.): Äsop: Fabeln. Artemis & Winkler. Düsseldorf 2005. S. 19.

AESOP: DER WOLF UND DAS LAMM

Abb. 80

Der Lehrer zeigt den Holzschnitt (**Abb. 80**) und kündigt an, dass in der Stunde ein Text gelesen und besprochen werde, in dem beide Tiere eine Rolle spielen werden. Vorher sollten die Schüler aber überlegen, was der Wolf und das Lamm sagen würden, falls sie sprechen könnten. Nach ihren Vermutungen sind die Schüler gespannt auf den Text, denn sie wollen sicherlich wissen, was Aesop den Tieren in den Mund gelegt hat und was an Handlung erfolgt.

BEZUGSQUELLE DES ORIGINALTEXTES:
Ebd. S. 155.

AESOP: DIE TEILUNG DER BEUTE

Text 34

Sobald die Klasse weiß, welche Fabel im Unterricht behandelt werden soll, stellt ihr der Lehrer die Denksportaufgabe von der „Grundstücksteilung" (**Text 34**). Kommen die Schüler innerhalb von fünf Minuten nicht auf die Lösung, sollte diese vom Lehrer gegeben werden, da auf die Fabel übergeleitet werden soll. Dies erfolgt durch die Frage, ob es bei der im Titel angekündigten Teilung einer Beute im Tierreich auch so gerecht zugehe bzw. welche Tiere um gleiche Beuten streiten würden und welche den größeren Anteil bekämen.

BEZUGSQUELLE DES ORIGINALTEXTES:
Ebd. S. 149.

BUSCH, WILHELM: BEWAFFNETER FRIEDE

Abb. 81

Der Lehrer erklärt, dass in der Stunde eine Fabel und ihre Merkmale behandelt würden, zeigt den Schülern das Tierfoto mit Bildunterschrift (**Abb. 81**) und fragt, warum dies noch keine Fabel sei. Die Schüler sollen erkennen, dass auf dem Foto eine zweite Tiergattung, die als Widersacher zur ersten in Erscheinung tritt, fehlt und dass der Text zwar witzig ist, aber keine Lehre vermittelt. Auch ist auf dem Foto keine Handlung und demnach auch nicht die für die Fabel typische Handlungsumkehr dargestellt. Bei der Lektüre des nun folgenden Textes sollen die Schüler insbesondere darauf achten, ob die Merkmale der Fabel vorhanden sind. Durch die vorangegangene Besprechung des Tierfotos wurden sie für diesen Auftrag motiviert.

BEZUGSQUELLE DES ORIGINALTEXTES:
Alverdes, Paul: Rabe, Fuchs und Löwe. Fabeln der Welt. Ehrenwirth Verlag. München 1965. S. 321f.

LESSING, GOTTHOLD EPHRAIM: DIE NACHTIGALL UND DER PFAU Text 35

Die Klasse erfährt, dass Lessings Fabel von der Nachtigall und dem Pfau behandelt werden wird, und wird gefragt, was Kennzeichen der Fabel seien. Sehr schnell werden die sprechenden Tiere genannt werden, worauf ein informativer Text über die „Verständigung" unter Amseln **(Text 35)** vorgelesen wird. Die Fragen, inwiefern Fabeln ähnliche „Gesprächsthemen" zum Inhalt haben (Streitgespräche) und was in Fabeln aber ganz anders sei (Tiere unterschiedlicher Art, Tiere als Vertreter von Menschen, Lehre oder Moral, Umkehrhandlung), bereitet auf die Lektüre von Gotthold Ephraim Lessings Text vor.

BEZUGSQUELLE DES ORIGINALTEXTES:
Lessing, Gotthold Ephraim: Werke in drei Bänden. Band 1. Fabeln, Gedichte, Dramen. dtv.
München 2003. S. 14.

LESSING, GOTTHOLD EPHRAIM: DIE PFAUEN UND DIE KRÄHE

Der Lehrer gibt Autor und Titel der Fabel bekannt und lässt in einem kurzen Unterrichtsgespräch die Redewendung „sich mit fremden Federn schmücken" klären. Nun sollen die Schüler überlegen, welche Rolle die Redewendung in einer Fabel mit den im Gespräch genannten Tiergattungen spielen könne. Die Vermutungen aus den Reihen der Klasse dürften dem Handlungsverlauf der Fabel ziemlich nahekommen, schaffen damit eine wichtige Vorentlastung und motivieren die Schüler zur Lektüre der Fabel.

BEZUGSQUELLE DES ORIGINALTEXTES:
Ebd. S. 27.

Satiren

HILDESHEIMER, WOLFGANG: EINE GRÖSSERE ANSCHAFFUNG Text 36

Wurden die Schüler über Autor, Titel und Thema der Satire, die während der Stunde gelesen und behandelt werden soll, informiert, wird ihnen eine Zeitungsanzeige vorgelegt, in der eine Lokomotive zum Verkauf angeboten wird (**Text 36**). Die Schüler werden spontan auf die ungewöhnliche Anzeige reagieren, insbesondere sollen sie sich aber Gedanken über potenzielle Käuferkreise und Verwendungsmöglichkeiten der Lokomotive machen, womit auf Hildesheimers Text übergeleitet wird, zu dessen Lektüre die Klasse nun besonders motiviert ist.

BEZUGSQUELLE DES ORIGINALTEXTES:
Hildesheimer, Wolfgang: Lieblose Legenden. Suhrkamp. Frankfurt a.M. 2005. S. 88–90.

HOLTHAUS, HELLMUT: WO LIEGT ZACHZARACH? Text 37

Nachdem der Klasse Titel und Verfasser des satirischen Textes mitgeteilt wurden, wird ihr ein Ausschnitt aus einer Broschüre der Bundespost zu den neuen Postleitzahlen (**Text 37**) vorgelesen. Daraus ergibt sich ein Gespräch über Schwierigkeiten und Vorteile bei der Verwendung der neuen fünfstelligen Postleitzahlen, bei dem sich der Lehrer weitgehend zurückhalten kann. Die Frage, woher man wissen könne, zu welchem Ort eine bestimmte Zahl gehöre, leitet über zur Lektüre der Satire.

BEZUGSQUELLE DES ORIGINALTEXTES:
Holthaus, Hellmut: Geschichten aus der Zachurei. J. Knecht Verlag. Frankfurt a.M. 1959. S. 113–116.

ZWERENZ, GERHARD: NICHT ALLES GEFALLEN LASSEN Text 38

Wurden die Schüler über Autor, Titel und Thema der Satire informiert, wird ihnen ein Ausschnitt aus Jürgen Machunskys Sachbuch „Krieg der Gartenzwerge" (**Text 38**) vorgelesen. Ein kurzes Gespräch über den dargestellten Fall und über Nachbarschaftsstreits im Allgemeinen leitet über zum Text von Günter Zwerenz, der sich in satirisch überspitzter Art und Weise dieses Themas annimmt.

BEZUGSQUELLE DES ORIGINALTEXTES:
Zwerenz, Gerhard: Gesänge auf dem Markt. Phantastische Geschichten und Liebeslieder. Goldmann Verlag. München 1979. S. 44–47.

Sagen und Legenden

DAIDALOS UND IKAROS Abb. 82 Abb. 83

Haben die Schüler erfahren, dass die griechische Sage von Daidalos und Ikaros behandelt werden soll, zeigt der Lehrer eine Illustration (**Abb. 82**) zu dem Text sowie ein Foto eines Drachenfliegers (**Abb. 83**). Die Klasse wird, ohne dass es eines Anstoßes durch den Lehrer bedarf, darüber sprechen, warum die Menschen schon immer den Wunsch hatten, fliegen zu können, und warum die frühen Flugversuche scheiterten. Aufgabe des Lehrers ist es, von den Schüleräußerungen an geeigneter Stelle auf den Sagentext überzuleiten.

BEZUGSQUELLE DES ORIGINALTEXTES:
Schwab, Gustav (Hrsg.): Die schönsten Sagen des klassischen Altertums. Droemer Verlag. München o.J.
Köhlmeier, Michael: Michael Köhlmeiers Sagen des klassischen Altertums. Piper. Zürich 1996. S. 42–43.

DER RATTENFÄNGER VON HAMELN Text 39

Wissen die Schüler, welche Sage im Unterricht behandelt werden soll, wird ihnen ein Text über die Pest im Mittelalter (**Text 39**) vorgelesen. Dann erteilt der Lehrer den Auftrag, bei der Lektüre der Sage besonders auf den Bezug zwischen dem Inhalt der Geschichte und der Pest im Mittelalter (Rattenplage, hohe Kindersterblichkeit, Krankheit als Strafe Gottes) zu achten. Der als Einstieg gewählte Text bereitet die Klasse also auf die Sage vor und motiviert sie außerdem zur Lektüre.

BEZUGSQUELLE DES ORIGINALTEXTES:
Brüder Grimm (Hrsg.): Deutsche Sagen. Deutscher Klassiker Verlag. Frankfurt a.M. 1994. S. 281–283.

DIE SAGE VOM RIESENFRÄULEIN Abb. 84

Haben die Schüler erfahren, worum es in der Stunde gehen soll, wird ihnen ein Foto vom Lusen im Bayerischen Wald (**Abb. 84**) gezeigt. Sie werden gefragt, wie die abgebildete Felsenlandschaft entstanden sei und welche anderen Erklärungen möglicherweise die Menschen vor Hunderten von Jahren gefunden hatten. Sodann kündigt der Lehrer die Lektüre der Sage an, die einen sehr frühen Erklärungsversuch darstellt.

BEZUGSQUELLE DES ORIGINALTEXTES:
Ebd. S. 167.

RÜBEZAHL UND DER HABGIERIGE WIRT

Der Lehrer teilt den Schülern mit, dass die Sage von Rübezahl und dem habgierigen Wirt behandelt werde, und lässt Eigenschaften des bekannten Sagenhelden nennen: Hilfsbereitschaft, Gerechtigkeit, Freude an Spott und Schabernack etc. Dann dürfen die Schüler Vermutungen äußern, was Rübezahl mit dem habgierigen Wirt machen wird. Gespannt wird sich daraufhin die Klasse dem Text der Sage zuwenden.

BEZUGSQUELLE DES ORIGINALTEXTES:
Mudrak, Edmund (Hrsg.): Das große Buch der Volkssagen.
Ensslin Verlag. Reutlingen 1959. S. 70f.

Nach der Betrachtung eines Bildes vom Drachenkampf des heiligen Georg (**Abb. 85**) und der Ankündigung, dass die dazugehörige Legende Gegenstand der Unterrichtsstunde sein wird, sollen die Schüler beschreiben, wie sie sich einen Drachen vorstellen, warum dieses Wesen so gefährlich sei und wie man es besiegen könne. Vermutlich wird auch Siegfrieds Kampf mit dem Drachen aus der Nibelungensage genannt werden. Der Held konnte das Ungetüm töten, indem er ihm in einer Grube auflauerte und mit dem Schwert von unten ins Herz stieß. Die Information des Lehrers, dass der heilige Georg auf andere Weise zum Sieg kam, weckt die Neugier der Klasse auf den Text.

BEZUGSQUELLE DES ORIGINALTEXTES:
Benz, Richard (Hrsg.): Die Legenda Aurea des Jacobus de Voragine. Gütersloher Verlagshaus. Gütersloh 1999. S. 232–236.

Romane und Dramen

BÖLL, HEINRICH: DIE VERLORENE EHRE DER KATHARINA BLUM /Text 40/

Vor der Behandlung von Heinrich Bölls Roman lesen die Schüler Ausschnitte aus einer Titelgeschichte der Zeitschrift „Stern" (**Text 40**), welche sich mit der Macht der Bildzeitung kritisch auseinandersetzt. Der im Text geschilderte, von „Bild" frei erfundene Vorfall in Sebnitz, die Enthüllungen der Verfasser des Artikels und ihre Vorwürfe an die Adresse der Bildzeitung werden zu einer Diskussion innerhalb der Klasse führen und damit die Lektüre von Heinrich Bölls Roman vorbereiten.

BEZUGSQUELLE DES ORIGINALTEXTES:
Böll, Heinrich: Die verlorene Ehre der Katharina Blum. Kiepenheuer & Witsch. Köln 1974.

BORCHERT, WOLFGANG: DRAUSSEN VOR DER TÜR /Text 41/

Die Schüler, denen mitgeteilt wurde, dass Borcherts Drama „Draußen vor der Tür" bzw. ein Ausschnitt daraus gelesen und behandelt werden wird, lesen einen Text, der sich mit den psychischen Schäden von Kriegsheimkehrern beschäftigt (**Text 41**) und damit die Lektüre des Dramas vorbereitet.

BEZUGSQUELLE DES ORIGINALTEXTES:
Borchert, Wolfgang: Draußen vor der Tür. Rowohlt. Hamburg 1956.

DÖBLIN, ALFRED: BERLIN ALEXANDERPLATZ /Abb. 86/ /Text 42/ /Text 43/

Vor der Lektüre und Besprechung des Romans betrachtet die Klasse ein Foto, das einen Mann unmittelbar nach seiner Haftentlassung vor den Toren eines Gefängnisses zeigt (**Abb. 86**), sowie einen Entlassungsschein (**Text 43**). Das dadurch in Gang gesetzte Gespräch über die Zukunft des Mannes und die vor ihm liegenden Probleme – eventuell noch ergänzt durch die protokollierte Tonbandaufnahme eines Entlassenen (**Text 42**) – führt die Schüler auf den Beginn von Döblins Roman und die darin vorkommenden Ereignisse hin.

BEZUGSQUELLE DES ORIGINALTEXTES:
Döblin, Alexander: Berlin Alexanderplatz. Walter Verlag. Olten 1961.

DÜRRENMATT, FRIEDRICH: DER RICHTER UND SEIN HENKER (1. KAPITEL) /Abb. 87/

Der Lehrer kündigt an, dass der Beginn des Kriminalromans besprochen werde, legt aber vor der Textlektüre die erste Seite einer Comic-Fassung von Dürrenmatts Werk vor (**Abb. 87**). Die Frage, was Zeichner und Texter dieser Fassung wohl möglicherweise weglassen mussten, aber Bestandteil des Originaltextes sei, erhöht die Motivation der Schüler für die Lektüre.

BEZUGSQUELLE DES ORIGINALTEXTES:
Dürrenmatt, Friedrich: Der Richter und sein Henker. Rowohlt. Hamburg 2003.

EICHENDORFF, JOSEPH VON: AUS DEM LEBEN EINES TAUGENICHTS /Text 44/

Vor der Lektüre der Novelle liest die Klasse den Ausschnitt aus einer Buchempfehlung aus der ZEIT-Schülerbibliothek (**Text 44**), in dem Eichendorffs Taugenichts mit einem Popstar und die Romantik mit der Popliteratur verglichen wird. Dieser Text wirkt sehr motivierend und erweckt die Neugier der Schüler auf das Werk.

BEZUGSQUELLE DES ORIGINALTEXTES:
Eichendorff, Joseph von: Aus dem Leben eines Taugenichts. Reclam. Ditzingen 1986.
http://gutenberg.spiegel.de

FRISCH, MAX: ANDORRA. SYMBOLE

Text 45

Nachdem der Klasse mitgeteilt wurde, dass die Symbole in Max Frischs Drama behandelt werden sollen, liest der Lehrer Bert Brechts „Das Lied von der Tünche" (Text 45) vor und fragt anschließend, an welcher Stelle des Theaterstücks das von Brecht thematisierte Symbol der Tünche vorkomme. Barblins Weißeln der Wände in Andorra wird leicht als ähnlich symbolisches Motiv erkannt werden. Die Suche nach weiteren Symbolen in Frischs Stück (der Pfahl als Symbol der Schuldverdrängung, aber auch als Symbol von Leid und Gewalt; der Stein als Symbol der selbstgerechten Anklage und der Schuld; die schwarzen Tücher als Symbole für Schuld- verdrängung, Gesichtsverlust, Angst vor Enthüllung, Anpassung, Anonymität und Bosheit) kann beginnen.

BEZUGSQUELLE DES ORIGINALTEXTES:
Frisch, Max: Andorra. Suhrkamp. Frankfurt a.M. 1961.

FRISCH, MAX: ANDORRA. MODELLCHARAKTER

Text 46 | Abb. 88

Zu Beginn der Stunde, die – was die Klasse auch weiß – den Modellcharakter des Stücks zum Inhalt haben soll, liest der Lehrer eine Definition des Begriffs „Modell" vor (Text 46) und fragt anschließend, inwiefern das Gehörte auf Max Frischs „Andorra" übertragbar sei. Als weiterer Impuls kann auch folgendes Zitat des Autors über sein Stück eingesetzt werden:
„Das Andorra dieses Stücks hat nichts zu tun mit dem wirklichen Kleinstaat dieses Namens, gemeint ist auch nicht ein anderer wirklicher Kleinstaat; Andorra ist der Name für ein Modell."
Auch das Bühnenbildmodell der Coburger Inszenierung (Abb. 88) kann der Klasse gezeigt werden, da es durch seine abstrakte Gestaltung sehr gut den Modellcharakter des Stücks unterstützt.

BEZUGSQUELLE DES ORIGINALTEXTES:
Ebd.

FRISCH, MAX: ANDORRA. VORURTEILE DER ANDORRANER

Text 47 | Abb. 89

Als Einstieg in das der Klasse bekannt gegebene Stundenthema eignet sich gut Wilhelm Reichs „Sündenbockphilosophie" (Text 47). Unterstützend und aktualisierend kann der Aufkleber einer rechtsradika- len Gruppierung, die die Ausgrenzung von ausländischen Mitbürgern fordert (Abb. 89), gezeigt werden. Eine Übertragung von Text und Bild auf das Drama bietet sich von selbst an.

BEZUGSQUELLE DES ORIGINALTEXTES:
Ebd.

FRISCH, MAX: ANDORRA. DIE ENTWICKLUNG VON ANDRIS CHARAKTER

Text 48

Nach der Bekanntgabe des Stundenthemas wird der Klasse eine Reportage über die Ermordung eines vermeintlichen Juden (Text 48) vorgelesen. Der danach gegebene Auftrag, Parallelen zu Max Frischs „Andorra" und seinem Helden Andri zu nennen (der Ermordete war gar kein Jude, Ermordung aufgrund von Vorurteilen, Kritik am Verhalten der Bevölkerung, Annahme der Judenrolle aufgrund zutreffender Klischees und Äußerlich- keiten, gedankenlose Übernahme von Vorurteilen, Übertragbarkeit der Vorurteile auf andere Randgruppen), leitet über zum eigentlichen Inhalt der Stunde, in der es darum geht, wie Andri nach anfänglicher Weigerung schließlich die ihm aufgezwungene Rolle übernimmt (internalisiert).

BEZUGSQUELLE DES ORIGINALTEXTES:
Ebd.

FRISCH, MAX: HOMO FABER Abb. 90

Bevor die Klasse mit der Lektüre des Romans beginnt, betrachtet sie eine Karte, auf der die wichtigsten Reiseziele von Walter Faber und damit die wesentlichen Handlungsorte eingezeichnet sind (**Abb. 90**). Außerdem notiert der Lehrer folgende im Roman vorkommende Personen an der Tafel: Walter Faber, Hannah (Exfrau), Sabeth (Tochter von Walter und Hanna), Ivy (Geliebte Walters), Joachim Hencke (Jugendfreund Walters), Herbert Hencke (Bruder von Joachim).
Die Schüler sollen aufgrund der Karte mögliche „Reiserouten" vorschlagen und, ausgehend von der Liste der Personen, Vermutungen über mögliche Handlungsverläufe äußern. Durch dieses Verfahren werden sie auf den tatsächlichen Reiseverlauf und die im Roman erzählte Handlung neugierig gemacht.

BEZUGSQUELLE DES ORIGINALTEXTES:
Frisch, Max: Homo Faber. Suhrkamp. Frankfurt 1957.

GOETHE, JOHANN WOLFGANG VON: FAUST I. DER HISTORISCHE FAUST Abb. 91

Der Klasse wird mitgeteilt, dass in der Stunde über Johann Wolfgang von Goethes Faust-Stoff geredet werden soll. Gleichzeitig wird ein Holzschnitt (**Abb. 91**) zu einer französischen Ausgabe des Faust-Buches gezeigt.

BEZUGSQUELLE DES ORIGINALTEXTES:
Goethe, Johann Wolfgang von: Faust I. Der Tragödie erster Teil. Reclam. Ditzingen 1986. Goethe, Johann Wolfgang von: Goethes Werke. Hamburger Ausgabe in 14 Bänden. Hrsg. von Erich Trunz. Band 3. C.H. Beck. München 1976.
http://gutenberg.spiegel.de

GOETHE, JOHANN WOLFGANG VON: FAUST I. ZUEIGNUNG Text 49

Um die Schüler auf die Zueignung in Goethes „Faust" vorzubereiten, wird ihnen ein Ausschnitt aus einem Tagebucheintrag Goethes anlässlich seiner Reise nach Italien (**Text 49**) vorgelesen. Die Schüler sollen die Gedanken des Verfassers zusammenfassen und bei der anschließenden stillen Lektüre der Zueignung darauf achten, welche Aspekte des Tagebucheintrags dort wiederkehren.

BEZUGSQUELLE DES ORIGINALTEXTES:
Ebd.

GOETHE, JOHANN WOLFGANG VON: FAUST I. VORSPIEL AUF DEM THEATER Text 50

Nachdem angekündigt wurde, dass das Vorspiel auf dem Theater aus Goethes „Faust" behandelt werden soll, wird ein Text von Michael Naumann vorgelesen, der die aktuellen Probleme deutscher Theater zum Inhalt hat (**Text 50**). Die Schüler sollen den Inhalt anschließend in eigenen Worten wiedergeben und über persönliche Erfahrungen mit Theaterbesuchen berichten. Die Ankündigung des Lehrers, man werde erfahren, wie es um das Theater und die Erwartungen von Publikum, Schauspielern und Direktoren zur Zeit Goethes bestellt gewesen sei, leitet motivierend auf das Vorspiel hin.

BEZUGSQUELLE DES ORIGINALTEXTES:
Ebd.

GOETHE, JOHANN WOLFGANG VON: FAUST I. PROLOG IM HIMMEL Text 51

Als inhaltliche Vorbereitung auf den Prolog im Himmel liest der Lehrer einen Teil der biblischen Geschichte von Hiob (**Text 51**) vor.

BEZUGSQUELLE DES ORIGINALTEXTES:
Ebd.

GOETHE, JOHANN WOLFGANG VON: FAUST I. GELEHRTENTRAGÖDIE

Als Einstieg in eine mehrstündige Behandlung der Gelehrtentragödie empfiehlt sich eine Diskussion mit der Klasse über den Sinn des Studiums verschiedener Wissenschaften. Dies kann auch in Form einer Podiumsdiskussion durchgeführt werden, d.h. dass verschiedene Schüler das Studium einer jeweils bestimmten Wissenschaft rechtfertigen sollen, während der Rest der Klasse nur zuhört und erst im Anschluss an die etwa 20-minütige Diskussion über die einzelnen Argumente spricht.

BEZUGSQUELLE DES ORIGINALTEXTES:
Ebd.

GOETHE, JOHANN WOLFGANG VON: FAUST I. OSTERSPAZIERGANG /Text 52

Wurde die Klasse über das Stundenthema informiert, wird ein satirisch-humoristischer Familiendialog bei einem Osterspaziergang gelesen, bei dem direkt auf Goethes Vorbild Bezug genommen wird **(Text 52)**. Da die Schüler erfahren möchten, worüber die Tochter eigentlich lästert (obwohl sie den Text nicht kennt) und was der Vater so sehr als Kulturgut preist, sind sie für die Lektüre des Originals motiviert.

BEZUGSQUELLE DES ORIGINALTEXTES:
Ebd.

GOETHE, JOHANN WOLFGANG VON: FAUST I. DIE GRETCHENTRAGÖDIE /Text 53

Als Einstieg in die Behandlung der Gretchentragödie eignet sich recht gut der reißerisch aufgemachte Bericht der Bild-Zeitung über die Tötung von Neugeborenen durch eine junge Mutter **(Text 53)**. Die Diskussion innerhalb der Klasse über die Hintergründe und Motive der Tat leiten über zu den in Goethes „Faust" dargestellten Geschehnissen um Gretchen. Zunächst könnte der Auftrag gegeben werden, nach Unterschieden und Gemeinsamkeiten zwischen dem aktuellen und dem literarisch verarbeiteten Fall zu suchen.

BEZUGSQUELLE DES ORIGINALTEXTES:
Ebd.

GOETHE, JOHANN WOLFGANG VON: GÖTZ VON BERLICHINGEN /Abb. 92

Zu Beginn der Behandlung von Goethes Drama betrachten die Schüler eine Abbildung, welche Aussehen und Mechanik der berühmten eisernen Hand des Ritters Götz von Berlichingen zeigt **(Abb. 92)**. Ein Gespräch über die Bilder erweckt die Neugier der Klasse auf das Schauspiel.

BEZUGSQUELLE DES ORIGINALTEXTES:
Ebd.

GRASS, GÜNTER: DIE BLECHTROMMEL /Text 54

Um die Neugier der Klasse auf den Roman zu wecken, wird der Klasse vorab die Frage gestellt, ob es möglich sei, dass ein Mensch mit seiner unverstärkten Stimme Glas zum Zerspringen bringt. Nach den Vermutungen der Schüler wird als Antwort ein Text aus der Rubrik „Stimmt's?" der ZEIT **(Text 54)** vorgelesen, in dem erzählt wird, wie dieses Kunststück einem Rocksänger vor laufender Kamera tatsächlich gelungen ist. Da Oskar Matzerath, der „Held" der „Blechtrommel", eben diese Fähigkeit besitzt, wurde auf den Roman hingeführt und das Interesse der Schüler geweckt.

BEZUGSQUELLE DES ORIGINALTEXTES:
Grass, Günter: Die Blechtrommel. dtv. München 1993.

KLEIST, HEINRICH VON: DER ZERBROCHNE KRUG $\quad$ /Text 55

Zu Beginn der Behandlung von Kleists Komödie wird ein Zeitungsartikel (**Text 55**) gelesen, in dem es um einen Prozess geht, bei dem einem Amtsrichter aus Reutlingen Rechtsbeugung zur Last gelegt wird. Das anschließende Gespräch über die Besonderheit des Falles und die Frage, inwieweit auch Richter fehlbar sind bzw. sogar vor Gericht gestellt werden können, leitet über auf Heinrich von Kleists Stück, in dessen Mittelpunkt der Dorfrichter Adam steht.

BEZUGSQUELLE DES ORIGINALTEXTES:
Kleist, Heinrich von: Der zerbrochne Krug. Reclam. Ditzingen 1969.
http://gutenberg.spiegel.de

LESSING, GOTTHOLD EPHRAIM: EMILIA GALOTTI $\quad$ /Abb. 93

Vor der Lektüre und Behandlung des Dramas wird der Klasse ein Kupferstich aus dem Taschenbuch der Grazien vom Juni 1805 (**Abb. 93**) gezeigt. Bei der Beschreibung sollten die Schüler u. a. herausarbeiten, dass die abgebildete Frau, deren Haar aufgelöst und deren Busen entblößt ist, in einem Keller in Ketten gelegt ist und mit sehnsuchtsvoller Mimik Rettung suchend den linken Arm hebt. Trotz der misslichen Situation der verfolgten und gefangenen Unschuld schwingt in der Illustration, die das Körperliche der Frau stark in den Vordergrund rückt, auch Wolllust mit. Fast scheint es, als sehne sich die Dame nach mehr als nur nach einem Befreier. Die Ankündigung des Lehrers, dass Lessings Emilia Galotti ein ähnliches Schicksal hat, leitet zur Behandlung der Tragödie über.

BEZUGSQUELLE DES ORIGINALTEXTES:
Lessing, Gotthold Ephraim: Emilia Galotti. Reclam. Ditzingen 1986.
http://gutenberg.spiegel.de

LESSING, GOTTHOLD EPHRAIM: NATHAN DER WEISE $\quad$ /Abb. 94

Zunächst erfährt die Klasse, dass Lessings Ringparabel Unterrichtsthema sein wird. Im Anschluss daran zeigt der Lehrer einen Ring und bittet die Schüler, sich vorzustellen, dass dieser die Kraft habe, seinen Träger zu einem guten Menschen zu machen, und dass ein Vater vor seinem Tod die Entscheidung zu treffen habe, welchem seiner drei Söhne er den Ring vermacht. Nach einem Gespräch über die Problematik dieser Entscheidung und eventuelle Lösungsmöglichkeiten wird der Klasse Lessings Parabel in Form eines Comics (**Abb. 94**) vorgelegt. Nach dessen Betrachtung und Lektüre sind die Schüler über den Inhalt von Lessings Text informiert und auf dessen Lektüre vorbereitet.

BEZUGSQUELLE DES ORIGINALTEXTES:
Lessing, Gotthold Ephraim: Nathan der Weise. Reclam. Ditzingen 2000.
http://gutenberg.spiegel.de

SCHILLER, FRIEDRICH: DIE RÄUBER $\quad$ /Abb. 95/ Text 56

Vor der Behandlung von Schillers Tragödie wird der Klasse mitgeteilt, dass ein Bruderkonflikt im Mittelpunkt des Stückes steht. Im Anschluss daran betrachten die Schüler das Titelblatt der Zeitschrift „Der Spiegel" vom 9.1.2006 (**Abb. 95**), auf dem berühmte Geschwisterpaare zu sehen sind, und sollen möglichst viele der Prominenten namentlich benennen. Dies kann auch in Form eines kleinen Wettbewerbs durchgeführt werden, in dem es darum geht, möglichst viele Paare zu notieren.
Zu sehen sind in der obersten Reihe „Irene und ihre Schwester" (Ölgemälde von Tamara de Lempicka, 1925), Ralf und Michael Schumacher (Formel 1-Rennfahrer), Edward und John F. Kennedy (amerikanischer Politiker bzw. Präsident), Paris und Nicky Hilton (amerikanische Schauspielerinnen), darunter Heinrich und Thomas Mann (deutsche Schriftsteller), Bernhard und Hans-Jochen Vogel (deutsche Politiker), Carl Friedrich und Richard von Weizsäcker (deutsche Politiker bzw. Bundespräsident), Alwin und Paul Schockemöhle (deutsche Springreiter), in der Reihe darunter Wladimir und Vitali Klitschko (ukrainische Schwergewichtsboxer), „Die beiden Schwestern" (Gemälde von Théodore Chassériau, 1843), Joseph und Georg Ratzinger (deutscher Papst

bzw. Theologe), darunter Thomas und Christoph Gottschalk (deutscher Fernsehmoderator und sein Bruder), „Die Brüder Jakob und Wilhelm Grimm" (Gemälde von Elisabeth Jerichau-Baumann, 1855), in der vordersten Reihe Hänsel und Gretel (Farbdruck nach Hellmut Eichrodt, um 1910), Romulus und Remus (Ergänzung zur Bronzeplastik der Kapitolinischen Wölfin von Antonio del Pollaiuolo, 15. Jahrhundert), „Gabrielle d'estrées und eine ihrer Schwestern im Bad" (Ölgemälde eines unbekannten Malers, um 1592), Kain und Abel (Gemälde von Bartolomeo Manfredini, um 1610).

Im Anschluss daran sollen die Schüler – dem Spiegel-Titel „Die ewigen Rivalen" folgend – mögliche Probleme zwischen Geschwistern erläutern, wobei selbstverständlich auch eigene Erfahrungen mit einfließen können und werden. Ergänzt werden kann das Gespräch durch die Lektüre eines Ausschnitts aus dem Artikel des „Spiegel" (**Text 56**).

Dadurch ist die Klasse für die Lektüre von Schillers „Die Räuber" und den darin vorkommenden Konflikt zwischen Franz und Karl Moor motiviert.

BEZUGSQUELLE DES ORIGINALTEXTES:
Schiller, Friedrich: Die Räuber. Reclam Verlag. Stuttgart 1986.
http://gutenberg.spiegel.de

SCHILLER, FRIEDRICH: DIE JUNGFRAU VON ORLEANS — Text 57

Der Klasse, die über den Beginn der Behandlung von Schillers Tragödie in Kenntnis gesetzt wurde, wird eine Abbildung gezeigt, welche Johanna von Orléans unmittelbar vor ihrer Hinrichtung zeigt. Ferner wird ein fiktives Tagebuch (**Text 57**) gelesen, in welchem die letzten Monate des Lebens der Jungfrau von Orléans aus der Sicht eines Dominikanerbruders geschildert und reflektiert werden. Damit sind die Schüler über den historischen Hintergrund, der Schillers Drama zugrunde liegt, informiert und für dessen Lektüre motiviert.

BEZUGSQUELLE DES ORIGINALTEXTES:
Schiller, Friedrich: Die Jungfrau von Orleans. Reclam. Ditzingen 1986.
http://gutenberg.spiegel.de

SCHILLER, FRIEDRICH: KABALE UND LIEBE — Text 58

Bevor Friedrich Schillers Tragödie im Unterricht gelesen und besprochen wird, lesen die Schüler einen Zeitungsartikel (**Text 58**), der sich mit der Frage beschäftigt, inwieweit Jugendliche auch heute noch bei der Wahl ihres Lebenspartners bzw. ihrer Freundin oder ihres Freundes gesellschaftlichen Zwängen unterworfen sind. Nach der Diskussion über die verschiedenen im Artikel zur Sprache gebrachten Ansichten der jungen Leute, ist ein motivierender Bezug zu Schillers „Kabale und Liebe" hergestellt, sodass mit dessen Lektüre begonnen werden kann.

BEZUGSQUELLE DES ORIGINALTEXTES:
Schiller, Friedrich: Kabale und Liebe. Reclam. Ditzingen 1993.
http://gutenberg.spiegel.de

SÜSKIND, PATRICK: DAS PARFUM. DER ROMANBEGINN — Text 59

Die Schüler, die erfahren haben, dass der Beginn von Patrick Süskinds Bestseller besprochen werden soll, erhalten den Anfang von Heinrich Kleists Novelle „Michael Kohlhaas" (**Text 59**). Nach seiner Lektüre soll die Erzählperspektive bestimmt werden. Als Ergebnis gilt es festzuhalten, dass Kleist einen auktorialen Erzähler wählte, also einen Erzähler, der aus einer zeitlichen Distanz heraus Anfang und Ende seiner Geschichte überblickt, Vorausdeutungen geben kann und durch Kommentare das Geschehen reflektieren kann. Vergleichen die Schüler nun den behandelten Ausschnitt mit dem Beginn von „Das Parfum", werden sie große Ähnlichkeiten feststellen.

BEZUGSQUELLE DES ORIGINALTEXTES:
Süskind, Patrick: Das Parfum. Diogenes Verlag. Zürich 1984.

Süskind, Patrick: Das Parfum. 1. Kapitel (Grenouilles Geburt) /Abb. 96

Bevor der Text gelesen und besprochen wird, betrachten die Schüler das Bild eines Fischmarktes **(Abb. 96)** und sollen sich dabei vorstellen, dass unter den erkennbar katastrophalen hygienischen Bedingungen ein Kind geboren werde, und zwar ohne Hilfe durch einen Arzt oder eine Hebamme. Die Aussprache über mögliche Gründe und Folgen eines solchen Vorgangs leitet über zur Lektüre des Abschnitts, in dem die Geburt des Romanhelden beschrieben wird.

Bezugsquelle des Originaltextes:
Ebd.

Süskind, Patrick: Das Parfum. 7. Kapitel (Die Welt der Düfte)

Der Lehrer bringt der Klasse, die weiß, welcher Teil des Romans im Mittelpunkt der Stunde steht, das Spiel *„Smellory - Eine Sinfonie der Düfte"*[2] mit. Etwa 5-10 Minuten lang dürfen die Schüler die Döschen öffnen, daran riechen und den Duft erraten. Erst nach dem Raten dürfen sie die Lösung auf der Dosenunterseite lesen. Sie erkennen, wie schwierig es ist, Düfte zu erkennen und einzuordnen. Gleichzeitig werden sie eingestimmt auf die fantastische Riechfähigkeit Grenouilles, über die sie nun durch Lektüre der betreffenden Abschnitte mehr erfahren werden.

Bezugsquelle des Originaltextes:
Ebd.

Süskind: Das Parfum. Gründe für den Verkaufserfolg /Text 60

Nachdem die Schüler erfahren haben, dass über den Verkaufserfolg des Romans von Patrick Süskind gesprochen werden soll, liest der Lehrer zwei Ausschnitte aus einem Sachbuch von Alain Corbin vor, das den Gestank im 18. Jahrhundert und die Herstellung von Duftwässern in dieser Zeit wissenschaftlich untersucht (Text 60). Die Frage, warum dieses Buch nicht über eine Auflage von 5 000 Stück hinausgekommen sei, leitet über zum Stundenthema.

Bezugsquelle des Originaltextes:
Ebd.

Süskind, Patrick: Das Parfum. Kapitel 26 /Text 61

Vor Behandlung des Abschnitts aus Patrick Süskinds Erfolgsroman wird der Klasse ein Ausschnitt aus dem biblischen Schöpfungsbericht **(Text 61)** vorgelegt. Einer kurzen Wiedergabe in eigenen Worten durch einen Schüler folgt der Hinweis des Lehrers, dass Süskind Formulierungen und Motive des Schöpfungsberichts übernommen habe, die es im Folgenden aufzuspüren gelte. Durch diesen „Forschungsauftrag" sind die Schüler für die Lektüre des Kapitels motiviert.

Bezugsquelle des Originaltextes:
Ebd.

Süskind, Patrick: Das Parfum. Stilistische Besonderheiten /Text 62

Der Klasse wird mitgeteilt, dass es zu Süskinds Roman eine Parodie gebe, aus der ein Ausschnitt **(Text 62)** gelesen und dann mit dem 7. Kapitel des Originals verglichen werde. Der Vergleich von Parodie und parodiertem Text bereitet den Schülern erfahrungsgemäß Spaß und stellt eine besondere Art der Motivation dar.

Bezugsquelle des Originaltextes:
Ebd.

---

2   erhältlich im Spielwarenhandel oder bei Joker Production GmbH, Kurfürstendamm 195, Berlin. Ein solches Riechspiel können Sie aber auch selbst herstellen, indem Sie stark riechende Substanzen, wie Knoblauch, Lavendel, Zitronenschalen etc., in Fotodöschen füllen.

Süskind, Patrick: Das Parfum. Grenouilles Aussehen und Charakter Text 63

Den Schülern wird mitgeteilt, dass über Aussehen und Charakter des Romanhelden gesprochen werden soll. Der anschließenden Frage, ob sie aus der Literatur ähnlich schreckliche Gestalten, mit denen man aber dennoch Mitleid habe, nennen können, folgt die Lektüre eines Ausschnitts aus Victor Hugos historischem Roman „Der Glöckner von Notre-Dame", dessen Titelfigur wahrscheinlich von den Schülern bereits vorher genannt wurde (**Text 63**). Ein kurzes Gespräch über den Text, vor allem aber über Ähnlichkeiten zwischen Quasimodo und Grenouille, leitet über zum eigentlichen Stundenthema.

BEZUGSQUELLE DES ORIGINALTEXTES:
Ebd.

Süskind, Patrick: Das Parfum. Grenouilles Suche nach dem absoluten Parfum Text 64

Der Bericht über die derzeit erfolgreichste Parfümeurin der Welt (**Text 64**) wird zu Beginn der Stunde, dessen Thema den Schülern bekannt ist, vorgelesen, wobei vor allem darauf geachtet werden soll, welche Gemeinsamkeiten zwischen dem Romanhelden Grenouille und Sophia Grojsman bestehen. Die Antworten aus der Klasse (ahnungsvolle Zielsicherheit bei der Kreation von Parfums, bildliches Vorstellungsvermögen von Gerüchen, freudlose Kindheit und Jugend, Vergleich mit einem Komponisten, anziehende bzw. „magische" Wirkung der kreierten Parfums) führen in das Stundenthema ein und motivieren für die Beschäftigung mit Patrick Süskinds Roman.

BEZUGSQUELLE DES ORIGINALTEXTES:
Ebd.

Süskind, Patrick: Das Parfum. Die Massenhysterie Abb. 97

Als Einstieg in die Stunde, die die Massenhysterie am Ende des Romans zum Thema hat, eignet sich eine Parfumwerbung (**Abb. 97**), die der Klasse mittels Folie an die Wand projiziert wird. Die dargestellte verführerische, erotisierende Wirkung, die von Parfums ausgeht (wobei die Werbung natürlich die Wirkung übertreibt), leitet über zum eigentlichen Stundenthema, der Massenhysterie, die durch Grenouilles Verwenden des absoluten Parfums ausgelöst wird.

BEZUGSQUELLE DES ORIGINALTEXTES:
Ebd.

Zuckmayer, Carl: Der Hauptmann von Köpenick. 1. Akt, 6. Szene Abb. 98–100

Vor der Lektüre der 6. Szene aus dem 1. Akt sollten drei Fotos gezeigt und besprochen werden, die die Zustände in einem Berliner Obdachlosenasyl um die Jahrhundertwende sehr eindrucksvoll zeigen (**Abb. 98–100**).

BEZUGSQUELLE DES ORIGINALTEXTES:
Zuckmayer, Carl: Gesammelte Werke in Einzelbänden. Theaterstücke 1930–1937. Fischer Verlag. Frankfurt a.M. 1995.

ABB. 1   ZU BACHMANN: REKLAME

Neue Einlassventile nach 5000 km, gefahren mit einem hervorragenden Shell Motorenöl.

Das wäre unser Benzin, ohne reinigende Zusätze (Additive), aber nach DIN-Norm

Unser Benzin vor der Einführung von M 2000, das bereits ein sehr gutes Additiv enthielt.

Shell mit M 2000. Praktisch keine Ablagerungen. Schützt den Motor.

Ohne Sorge.

M 2000. Auch in bleifrei.

Shell mit M 2000. Der Motorschutz, der im Kraftstoff steckt.

ABB. 2   ZU BENN: REISEN

ABB. 3

ABB. 4 | ZU BRECHT: FRAGEN EINES LESENDEN ARBEITERS

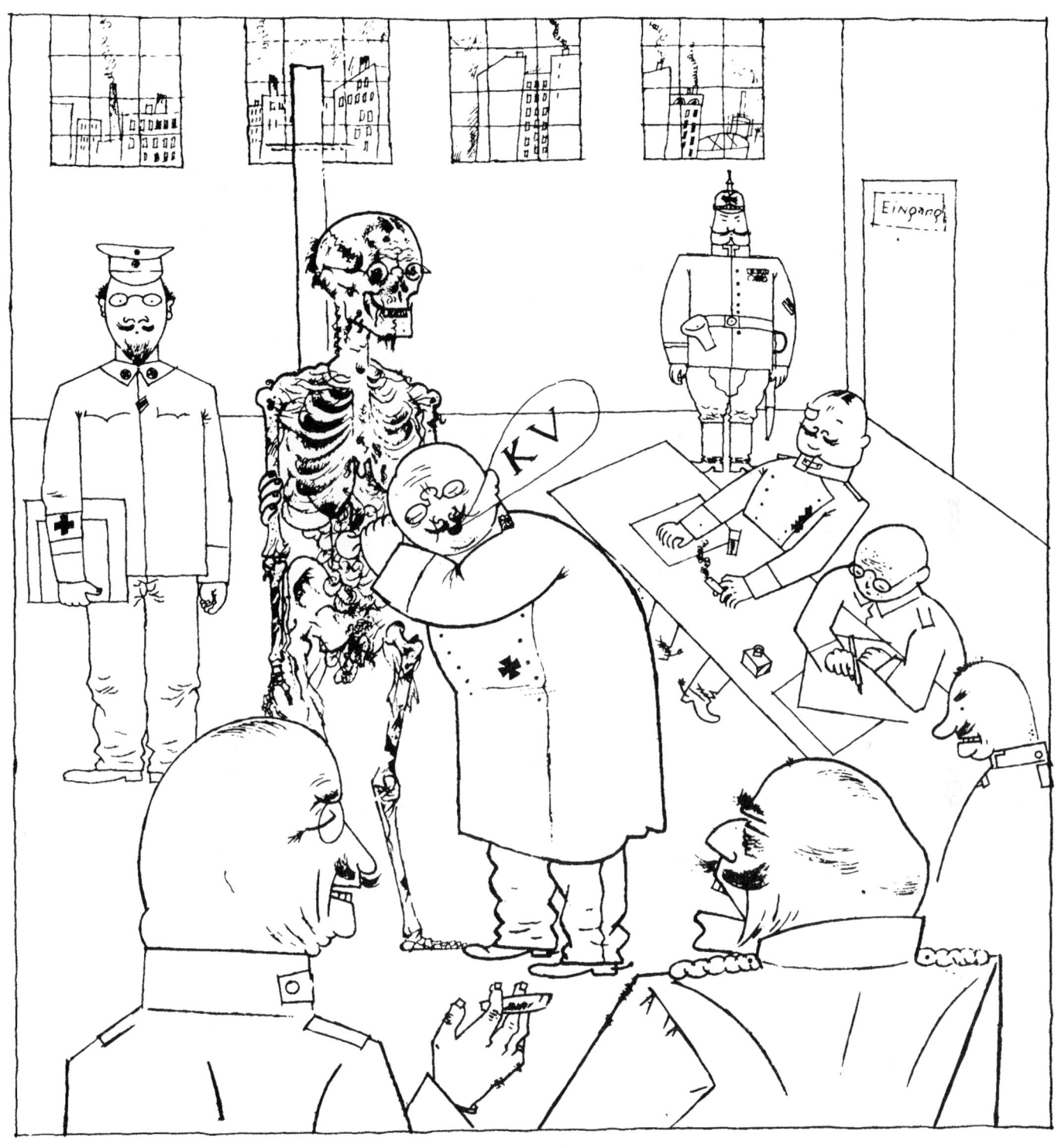

ABB. 6   ZU BRITTING: RAUBRITTER

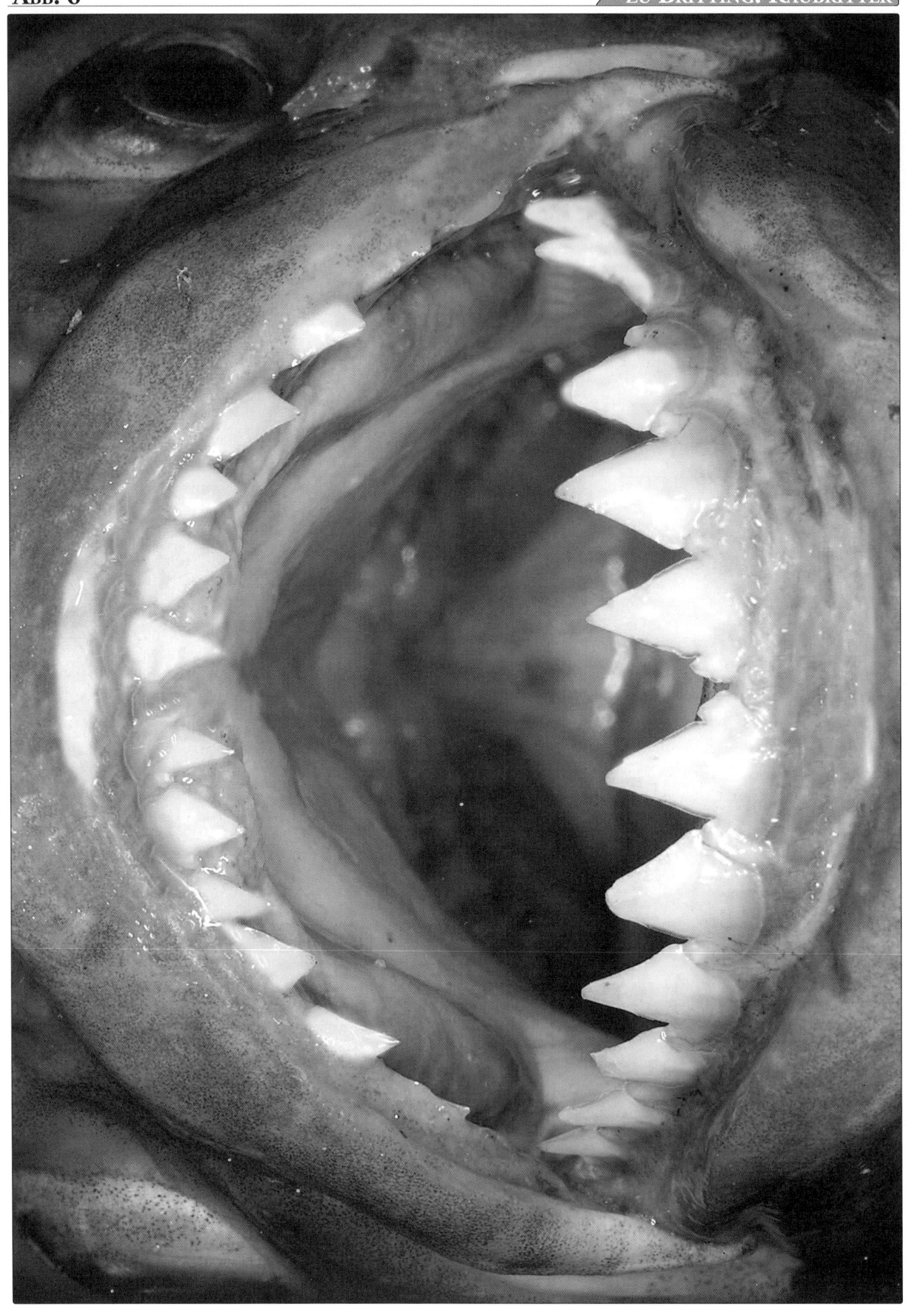

ABB. 7   ZU BRITTING: RAUBRITTER

ABB. 8   ZU CELAN: TODESFUGE

Apell Birkenau 944

ABB. 9   ZU CELAN: TODESFUGE

Der Tod eines Kindes, Birkenau

ABB. 10   ZU CELAN: TODESFUGE

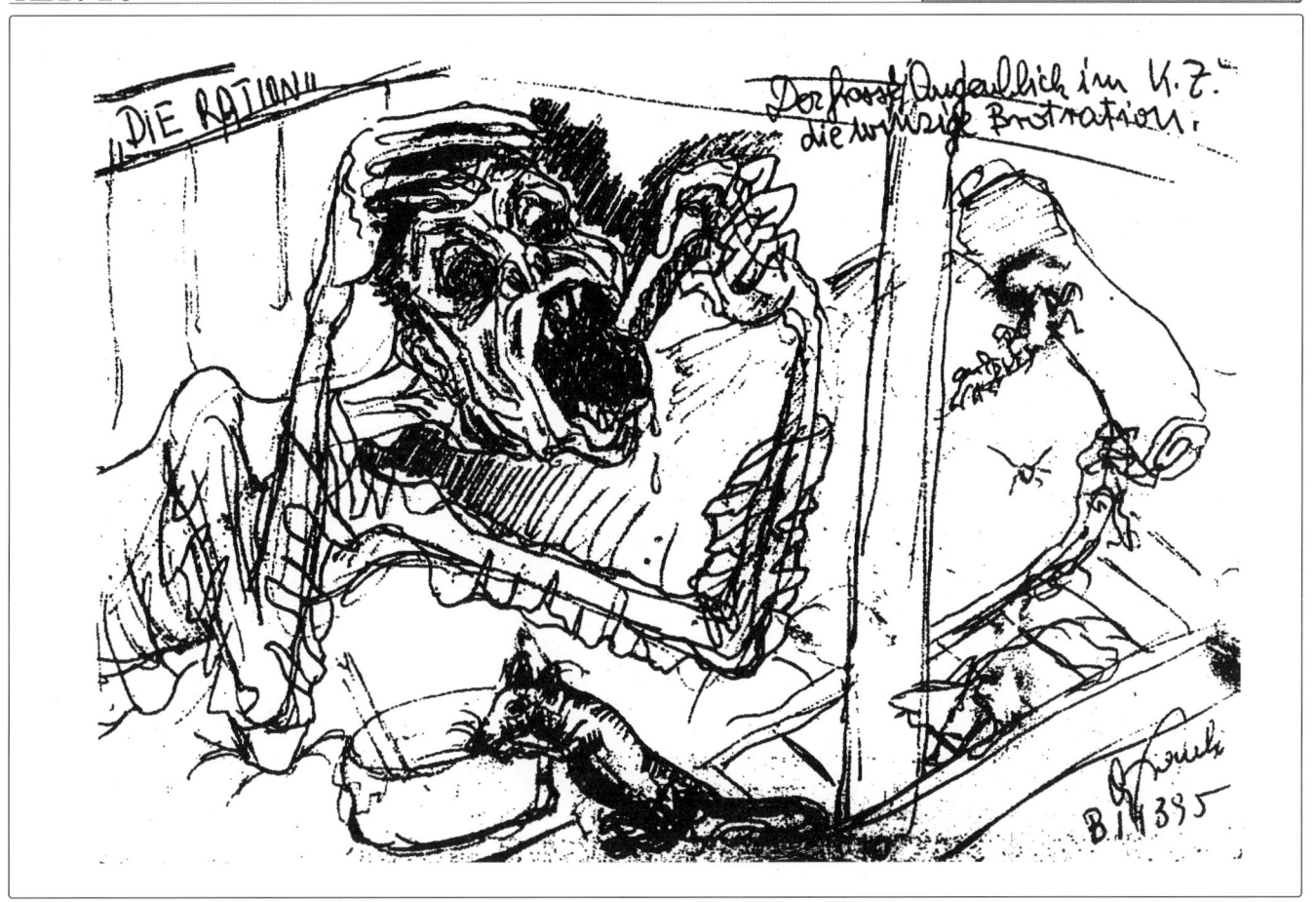

Abb. 11   zu Claudius: Der Mensch

QVIS EVADET.

ABB. 12

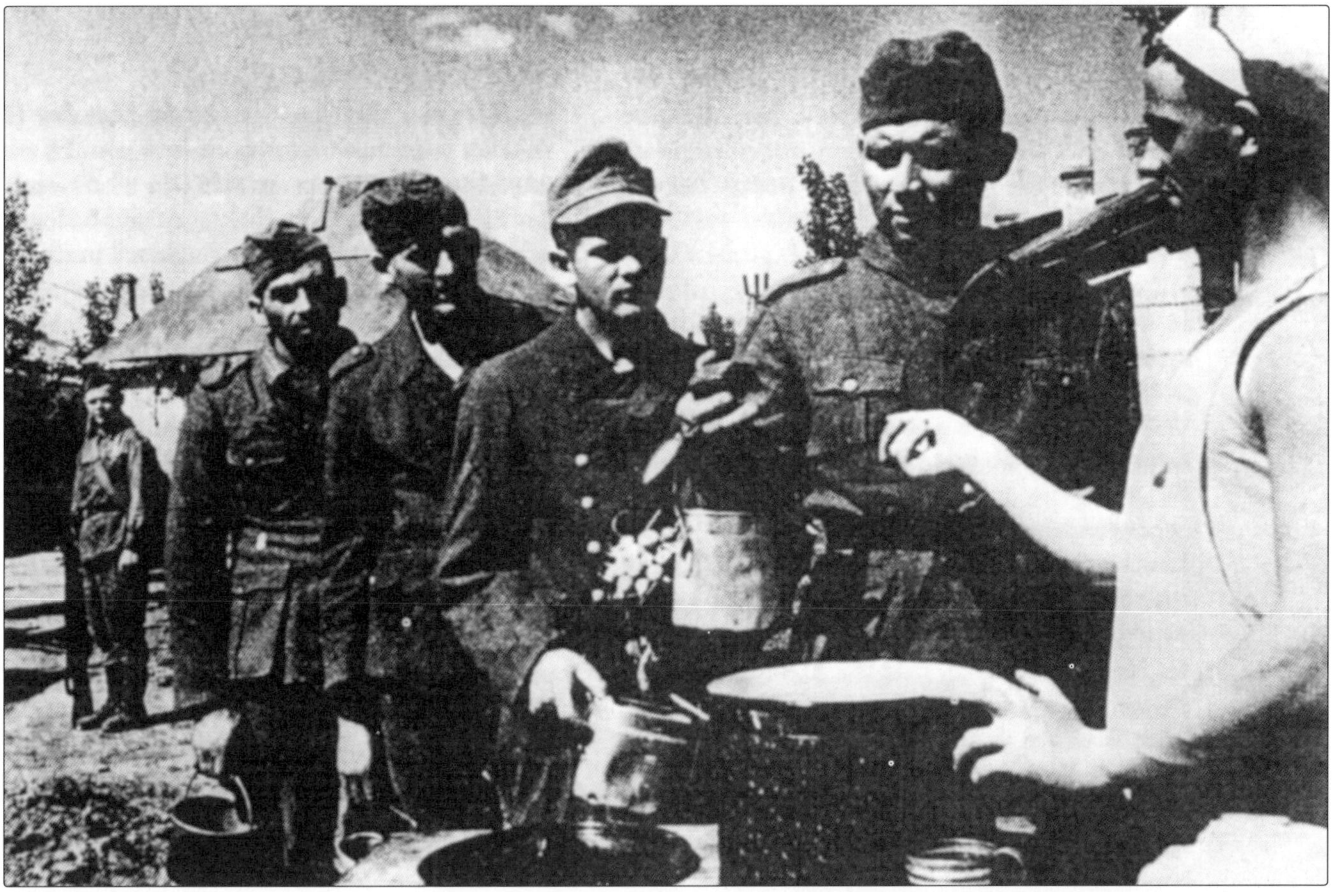

ABB. 13

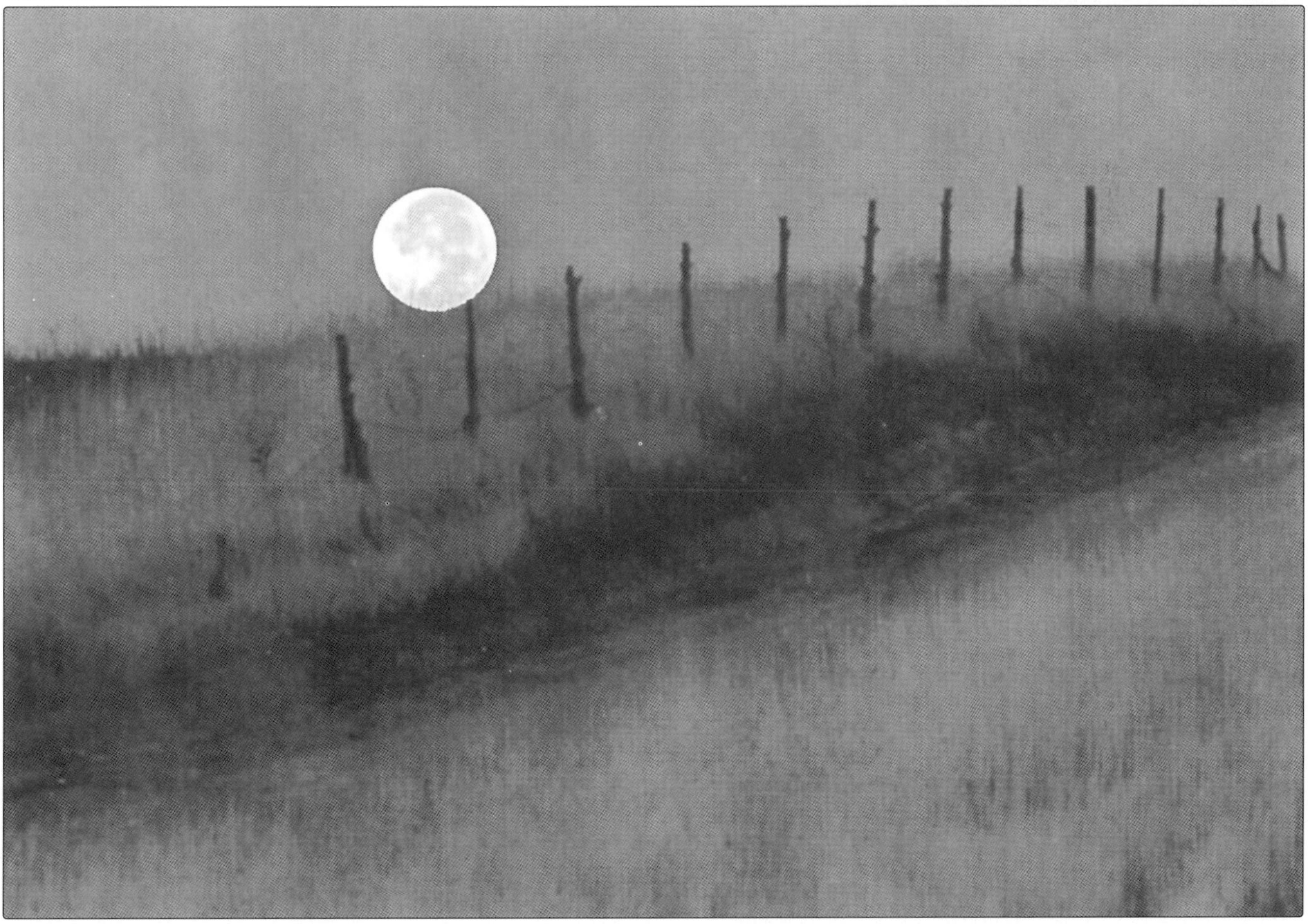

ABB. 14

ZU **EICHENDORFF: WINTERNACHT**

Abb. 15

Abb. 16

ABB. 17

ABB. 18   ZU GOETHE: WANDRERS NACHTLIED

ABB. 19   ZU GOETHE: WILLKOMMEN UND ABSCHIED

ABB. 20   ZU GRYPHIUS: ES IST ALLES EITEL

ABB. 21

ABB. 22

Bacchus, etauratus Pomona superba cocollis,   AVCTVMNVS.   Desiliunt strepere per pascua montibus undæ
Sublimi satures pectine mulcet aues.   Et resonant uarÿs murmura grata modis.

ABB. 23

ABB. 24

ABB. 25   ZU HEYM: DER KRIEG

ABB. 26 UND 27   ZU HÖLLERER: DER LAG BESONDERS MÜHELOS

So vergeht
der Ruhm der Welt.

Der Tod macht die Zepter
der Hacke gleich.

ABB. 30

ABB. 31 ZU KASCHNITZ: HIROSHIMA

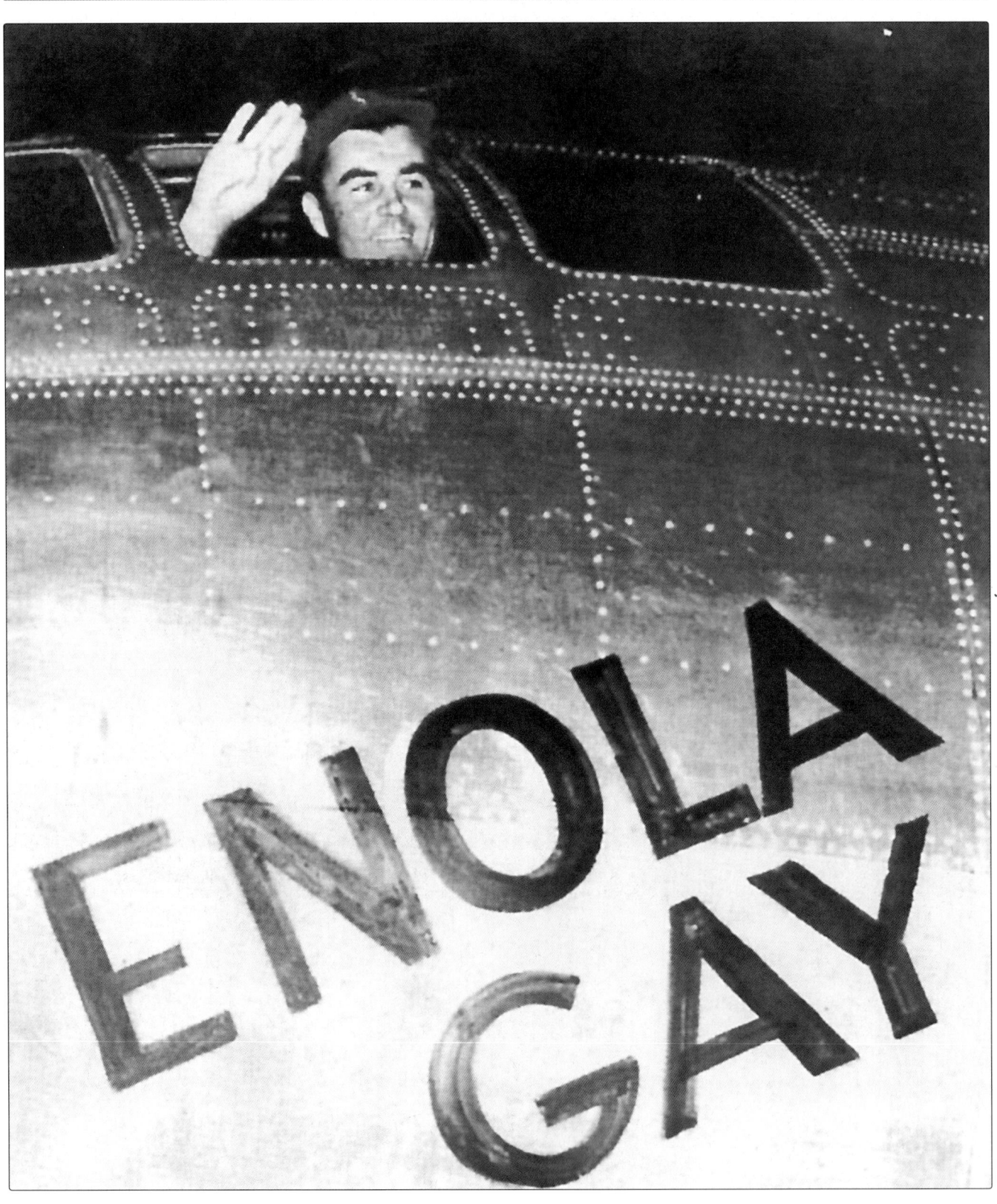

ABB. 32 ZU LERSCH: BRÜDER

ABB. 33

ABB. 34
ZU MEYER: DER GESANG DES MEERES

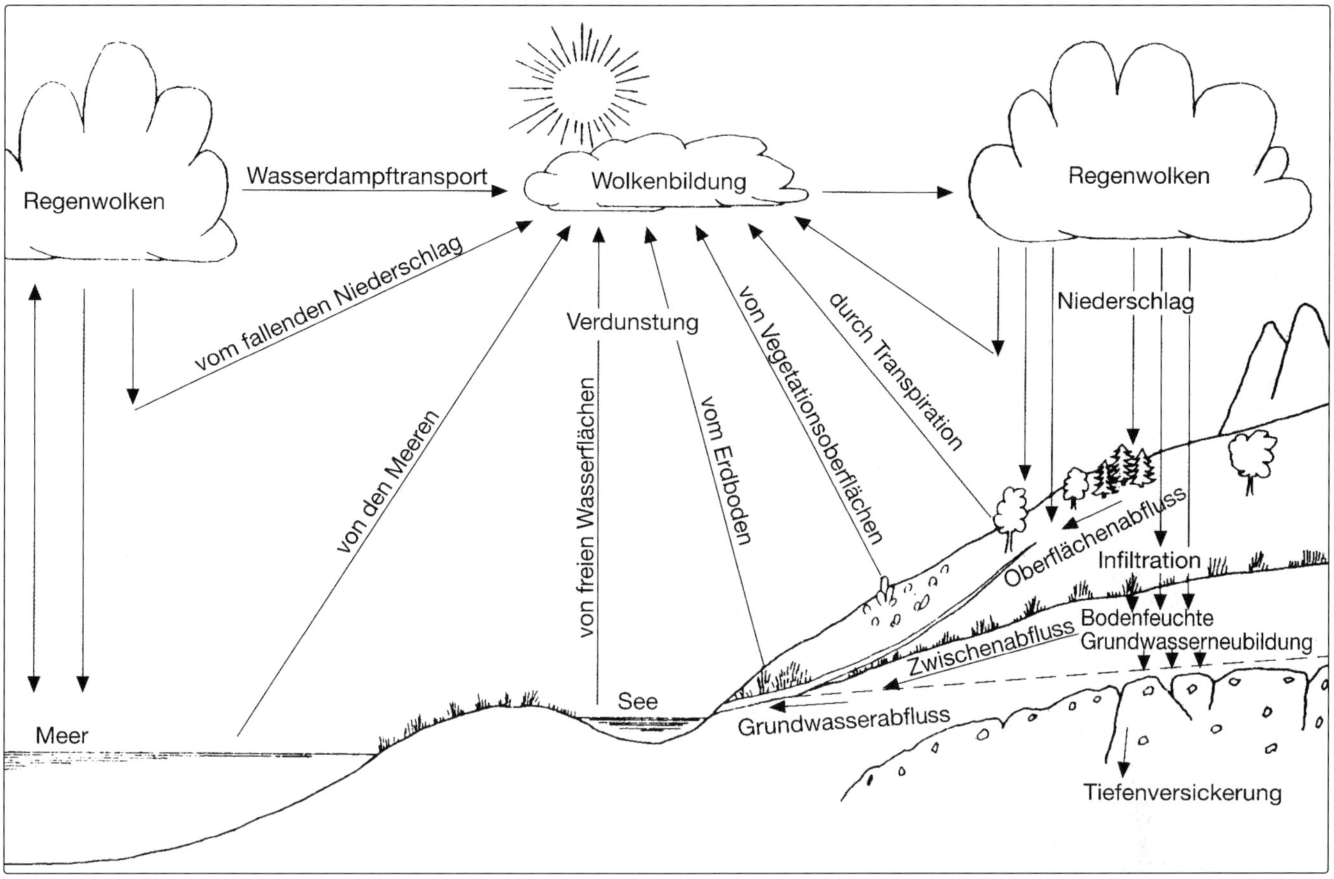

Regenwolken

Wasserdampftransport

Wolkenbildung

Regenwolken

vom fallenden Niederschlag

Niederschlag

Verdunstung

durch Transpiration

von den Meeren

von freien Wasserflächen

vom Erdboden

von Vegetationsoberflächen

Oberflächenabfluss

Infiltration

Zwischenabfluss

Bodenfeuchte
Grundwasserneubildung

See

Grundwasserabfluss

Meer

Tiefenversickerung

ABB. 35
ZU MEYER: DER RÖMISCHE BRUNNEN

ABB. 36

ABB. 37

ABB. 39   ZU TUCHOLSKY: AUGEN IN DER GROSS-STADT

ABB. 40

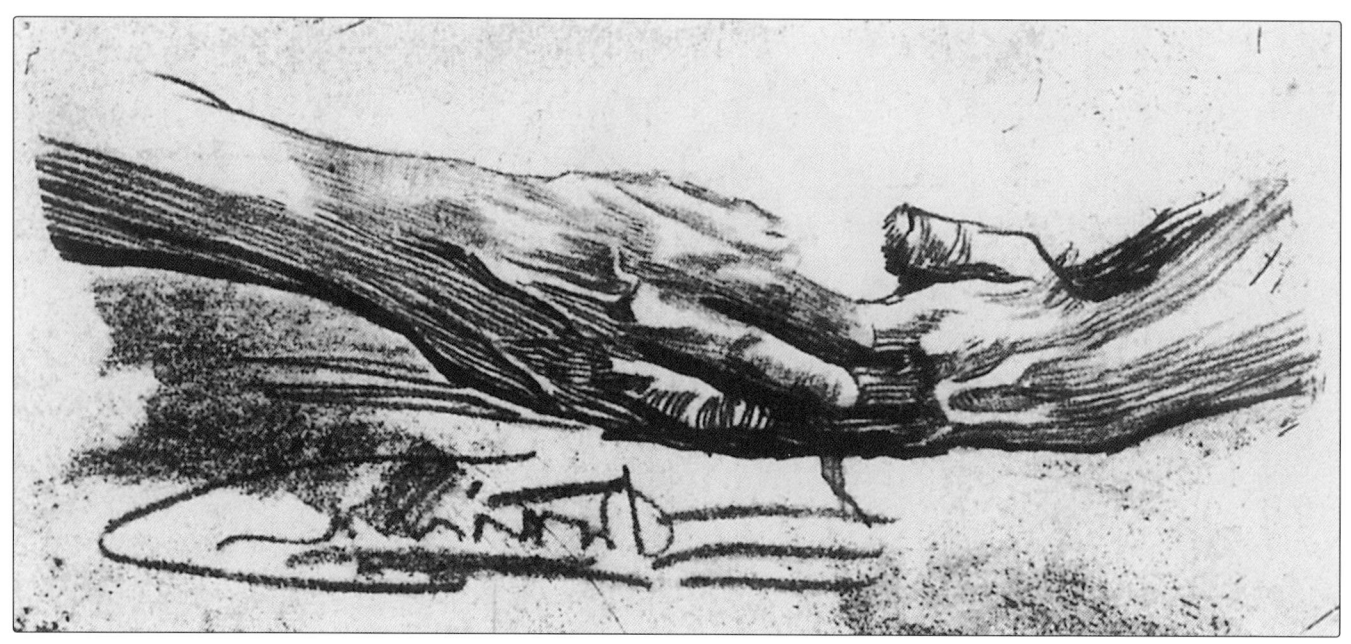

ABB. 41   ZU VON DER VOGELWEIDE: ICH SAZ ÛF EIME STEINE

ABB. 42 ZU VON DER VOGELWEIDE: UNDER DER LINDEN

ABB. 43 ZU BIERMANN: DIE BALLADE VOM BRIEFTRÄGER WILLIAM L. MOORE

ABB. 44

ZU BRECHT: DER SCHNEIDER VON ULM

ABB. 45   ZU CHAMISSO: DAS RIESEN-SPIELZEUG

ABB. 47

ABB. 48

ZU GOETHE: DER ZAUBERLEHRLING

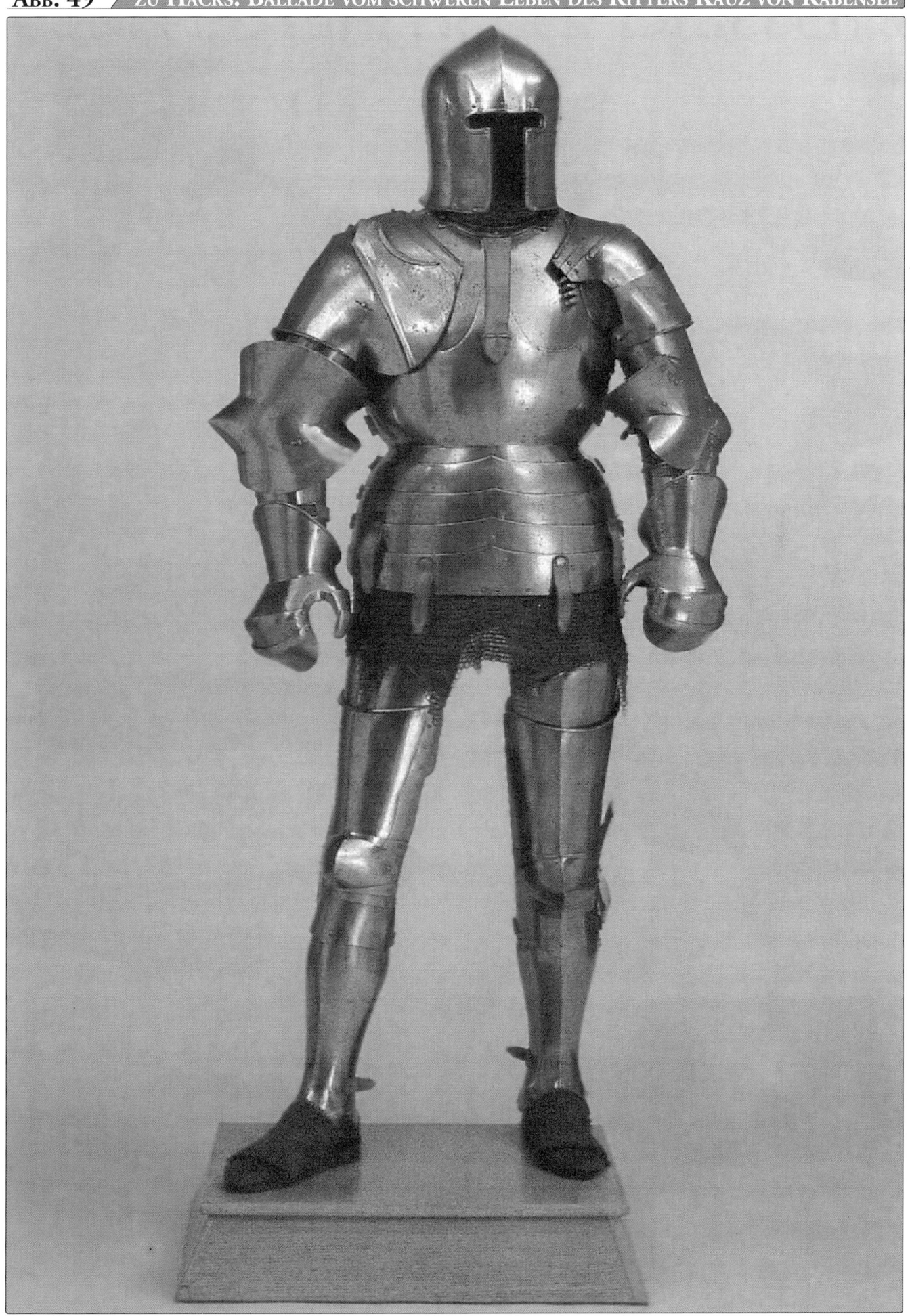

ABB. 50

ABB. 51

ABB. 52

ZU AICHINGER: DAS FENSTER-THEATER

ABB. 53

ABB. 54   ZU BICHSEL: DIE TOCHTER

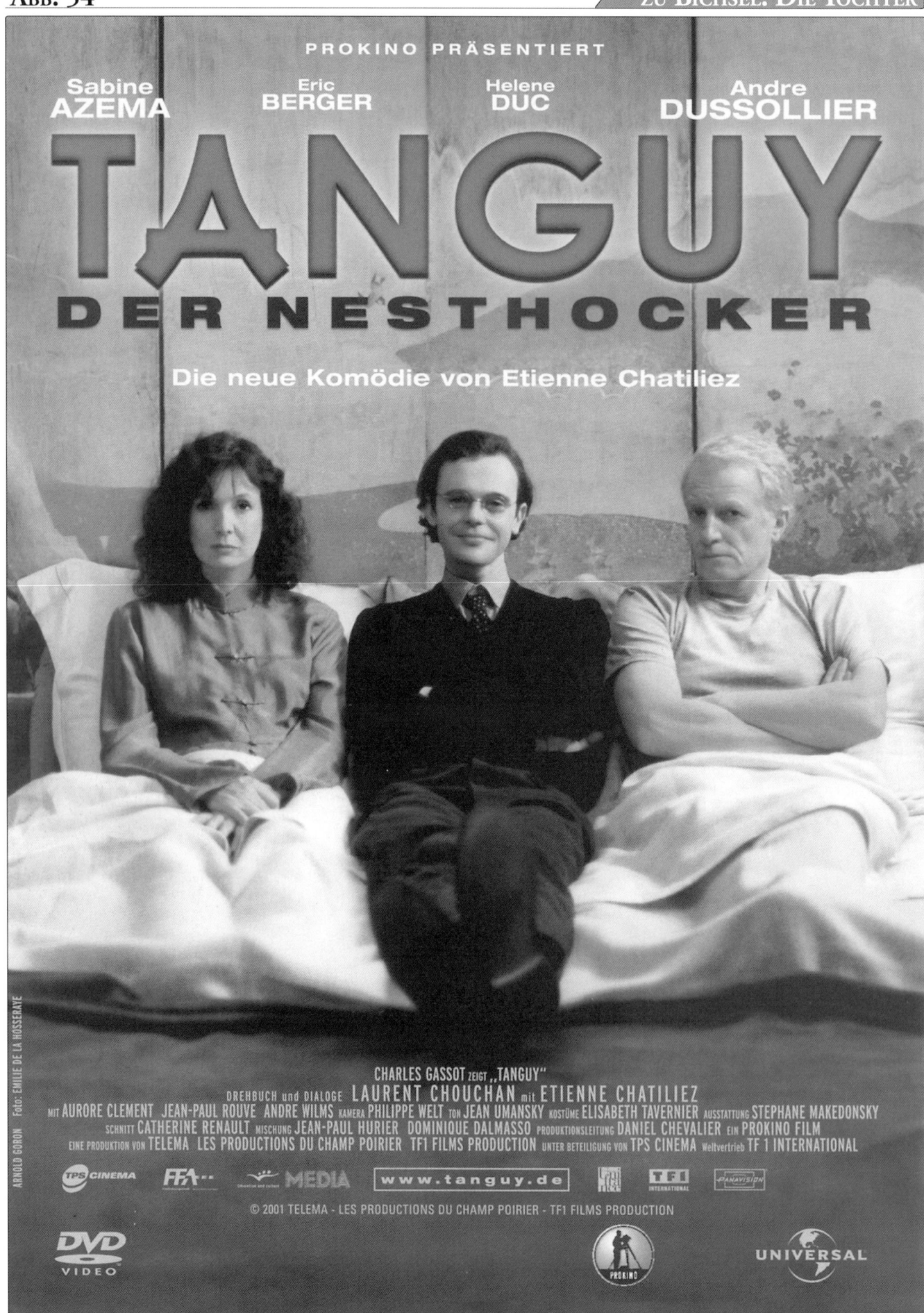

ABB. 55 ZU BÖLL: ANEKDOTE ZUR SENKUNG DER ARBEITSMORAL

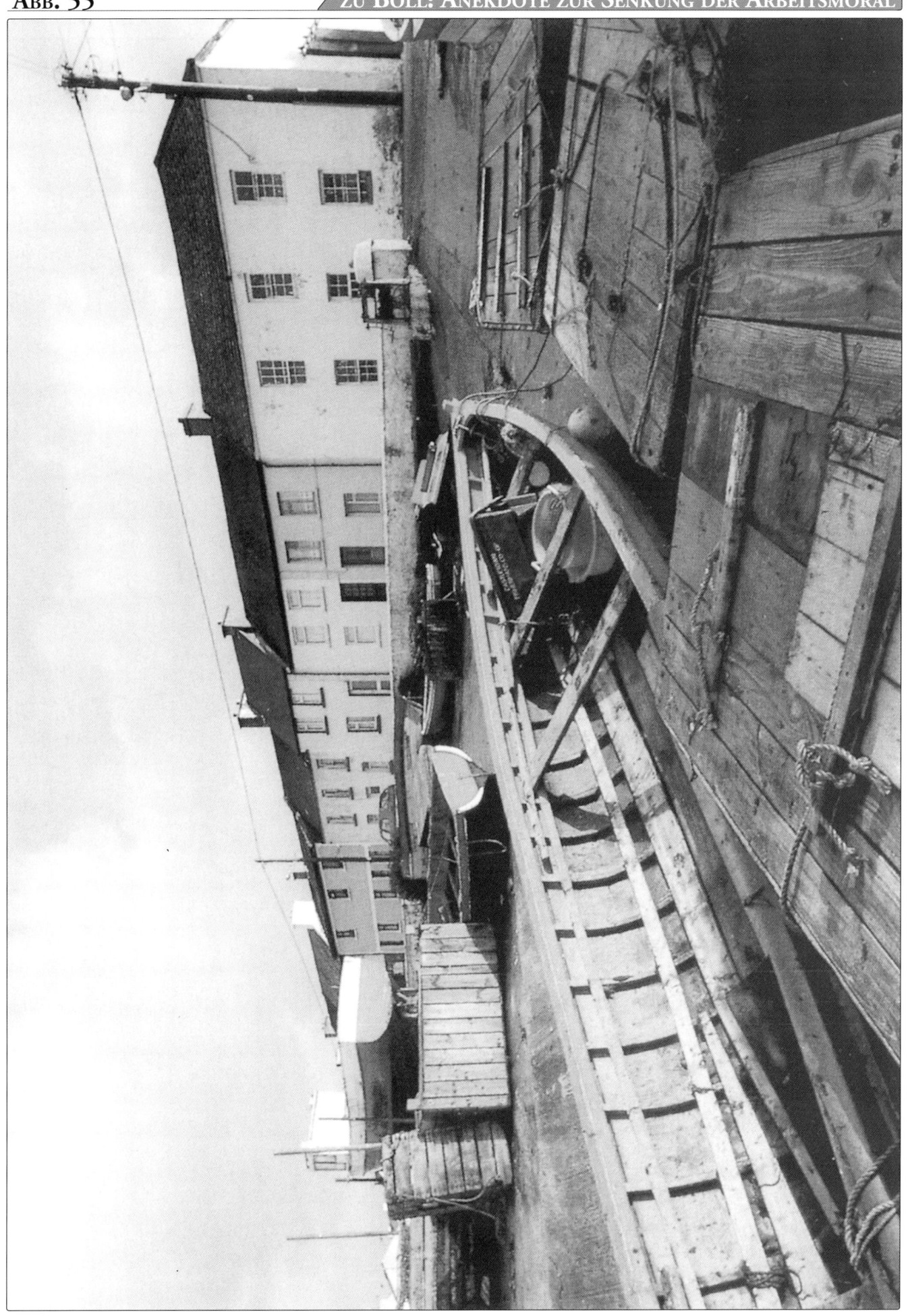

ABB. 56

ABB. 57   ZU BORCHERT: AN DIESEM DIENSTAG

ABB. 58 ZU BORCHERT: AN DIESEM DIENSTAG

ABB. 59

ABB. 60   ZU BORCHERT: DIE DREI DUNKLEN KÖNIGE

Abb. 61 zu Borchert: Nachts schlafen die Ratten doch

Abb. 62 zu Britting: Brudermord im Altwasser

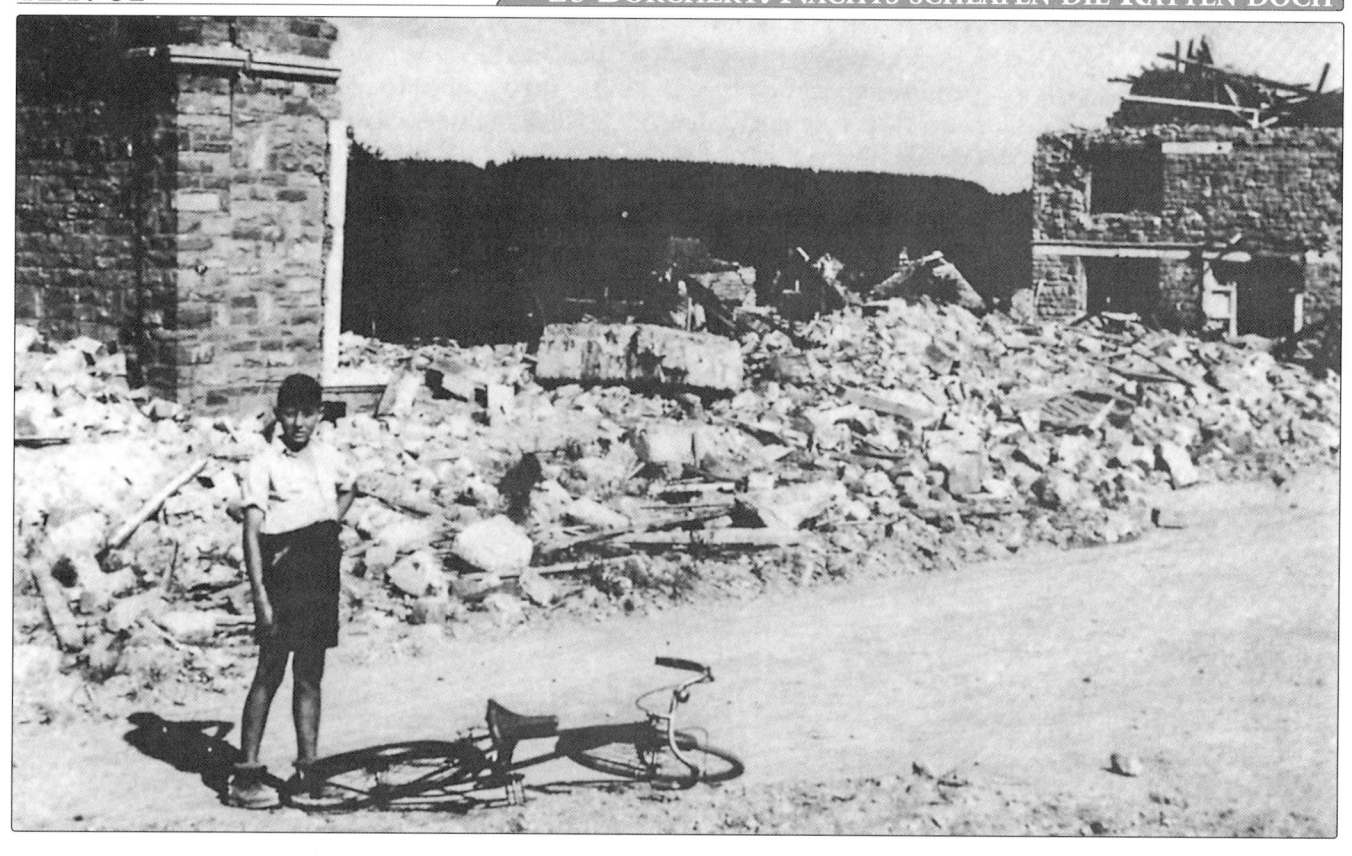

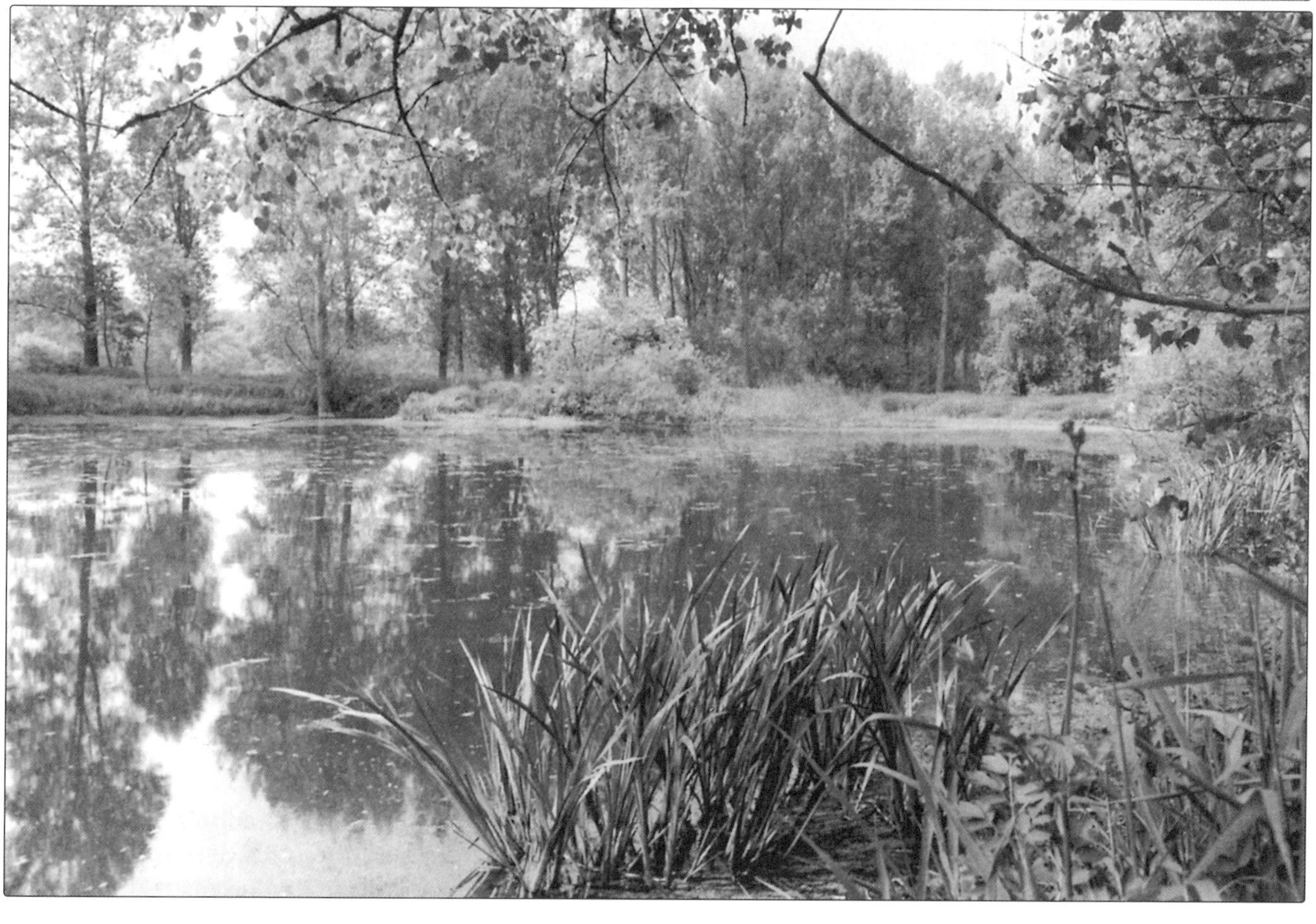

ABB. 63   ZU HEBEL: DER BARBIERJUNGE VON SEGRINGEN

ABB. 64   ZU KAFKA: AUF DER GALERIE

ABB. 65

ABB. 66

ZU KUNZE: FÜNFZEHN

Pausenhof-Beauties!

Dani
in *Kätzchen-Shirt*
(Conley's, ca. 35 €),
Cordweste (Emily the
strange, ca. 69 €),
Jeansröhre
(Mavi, ab 70 €) und
Lackballerinas
(edc, ca. 49 €).
Ordner & Hefte
(Nastrovje
Potsdam, ca. 5 €)

Salina in einem punky
Outfit: *Longshirt*
(Conley's, ca. 29 €) mit Fotografen-
motiv zur *Leo-Röhre* (Mustang,
ca. 89 €) und *Biker-Stiefeletten* (Reno,
ca. 69 €). *Ringelschal* (H&M, ca. 6 €),
Plastikcreolen (Bijou Brigitte, ca. 12 €)

Amelie liebt die
neue Trendfarbe Lila. Ihr
Look besteht aus einem
Sweatkleid (Zoo York, ca.
59 €) mit Blockstreifen, einer
grauen *Jeansröhre* (Big blue,
ca. 63 €) und bronzefarbenen
Nike-Sneakers (Neckermann,
ca. 79 €). *Tasche* (nike, ca. 39 €)

Bitte umblättern!

BRAVO GiRL! 11

ABB. 67   ZU LANGGÄSSER: SAISONBEGINN

ABB. 68   ZU MALECHA: DIE PROBE

Alexander Renz mit internationalem Haftbefehl wegen Mordes gesucht

Aktuelles Foto

Alexander Renz steht im dringenden Verdacht, am Freitag den 25.07.2008, gegen 08.00 Uhr, auf dem Parkplatz des Schlosshotels Mespelbrunn, Lkr. Aschaffenburg, eine 32-jährige Frau durch Messerstiche getötet zu haben.

Name Renz Vorname Alexander Geburtsname

Geburtsdatum 16.05.1972 Geburtsort/Geburtsland Bad Neustadt/Saale Nationalität Deutsch

Größe Ca. 180 cm Figur schlank Sprache/Dialekt spricht hochdeutsch, drückt sich sehr gewählt aus

Augenfarbe braun Haare seitlich kurze schwarze Haare, Glatze Geschlecht männlich

Besondere Merkmale Narben an beiden Unterarmen, trägt gelegentlich Brille

Alexander Renz flüchtete nach der Tat mit seinem Pkw. Dieser wurde vier Tage später in einem Parkhaus in Aschaffenburg aufgefunden.
Es gibt keinen Hinweis auf den momentanen Aufenthaltsort des 36-Jährigen.

- Wer hat den Tatverdächtigen nach den tödlichen Messerstichen am vergangenen Freitag gesehen?
- Wer kann Hinweise geben, wo sich der 36-Jährige möglicherweise aufhalten könnte?

Zuständige Dienststelle Kriminalpolizeiinspektion Aschaffenburg
Lorbeerweg 1
63741 Aschaffenburg

Telefon: 06021/857-0
Fax: 06021/857-1709
Die Polizei ist auf die Unterstützung der Bevölkerung angewiesen. Bitte verwenden Sie unser Hinweisformular.

ABB. 69   ZU MÜLLER: DAS EISERNE KREUZ

ABB. 70   ZU NÖSTLINGER: DER TV-KARL

ABB. 71

ABB. 72

ABB. 73

ABB. 74　　　ZU BRECHT: HERRN K.S LIEBLINGSTIER

ABB. 78

ABB. 79   ZU AESOP: DER FUCHS UND DER ZIEGENBOCK

ABB. 80

ABB. 81

Schwindele nicht, ich weiß genau, wo du den Whisky hast!

ABB. 82 ZU **D**AIDALOS UND **I**KAROS

ABB. 83 ZU **DAIDALOS UND IKAROS**

ABB. 84

ABB. 85 ZU VORAGINE: DER HEILIGE GEORG

ABB. 86   ZU DÖBLIN: BERLIN ALEXANDERPLATZ

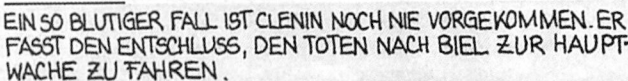

ABB. 88   ZU FRISCH: ANDORRA. MODELLCHARAKTER

ABB. 90

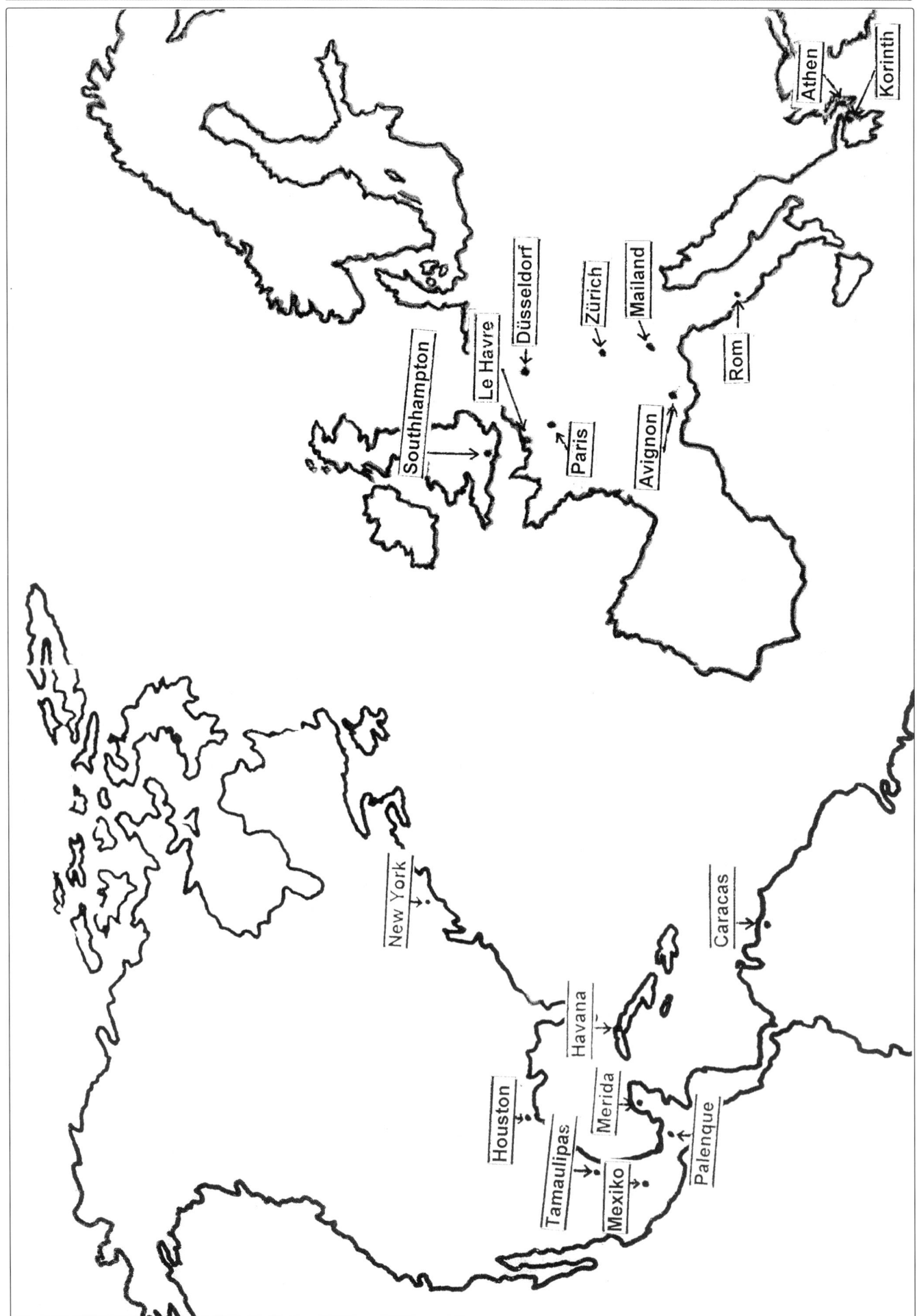

ABB. 92   ZU GOETHE: GÖTZ VON BERLICHINGEN

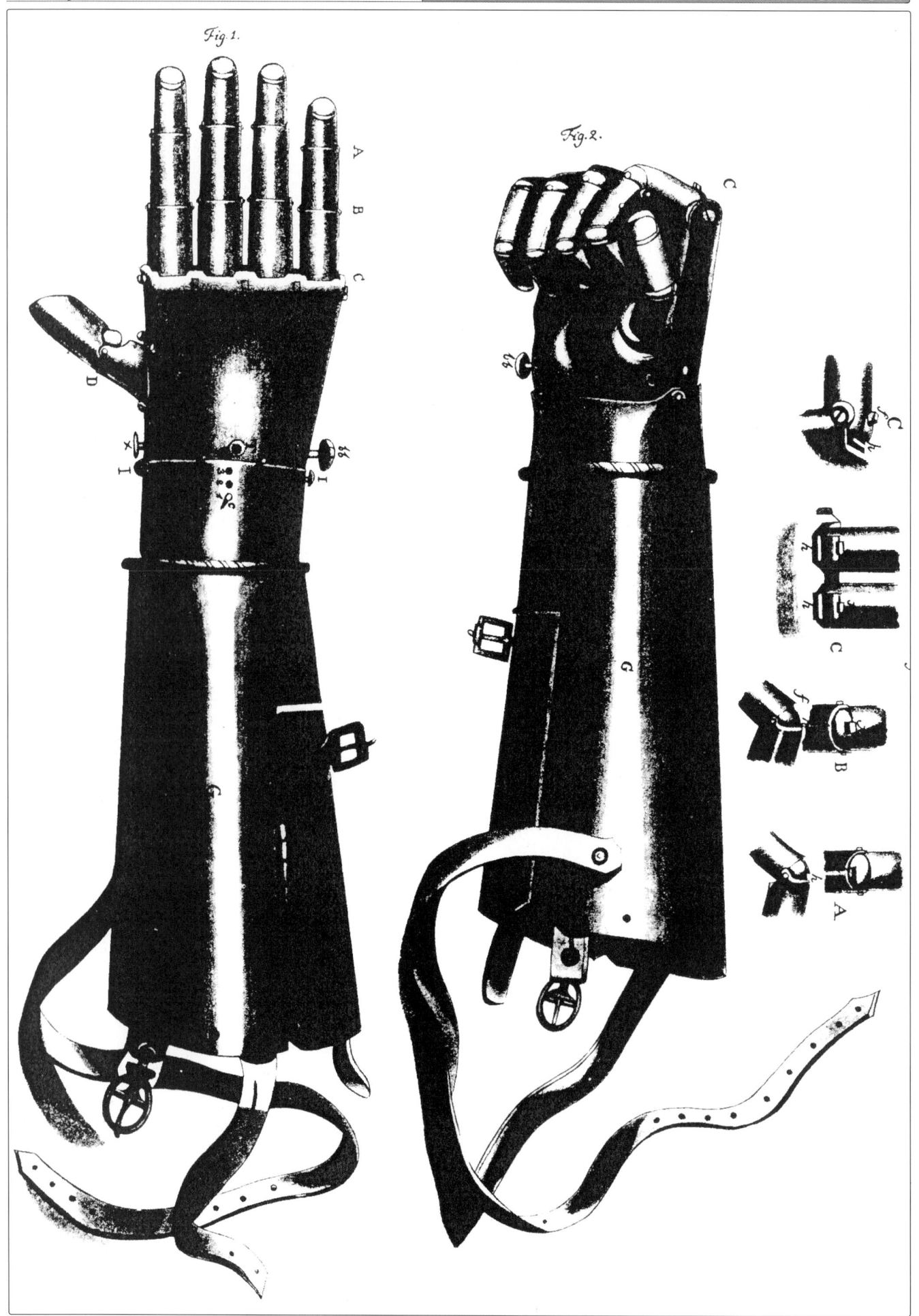

ABB. 93

ABB. 94   ZU LESSING: NATHAN DER WEISE

ABB. 95

ZU SCHILLER: DIE RÄUBER

DER SPIEGEL

Nr. 2 / 9.1.06
Deutschland: 3,40 €

GESCHWISTER

Die ewigen Rivalen

www.spiegel.de

ABB. 96

ZU SÜSKIND: DAS PARFUM. 1. KAPITEL

Geburt im Gestank Auf dem Pariser Fischmarkt, zwischen Blut, Schweiß und Schlamm, überlebt der Held Grenouille als neugeborenes Baby den Tötungsversuch seiner Mutter

ABB. 97   ZU SÜSKIND: DAS PARFUM. DIE MASSENHYSTERIE

ABB. 98

ZU ZUCKMAYER: DER HAUPTMANN VON KÖPENICK

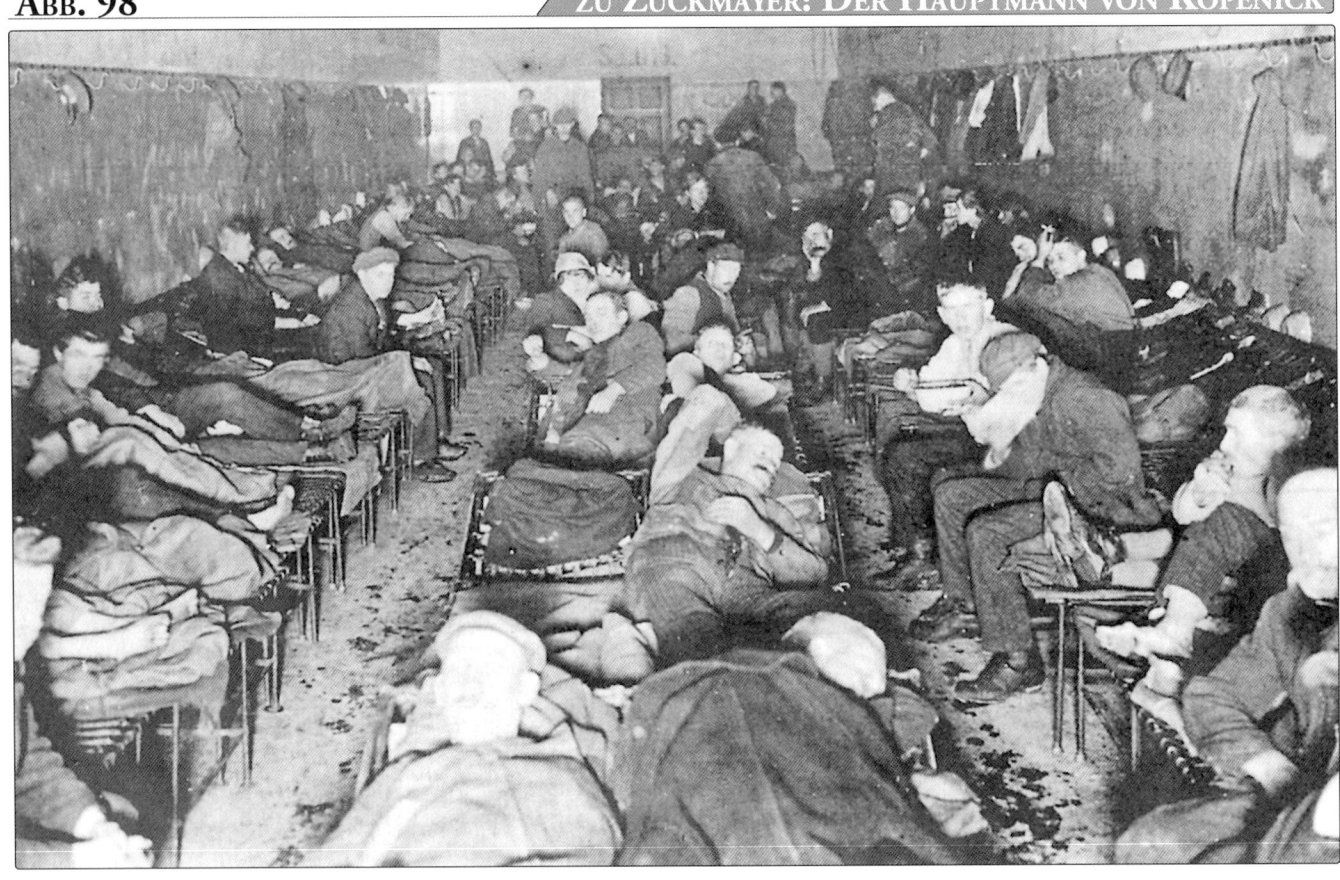

ABB. 99

ABB. 100

ZU ZUCKMAYER: DER HAUPTMANN VON KÖPENICK

Benachrichtigungsschreibung über den Tod eines Soldaten

Alfred Hammer
Obit. u. Staffelführer
O. U., den 18.7.1944

Sehr geehrter Herr Berger!

Als Staffelführer Ihres Sohnes, des Gefreiten Johann Berger, habe ich die sehr schwere Aufgabe, Ihnen mitzuteilen, dass Ihr lieber Junge und unser guter Kamerad Johann am 18. Juni 1944 gefallen ist. Das Schicksal hat wieder hart zugeschlagen, und wir alle sind zutiefst erschüttert, wieder einen begeisterten, jungen Flugzeugführer verloren zu haben. Alle unsere Herzen sind bei Ihnen, da Sie ja, verehrter Herr Berger, den Verlust Ihres Jungen am schwersten zu tragen haben. Ihr Sohn startete am 18. 6. 44 von Mannheim-Sandhofen zum Überführungsflug nach Frankreich und ist in der Nähe von Meaux/Frankreich abgestürzt. Leider war es mir bisher noch nicht möglich, nähere Einzelheiten über den Heldentod Johanns zu erfahren, werde aber, sobald ich irgendetwas erfahre, Sie sofort benachrichtigen. Nun ruht Ihr lieber Junge in fremder Erde, fern von der Heimat, zurückgeblieben sind die trauernden Herzen um das Liebste und Beste, was man für das Vaterland gegeben hat. All meine Worte sind ja viel zu klein gegen den großen Schmerz, den Sie, Herr Berger, zu ertragen haben, doch mögen sie Ihnen ein klein wenig über das Schwere hinweghelfen.

In stiller Trauer verbleibe ich Ihr Alfred Hammer

Bertolt Brecht

Fahrend in einem bequemen Wagen

Fahrend in einem bequemen Wagen auf einer regnerischen Landstraße sahen wir einen zerlumpten Menschen bei Nachtanbruch, der uns winkte, ihn mitzunehmen, sich tief verbeugend. Wir hatten ein Dach und wir hatten Platz und wir fuhren vorüber und hörten mich sagen, mit einer grämlichen Stimme: Nein, wir können niemand mitnehmen. Wir waren schon weit voraus, einen Tagesmarsch vielleicht, als ich plötzlich erschrak über diese meine Stimme, dies mein Verhalten und diese ganze Welt.

Aus: Bertolt Brecht: Werke. Große kommentierte Berliner und Frankfurter Ausgabe. Band 14. Gedichte 4.
© Suhrkamp Verlag. Frankfurt am Main 1993.

Die Entwicklung des Chinesischen Reiches

Um 200 v. Chr. errichtete ein neues Herrscherhaus des Chinesischen Reiches einen von Beamten verwalteten Einheitsstaat. Maße, Gewichte und Wagenspurbreiten wurden vereinheitlicht, allgemeingültige Schriftzeichen eingeführt. Zu jener Zeit begannen die Kaiser auch mit dem Bau der „Großen Mauer", die erst im 15. Jahrhundert vollendet wurde. Sie führte über unwegsame Gebirge hinweg und sollte das Reich gegen die drohenden Einfälle der Nomadenvölker schützen. Mit einer Länge von rund 2450 km ist sie das größte Bauwerk der Erde.

Der jugendliche Brecht trat als Bürgerschreck, als Zerstörer einer morschen Welt, zumindest als Verkünder des Zerfalls dieser Welt auf. So erschien er (auf Fotos), mit der Zigarre im Mund, eine Proletenmütze auf dem kurzgeschorenen Haar, das Hemd offen, meist mit einer dunklen Lederjacke bekleidet, wohl auch mit einer gewissen zur Schau getragenen Unlust, sich den bürgerlichen Reinlichkeitsritualen zu unterwerfen. Sein Instrument war die Gitarre, sein Umgang die Bohéme, sein Boden der Asphalt, der Großstadtdschungel. Der radikale Bruch mit allem Tradierten wird angestrebt, aber, so kann man sagen, es ist eher ein literarischer als ein existentieller Bruch: den von Strindberg auf die Expressionisten überkommenen Generationskonflikt Vater–Sohn hat der Sohn Brecht im Hinblick auf sein Elternhaus wohl nie in dieser Schärfe erfahren. Trotz aller geistigen Fremdheit bleibt das Verhältnis eher ungetrübt; der Vater unterstützt und billigt die Aktivitäten seines Sohnes, obwohl sie sich seinem Verständnis entziehen.

Der frühen Augsburger Lebensform ist Brecht in gewisser Weise sein Leben lang verhaftet geblieben. Eine gewisse süddeutsche Resistenz gegen eine radikale Entwurzelung lässt sich daher nicht nur in seinem lebenslang unverkennbar süddeutsch gefärbten Idiom ablesen, das auch einen Widerstand gegen das Pathos und die Phrase darstellt. Beidem widersetzt sich die handfeste, sinnlich haftende erdnahe Direktheit des schwäbischen Idioms aus Brechts Augsburger Kindheit und Jugend. Das offizielle DDR-Deutsch kennzeichnet er später treffend als »Kaderwelsch«.

Der Gegensatz, den Brecht in seiner Jugend erfuhr, war so weniger der zum Elternhaus, als viel mehr der zur bürgerlichen Umwelt Augsburgs.

Bericht eines ehemaligen KZ-Insassen

Bei Tagesanbruch mussten die Häftlinge zum Zählappell auf dem gefrorenen Appellplatz abmarschieren. Der Wind wehte durch ihre dünnen Uniformen, und das Zählen schien kein Ende zu nehmen. Schließlich wurden die Häftlinge in Arbeitskommandos eingeteilt, und alle Neuankömmlinge – Stirner erkannte dies erst später – wurden gezwungen, im härtesten Kommando zu arbeiten, nämlich Nr. 4, offensichtlich nach einer eindeutig festgelegten Politik, nach der Schwächlinge durch Erschöpfung und Tod auszumerzen seien.

Kommando Nr. 4 bestand aus mehr als dreihundert Häftlingen, was durch drei aufeinanderfolgende Zählungen festgestellt wurde. Das Kommando musste zu einem Tor marschieren, wo die Häftlinge, nachdem sie ihre Mützen auf Befehl abgenommen hatten, wieder gezählt wurden. Dann überquerten sie hintereinander den um das Lager verlaufenden Weg und gelangten auf ein großes Gelände, wo sich mehrere Gebäude im Bau befanden. Eisenbahnschienen führten von einer Seite in das Gelände. Es gab keine richtigen Wege oder Straßen; es war ein einziger Sumpf. Kommando Nr.4 stapfte eine halbe Stunde – so groß war das Gelände – bis zur anderen Seite, ständig eskortiert von SS-Männern, die versuchten, den im Matsch watenden Männern militärische Ordnung beizubringen. Die Häftlinge wurden angewiesen, ihre gestreiften Jacken auszuziehen, und in Unterhemden mussten sie aus einer langen Reihe Eisenbahnwaggons Zementsäcke abladen und sie mit der Hand zu einem großen Lagerplatz tragen. Die Kapos und die SS-Leute schrien ständig, dass der ganze Zug bis zum Mittag abgeladen sein müsste, und die Kapos traktierten diejenigen, die sich nicht genügend anzustrengen schienen, mit Stöcken. Stirner hatte eine solche Arbeit schon in Berlin verrichtet. Er wusste, wie er seine Schritte denjenigen seiner Kameraden anpassen musste, um die Stöße des Stahls auf den Knochen abzufangen.

Am ersten Tag dauerte die Arbeitszeit – und für die, die überlebten, an jedem weiteren Tag – von sieben Uhr morgens bis sechs Uhr abends. Nach Arbeitsschluss stellten sich alle Kommandos in Exerzierformation auf dem Fabrikgelände auf und wurden gezählt. Während sie auf Verlangen der Kapos ein deutsches Marschlied sangen, marschierten sie zum Tor, wo sie ihre Mützen abnahmen und gezählt wurden; und innerhalb des Lagers wurden sie wieder gezählt. Nach dem Appell kämpften sie mit Hunderten von Häftlingen um acht Wasserhähne, um zu versuchen, den Zementstaub abzuwaschen. Nach der Rückkehr in die Baracke wollten sie nur noch ins Bett fallen, aber sie mussten sich nach Läusen durchsuchen, ihre Nummern abhaken und ihre Pritschen inspizieren lassen. Jeder erhielt einen Liter Suppe in einer rostigen Schüssel und Rüben und Sauerkraut. Dann gingen sie in ihrer zementverklebten Kleidung zu Bett.

Mehrere Neuankömmlinge fielen am nächsten Morgen, ihrem dritten in Auschwitz, beim Zählappell tot um, und von dann war der Tod drei Wochen lang eine alltägliche Erscheinung auf dem kalten Appellplatz. Stirner hatte einen alten Hasen sagen gehört, dass man, wenn man den ersten Monat in einem Konzentrationslager überlebte, ewig leben könnte.

Es folgten jedoch schreckliche Tage, an denen Stirner an seiner Überlebensfähigkeit zweifelte. Zusammen mit Kollin und Wertheim wurde er zu einer mit Aushubarbeiten beschäftigten Gruppe unter einem deutschen Kapo versetzt, dem SS-Leute scherzhaft den Spitznamen „Judenfranz" gegeben hatten, da er ein besonders schlimmer Judenschinder war. Er gehörte zu den grünen Winkeln, weil er in seiner Heimatstadt in Oberschlesien einen Mord begangen hatte, und er war mit der Ausführung von Aushubarbeiten für ein Fundament beauftragt. Mit schweren Schaufeln im Schlamm zu graben, war schlimmer, als Zement und Stahl zu tragen, und bei Judenfranz durften sich die Arbeiter während der Mittagspause nicht hinsetzen. Er zwang viele, bei ihm ihre Schuhe gegen schlechtere, die Toten abgenommen worden waren, einzutauschen, damit er außerhalb des Lagers mit den guten Schuhen Tauschhandel treiben konnte. Eines Tages ließ er seine Männer kleine eiserne Kippwagen durch den Schlamm anstatt über die Gleise schieben. Er hatte brutale Fäuste, und Stirner sah, wie er damit mehrere geschwächte Männer tötete, und Stirner fühlte seine Kräfte schwinden.

Am 2. April kam abends einer der alten Freunde aus der jüdischen Jugendbewegung, ein Mann namens Schoenfeld, verzweifelt zu ihm. Schoenfeld, der bei der Jüdischen Gemeinde in Berlin gearbeitet hatte, war ein sensibler, hochmusikalischer Mensch; er hatte damals eine Tenorstimme gehabt. Er war jetzt blass und mager, lag vier Tage mit Lungenentzündung im Krankenrevier und war offensichtlich immer noch krank. Er erzählte Stirner, er wolle Selbstmord begehen, und er sagte: „Ich möchte nicht zu Tode getreten werden." Stirner nahm sich zusammen, um mit ihm zu diskutieren, obwohl er selbst, immer erschöpfter, kurz daran gedacht hatte, sich auf der Flucht erschießen zu lassen. Schoenfeld beruhigte sich.

Am nächsten Morgen waren kurz vor dem Läuten der Glocke Schüsse zu hören – keine Seltenheit, denn nachts und im Morgengrauen kam es manchmal vor, dass ein Häftling auf den Stacheldraht zulief, um erschossen zu werden –, und Stirner bemerkte es kaum. Es war ein regnerischer und kalter Morgen, und während des Marsches zur Fabrik begann Judenfranz, einen älteren Juden zu drangsalieren, er trieb ihn an, er stieß ihn. Der alte Mann versuchte zu marschieren, aber er war geschwächt: Zwei Häftlinge stützten ihn, und der ganze Trupp sang fröhlich ein Marschlied, um ihn aufzumuntern. Schließlich brach er zusammen. Triumphierend, jedoch nach außen hin voller Zorn, hielt Judenfranz seine Gruppe an. Während der Trupp stand, sagte ein Mann zu Stirner: „Hast du heute morgen die Schüsse gehört?"

Stirner antwortete: „Ja, etwas Besonderes?" „Dein Freund Schoenfeld", sagte der Häftling. Stirner spürte, wie beklemmende Angst in ihm hochstieg, denn er erkannte, dass seine Argumente, dem Leben eine Chance zu geben, ihre Wirkung verfehlt hatten.

Aus: Die Zeit Nr.4 vom 20.1.1995.

Siegfried Hintz

Von 1945 bis 1950 in russischer Gefangenschaft, im ehemaligen Konzentrationslager Sachsenhausen.

Ich wurde 1945 zusammen mit einer Volkssturmgruppe von 39 Jungen im Alter zwischen vierzehn und siebzehn Jahren von den Russen gefangen genommen. Ich selbst war sechzehn Jahre alt, als ich wegen des Verdachts der Zugehörigkeit zum Werwolf zum Tode verurteilt wurde. Zu zehn Jahren Zuchthaus begnadigt, war ich bis Februar 1950 im ehemaligen KZ Sachsenhausen inhaftiert. Von Januar 1946 bis April 1948 befand ich mich wegen Tuberkulose fast ununterbrochen im Revier.

Aus der Zeit meiner Gefangenschaft habe ich eine Reihe von Gegenständen mitgebracht, die für uns zum Teil lebenswichtig waren, deren Anfertigung uns zum Teil davor bewahrt hat, dem Stumpfsinn anheimzufallen.

Beliebt war Sticken. Es gab eine Börse für farbige Fäden. Ein buntes Taschentuch war ein Vermögen, wenn man die Fäden zog und diese portionsweise gegen Zucker oder Brot oder gegen andere Farbfäden tauschte. Ich kann leider nicht mehr genau sagen, wie lange ich an dem hier wiedergegebenen Bild gestichelt habe. Aber es war nicht mein einziges. Nur das einzige, das alle Filzungen überstanden hat.

Der *Brotbeutel* entstand im NKWD-Gefängnis Sondershausen aus einem Stück Matratzenstoff. Das Loch hat eine Ratte hineingefressen. Auf der Vorderseite stehen mein Name und meine Initialen und das Wappen meiner Heimatstadt in Thüringen.

Den *Zuckerbeutel* habe ich aus einem Stück Bettlaken selbst genäht. Er diente zum Aufbewahren der Zuckerration, die löffelweise ausgegeben wurde und gewöhnlich von den Häftlingen mit nasser Fingerspitze aus dem Beutel heraus verzehrt wurde.

Das selbstgeschnitzte *Holzmesser* diente mir bei den Mahlzeiten zum Schmieren der Brote.

Bleistiftstummel waren ein Vermögen. Wir machten Halter aus Holz, damit wir damit schreiben konnten. Bleistiftminen wurden in Millimetern gehandelt. Ich habe einen solchen Halter einem verstorbenen Mithäftling aus der Tasche genommen und damit in der Folgezeit auf einem winzigen Zettel die Sterbedaten meiner Kameraden festgehalten. Von den neununddreißig leben heute noch elf. Die Schrift mit den Namen der Toten ist ganz verblasst.

Auch das *Haarnetz* ist selbstgehäkelt. Alle Häftlinge wurden kahlgeschoren. Wenn dann die Haare zu sprießen begannen, wurden die Borsten liebevoll gepflegt. Dazu gehörte ein Haarnetz, um die Haare angefeuchtet zu einer Frisur zu zwingen.

Prometheus

So war nun die Welt geschaffen. Himmel und Erde hatten darin ein festes Gefüge, und das Meer war in seine Ufer gewiesen. In fröhlichem Gewimmel bevölkerte allerlei Getier den Erdraum; in den Wellen tummelten sich die Fische, in den Lüften die Vögel, und über den Erdboden hin eilten leichtfüßige Tiere aller Art. Aber noch fehlte es an dem Geschöpfe, das berufen war, mit seinem Geiste die weite Welt zu beherrschen.

Da betrat Prometheus die Erde.

Er war ein Enkel des Uranos, des Himmelsgottes, und Sohn des Titanen Japetos, dessen Geschlecht einst durch Zeus entthront und in den Tartaros verbannt worden war. Prometheus, der seines Vaters erfindungsreiche Klugheit geerbt hatte, wusste von dem göttlichen Samen, der im Boden ruht. Er nahm Erdenton und formte aus ihm nach dem Ebenbilde der Götter eine Gestalt. In die Brust schloss er ihr gute wie böse Eigenschaften ein, die er den Seelen aller Lebewesen dieser Erde entnommen hatte, und formte daraus die menschliche Seele. Die Göttin Pallas Athene, seine himmlische Freundin, die sein Werk mit Bewunderung betrachtete, blies dem beseelten Erdenkloß ihren Atem ein und gab dem Menschen damit den Geist. So entstanden die ersten Menschen. Gar bald füllten sie in unendlicher Vielzahl das Erdenrund. Doch was nützte ihnen der herrliche Bau ihrer Glieder, was der göttliche Funke, wenn sie nicht die himmlischen Gaben wohl zu verwenden verstanden? Sie lebten wie im Traume dahin, denn nicht des Gehörs noch des Gesichts wussten sie sich zu bedienen. Ohne Plan war, was sie taten, denn was ahnten sie vom Lauf der Sterne, was von den Jahreszeiten, was von der Kunst des Häuserbauens? Und was wussten sie von der segensreichen Macht des Feuers!

Da wurde nun Prometheus zum Lehrmeister seiner Geschöpfe: Er lehrte sie den rechten Gebrauch aller Gaben der Himmlischen, lehrte sie sehen und hören, nach dem Wandel der Gestirne den Tage einteilen und den Jahresablauf in der ewig wechselnden Schönheit seiner Zeiten erleben. Nun lernten sie, sich die Tiere zu dienstbaren Helfern zu machen und mit Schiffen das Meer zu befahren. Sie verstanden, Steine und Ziegel zu bereiten, das Holz zu behauen und feste Häuser zu errichten. Nur eines fehlte den Menschen: das Feuer. Die Götter, voran der gewaltige Zeus, hatten von den Menschen Anerkennung ihrer Herrschaft und Verehrung für den Schutz verlangt, den sie den Erdensöhnen gewährten. Die Menschen waren zu solchem Dienste bereit, und Prometheus wurde von ihnen geschickt, mit den Göttern zu verhandeln. Aber in törichter Vermessenheit versuchte er, Zeus selber, den Allwissenden, zu täuschen, und so versagte der Weltenbeherrscher den Menschen die göttliche Gabe des Feuers.

Doch auch hier wusste der schlaue Titanensohn Abhilfe. Er näherte sich mit einem leicht entzündbaren Riesenhalm dem vorüberfahrenden Wagen des Sonnengottes Helios, entnahm ihm den Feuerbrand und eilte mit dieser Fackel zur Erde, den Menschen das Feuer zu bringen. Allüberall flammten die Holzstöße auf: Der Mensch besaß jetzt die wohltätige, segensreiche Kraft des Feuers. Zeus aber, den Weltenbeherrscher, schmerzte es, das Menschengeschlecht nun mit solcher Gabe ausgestattet zu sehen. Sogleich sandte er ihnen ein schlimmes Übel, um die Macht der Menschen zu begrenzen. Er führte eine wunderschöne Jungfrau unter sie, die von Hephaistos, dem Gott des Feuers und der Schmiedekunst, geschaffen und von allen Göttern mit einer unheilbringenden Gabe beschenkt worden war: Pandora. die Allerbeschenkte, hieß sie, die nun unter die arglosen Menschen trat und sich von ihnen bewundern ließ. Nichts Böses ahnend, nahm Epimetheus trotz der Warnung seines Bruders Prometheus ihr Geschenk, eine schöne Büchse, an. Wie schwer sollte sich seine Gutgläubigkeit für alle Menschheit rächen! Denn kaum wurde der Deckel von Pandoras Büchse zurückgeschlagen, da entflogen dieser alle Krankheiten, Übel und Schmerzen und verbreiteten sich mit Blitzeseile über die Menschen im Erdenrund, die bisher frei von Beschwerden und Krankheiten gelebt hatten. So strafte Zeus des Prometheus Raub.

Ein einziges Gut war in der Büchse verborgen – die Hoffnung. Doch ehe sie entweichen konnte, schlug die böse Götterbotin den Deckel zu und verschloss sie für immer. Die Qualen der Krankheiten und des Elends aber traten sogleich in allen Gestalten vor die Menschen: Zeus hatte ihnen die Stimme versagt, und so näherten sie sich stets heimlich und schweigend.

Fieberkrankheiten überfielen die wehrlosen Menschen, und der Tod hielt reiche Ernte.

Doch nicht genug mit solcher Strafe! Voller Zorn blickte Zeus auf Prometheus, und auch ihn selber sollte der Strahl seiner Rache treffen. Mitleidlos ließ er ihn von seinen Knechten in die wildeste Einöde des Kaukasus schleppen und von Hephaistos mit unlösbaren Ketten über einem schaurigen Felsgrund anschmieden. Dort hing nun der Götterenkel an der einsamen Klippe, aufrecht stehend, sodass er niemals das wankende Knie beugen konnte, und ohne Schlaf für die müden Augen. Speise und Trank waren dem Unglücklichen versagt; stattdessen fraß täglich ein Adler von seiner Leber, die sich unablässig erneuerte. Viele Jahrhunderte dauerte die Qual des Verdammten. Vergeblich rief er Wind und Wolken, die Sonne und die Ströme zu Zeugen seiner Pein an – Zeus blieb erbarmungslos und unerbittlich. Erst als der Held Herakles des Weges kam, sollte die grausige Leidenszeit ein Ende finden: Den gewaltigen Helden, der auf der Fahrt nach den Äpfeln der Hesperiden war, ergriff unbändiges Mitleid mit dem Schicksal des Titanensohnes; er erlegte den Adler und befreite den Gequälten von der grausigen Haft.

Johann Wolfgang von Goethe

Dichtung und Wahrheit. 3. Teil, 2. Buch

Ich glaubte eine Stimme vom Himmel zu hören, und eilte was ich konnte, ein Pferd zu bestellen und mich sauber herauszuputzen. Ich schickte nach Weyland, er war nicht zu finden. Dies hielt meinen Entschluss nicht auf, aber leider verzogen sich die Anstalten, und ich kam nicht so früh weg, als ich gehofft hatte. So stark ich auch ritt, überfiel mich doch die Nacht. Der Weg war nicht zu verfehlen, und der Mond beleuchtete mein leidenschaftliches Unternehmen. Die Nacht war windig und schauerlich, ich sprengte zu, um nicht bis morgen früh auf ihren Anblick warten zu müssen.

Es war schon spät, als ich in Sesenheim mein Pferd einstellte. Der Wirt, auf meine Frage, ob wohl in der Pfarre noch Licht sei, versicherte mich, die Frauenzimmer seien eben erst nach Hause gegangen; er glaube gehört zu haben, dass sie noch einen Fremden erwarteten. Das war mir nicht recht; denn ich hätte gewünscht, der Einzige zu sein. Ich eilte nach, um wenigstens, so spät noch, als der Erste zu erscheinen. Ich fand die beiden Schwestern vor der Türe sitzend; sie schienen nicht sehr verwundert, aber ich war es, als Friedrike Olivien ins Ohr sagte, so jedoch, dass ich's hörte: „Hab ich's nicht gesagt? Da ist er!" Sie führten mich ins Zimmer, und ich fand eine kleine Kollation aufgestellt. Die Mutter begrüßte mich als einen alten Bekannten; wie mich aber die Ältere bei Licht besah, brach sie in ein lautes Gelächter aus: denn sie konnte wenig an sich halten.

Nach diesem ersten etwas wunderlichen Empfang wird sogleich die Unterredung frei und heiter, und was mir diesen Abend verborgen blieb, erfuhr ich den andern Morgen. Friedrike hatte vorausgesagt, dass ich kommen würde; und wer fühlt nicht einiges Behagen beim Eintreffen einer Ahnung, selbst einer traurigen? Alle Vorgefühle, wenn sie durch das Ereignis bestätigt werden, geben dem Menschen einen höheren Begriff von sich selbst, es sei nun, dass er sich so zartfühlend glauben kann, um einen Bezug in der Ferne zu tasten, oder so scharfsinnig, um notwendige aber doch ungewisse Verknüpfungen gewahr zu werden. – Oliviens Lachen blieb auch kein Geheimnis; sie gestand, dass es ihr sehr lustig vorgekommen, mich diesmal geputzt und wohl ausstaffiert zu sehn; Friedrike hingegen fand es vorteilhaft, eine solche Erscheinung mir nicht als Eitelkeit auszulegen, vielmehr den Wunsch, ihr zu gefallen, darin zu erblicken.

Früh bei Zeiten rief mich Friedrike zum Spazierengehn; Mutter und Schwester waren beschäftigt, alles zum Empfang mehrerer Gäste vorzubereiten. Ich genoss an der Seite des lieben Mädchens der herrlichen Sonntagsfrühe auf dem Lande, wie sie uns der unschätzbare Hebel vergegenwärtigt hat.

Auszug aus: Johann Wolfgang von Goethe: Dichtung und Wahrheit, 3. Teil, 2. Buch.

Ein Pfarrer berichtet von den Schreckenstagen Heilbronns

Man schreibt den ersten Advent des Jahres 1944. [...]

Der folgende Tag verlief auffallend ruhig. Als Stunde um Stunde ohne Sirenengeheul verging, wirkte das geradezu unheimlich. Frühe brach die Dunkelheit herein. Nach den Erfahrungen der letzten sieben Wochen wussten wir alle, wie der Stundenplan des Tages vollends verlaufen werde. Neben den Fliegerverbänden, deren Annäherung durch die Sirene angekündigt wurde, gab es ja jene unheimlichen Einzelflieger, deren Bomben ohne Ankündigung und ohne hörbares Motorengeräusch ganz überraschend mitten in die belebtesten Viertel Tod und Verderben spien. Aus diesem Grunde war es von 7 Uhr ab mit höchster Lebensgefahr verbunden, noch außerhalb des Luftschutzkellers zu sein. Überall war es zur festen Regel geworden, auf diesen Zeitpunkt alles in den Keller zu bringen, um hier dann das Nachtessen einzunehmen und die ganze Nacht unten zuzubringen. So geschah es auch an diesem Abend. Als 10 Minuten nach 7 Uhr die Sirenen aufheulten, war alles schon vollbeschäftigt, seinen Teil der Vorbereitungen für die Nacht zu erledigen. Es galt, alles Luftschutzgepäck und die Bettstücke hinunterzuschaffen, vor allem aber dafür zu sorgen, dass alle Menschen rechtzeitig in Sicherheit gebracht waren. [...] Als ich aber zum Himmel schaute, ging es mir kalt den Rücken hinab. Wie oft hatte ich zuvor schon das schaurig schöne Bild des Kranzes der Leuchtschirme gesehen! Dieser Anblick aber überbot alles bisherige. Der ganze Himmel war voller Leuchtschirme. So groß war ihre Zahl, dass ihr Licht es ohne Weiteres ermöglichte, die Zeitung zu lesen. Es blieb kein Zweifel mehr möglich: Das war der seit Langem geahnte Großangriff. [...] Die Insassen des Hauses waren nach menschlichem Ermessen in unserem Luftschutzkeller vortrefflich gesichert. Doch stand ich in doppelter Verantwortlichkeit. Vor wenigen Wochen hatte mein Amtsbruder, ehe er wieder auf den Kriegsschauplatz hinauszog, mir noch einmal die Fürsorge für seine Familie auf die Seele gebunden: Frau, Hausgehilfin und die 6-köpfige Kinderschar von der 15-Jährigen bis herab zum Wickelkind. Wenn man dann die eigenen dazunahm, dann waren's 6 Frauen und 7 Kinder. Das forderte gebieterisch die Anwesenheit eines Mannes. Auf der andern Seite aber hatte mich immer schon das Schicksal meiner Kirche bedrängt, die, in deren gebauten Altstadtgelegen, völlig schutzlos dem Verderben preisgegeben war. [...] Durfte ich unsre Kirche preisgeben? Blitzschnell zogen diese Erwägungen durch meinen Sinn. Es war, als hätte mein Sohn meinen inneren Kampf erraten. Miteinander kamen wir zu derselben Lösung, dass wir uns ja die Aufgabe teilen könnten. Er, als der noch blutjunge, aber im Luftkrieg so hart erprobte Mann, in den Keller zum Schutz der Frauen, ich hinaus in die größere Gefahr. Zuvor aber musste noch eines geschehen, auch wenn die Sekunden noch so kostbar waren: Die Vorbereitung der Frauen und Kinder auf die Todesgefahr. Von der obersten Kellertreppe aus konnte ich ihnen noch zurufen, dass das Schwerste jetzt auf sie zukäme. Ein gemeinsames Stoßgebet zum Himmel, dann schlossen sich hinter mir die schweren Stahlriegel der eisernen Luftschutztüre, hinter der sie sich wie in einer Festung bargen.

Während ich in höchster Geschwindigkeit zu meinem Ziel eile, fallen schon die ersten Bomben in nächster Nähe. Atemlos erreiche ich die Kirchentüre. Kaum vermögen die Finger in der großen Aufregung die verschlossene Tür zu öffnen. Schon sind alle Höllengewalten entfesselt. [...] Der Instinkt der Selbsterhaltung gibt es ein, sich an einen besonders starken Mauerpfeiler an den Boden zu pressen und alles Weitere über sich ergehen zu lassen. Was folgt, entzieht sich allen Versuchen einer Schilderung. In vielleicht 1000 Meter Höhe kreisen 700 schwere Bomber und laden ihre Tonnenlasten von Sprengstoff ab. Unten, ziemlich in der Mitte des Zielkreises, liegt ein Menschlein über der Erde in seine Ecke hineingepresst und wartet, bis der Orkan der Zerstörung alles auslöscht. [...] Beinahe pausenloses Dröhnen und Brüllen der gigantischen Explosionen, das gar nimmer aufhörende Beben des Bodens, das wohl einem schweren Erdbeben gleichkommt, die Luftstöße durch die fensterlose Kirche. [...] Dabei dieses quälende Alleinsein! [...] Langsam fühlt man, dass mit tödlicher Sicherheit eines herannaht: der Wahnsinn. Es ist ja ausgeschlossen, dass gewöhnliche Menschennerven solche Belastung auf die Länge aushalten können. [...] In dieser irrsinnigen Bedrohung findet das zitternde, bebende Menschenherz den Weg, den einzig möglichen, dass es zu Gott schreit; es sind nicht mehr klar überlegte Sätze, sondern nur Schreie, nicht mehr Bitten um Erhaltung des Lebens, sondern nur noch um Bewahrung vor dem Wahnsinn. Lieber soll er den Tod senden und auf diese Weise aus der Hölle befreien.

Im Verlauf von wenigen Minuten entsteht ein riesiger Flächenbrand, der nichts mehr auslässt. Auch in die Kirche, deren leichtes Dach durch die Sprengbomben zum größten Teil weggefegt ist, träufelt dieser Phosphor herab, und überall lodern nun diese unlöschbaren Feuerzünglein auf. Keine Hand ist da, die sie zu ersticken sucht. [...] Bald ist das Innere der Kirche eine einzige Feuerfläche. Das Gestühl und der Boden bieten eine reiche Nahrung. In der Ecke aber liegt das bewusstlose Menschenbündel, zum Flammentod bestimmt. Immer näher greifen die Flammen nach der wehrlosen Beute. [...] In diesem Augenblick weicht die tiefe Bewusstlosigkeit. Die Augen öffnen sich, schauen in die Feuerflammen. Der Geist, der eben noch völlig gelähmt war, begreift in Sekundenschnelle, um was es geht. Der Selbsterhaltungstrieb erzeugt den wilden Drang: um keinen Preis lebendig verbrennen! Und in der Macht dieses Triebes vollbringt der vielfach gebrochene Leib das, was ihm nachher nie mehr möglich war, er richtet sich in die Höhe. Dazu das andre Wunder: Die Füße sind nicht gebrochen, sie leisten, wenn auch sehr mühsam, ihren Dienst, und so gelingt durch die Flammen hindurch der Weg ins Freie. [...]

Aber wie sieht es nun draußen aus? Das Auge erblickt nur Flammen. Alle diese so eng zusammengebauten Häuser glühen im rasend verzehrenden Phosphorbrand. Auch die, welche durch die Sprengbomben schon bis zur Hälfte niedergerissen sind, werden von diesem Feuer vollends vernichtet. Die Hitze hat schon einen fast unerträglichen Grad erreicht. Nur rasche Flucht vermag noch aus diesem Feuermeer hinauszuführen. Aber schon nach wenigen Metern füllen die Trümmer eines eingestürzten Hauses den ganzen Raum des engen Gässleins. Der Weg ist versperrt. In der Nebenstraße ist es dasselbe. Ich versuche es in ganz anderer Richtung. [...] Es geht nicht. [...] Überall stößt man nach kurzem Vorwärtskommen auf den Punkt, wo ein Schuttwall von 2 bis 3 Meter Höhe den Weg verrammelt. Von diesen gescheiterten Ausbruchsversuchen erschöpft, setze ich mich auf einen mächtigen Steinblock. [...]

Das Feuer erklomm jetzt erst seinen Höhepunkt. Furchtbar war der Orkan, der durch den Riesenbrand hervorgerufen wurde. An besonders ausgesetzten Stellen war es so schlimm, dass sich ein Mensch mit aller Macht dagegen anstemmen musste, damit er nicht umgerissen wurde. [...] Die Schmerzen der zerschmetterten Gliedmaßen brachen mit Macht hervor. Die Kraft drohte zu versagen. Und doch musste sie nach Gottes Willen so lange ausreichen, bis ich vor einem kleinen Haus ganz am Stadtrand niedersank, wo mich aber barmherzige Menschen sofort entdeckten und in großer Hilfsbereitschaft unter ihr Dach hereinnahmen.

Aus: Erwin Bosler: Aus den Schreckenstagen Heilbronns. Verlag Ernst Franz. Metzingen 1958.

Bericht über den Abwurf der Atombombe über Hiroshima

Wie einst in Pompeji wurden viele Opfer in jener Haltung gefunden, die sie im Augenblick ihres Todes eingenommen hatten. Tomosawa sah Tote, die in der Straßenbahn saßen oder standen, manche hielten sich noch an den Haltegriffen über ihrem Kopf fest. Sie waren auf der Stelle verbrannt und zu schwarzen Formen erstarrt. Andere standen an Bushaltestellen oder saßen auf ihren Fahrrädern – Statuen aus Holzkohle. Da die Stadt an allen Ecken und Enden brannte, war es lebensgefährlich, sich in offenen, bebauten Gebieten aufzuhalten. Der vom Feuersturm entfesselte Sog entwurzelte riesige Kiefern und wirbelte sie 150 Meter hoch; viele der brennenden Bäume stürzten in die Menschenmassen. Als das Feuer langsam abebbte und es dunkel wurde, schwollen die Schmerzensschreie der Menschen zu einem durchdringenden Klagen an. Hiroshima war, so Tomosawa, „eine Wüste des Todes". Die Angaben über die Zahl der Opfer gehen auseinander. Einige Experten sprechen von 300 000, die Stadtverwaltung von Hiroshima schätzt, dass 200 000 Menschen starben. Sicher ist jedenfalls, dass schon eine Minute, nachdem die „Enola Gay" (der B29-Pilot hatte den Bomber nach seiner Mutter benannt) die Bombe mit dem Spitznamen „Dünner Mann" ausgeklinkt hatte, 60 000 Menschen tot waren oder im Sterben lagen. Um 9.15 Uhr glitt der Sprengsatz aus dem Bombenschacht der B-29.
Um 9.16 Uhr hatte die Explosion, die nicht einmal eine Sekunde dauerte, bereits einen 1700 Grad heißen Hitzeschwall erzeugt; es folgte eine ungeheure Druckwelle, dann raste ein Feuersturm durch die Stadt. Der Feuerball hatte einen Durchmesser von einem viertel Kilometer, die atomare Pilzwolke stieg 16 Kilometer hoch. Aus einer Entfernung von 400 Kilometern beobachtete die Crew der Enola Gay, wie die Wolke in zahllosen Farben zu schimmern begann: Was sie sahen, war der erste atomare Regenbogen.

Das Mädchen, das Alex (14) liebte, hat ihn nur belogen und betrogen! Alex wird mit dem Kummer nicht fertig, sackte sogar in der Schule total ab...

Allein im Bett! Jede Minute muss Alex an Larissa denken. Die Sehnsucht nach ihr zerreißt ihm das Herz...

Alex lebt total zurückgezogen, hat Stubenarrest. Sein einziger Freund – der Labrador „Ivo"

Alex (14):

„Meine Freundin hat mich nur belogen und betrogen!"

Einsame Spaziergänge mit „Ivo": Alex lebt auf einem Bauernhof, besucht die Gesamtschule

Traurig sitzt Alex (14) an dem kleinen Teich hinter dem Bauernhof und starrt aufs Wasser. In seinen Händen hält er zwei Briefe, neben ihm im Gras liegt „Ivo", der schwarze Labrador. Aber für den hat Alex jetzt keinen Blick übrig. Minutenlang verharrt er regungslos, nimmt dann einen Brief und liest ihn mit tonloser Stimme vor: „Hey, mein Schatz! Rate mal, warum ich mit 39,5 Fieber noch zur Schule gekommen bin! Weil ich Dich unbedingt sehen möchte! Schatz, Du kannst mir Deine Probleme alle erzählen! Ich habe Dich so verdammt dolle lieb, mein Großer! Meine Gefühle entwickeln sich jede Sekunde mehr für Dich. Immer wenn ich Dich sehe, möchte ich meine Blicke nie wieder von Dir wegreißen..." Alex hält inne, nimmt den zweiten Brief und liest mit tränenerstickter Stimme: „Hallo Schatz! Also, ob ich was von dir will, ist eine sehr gute Frage. Ich glaube, irgendwie schon, aber das ist wieder mal so ein tolles Problem..." Alex stockt, bricht ab, atmet tief durch, zückt ein Feuerzeug und zündet den Brief an. „Mich kotzt das so an, wie sie auf meiner Seele rumtrampelt", sagt Alex und seine Trauer verwandelt sich in Wut. „Sie hat immer nur mit meinen Gefühlen gespielt, mich die ganze Zeit verarscht! Sie war so gemein und unfair. Alles, was sie mir geschrieben hat, war gelogen. Und ich hatte mir so große Hoffnungen gemacht!"

Sie, das ist Larissa. Vor fünf Monaten hatte sich Alex in das 15-jährige, hübsche blonde Girl aus der Parallelklasse verliebt. „Bei mir hat es sofort gefunkt, obwohl sie noch mit einem anderen Jungen zusammen war", erzählt er. „Wir telefonierten trotzdem oft, ich besuchte sie zu Hause und kam auch mit ihrer Clique gut aus. Eines Tages fing sie an, mir Liebesbriefe zu schreiben. Darin stand, dass sie mich auch liebt, dass sie nur mit mir zusammen sein will, aber nicht wüsste, wie sie mit ihrem Freund Schluss machen soll. Sie hätte Angst, dass er sich etwas antun könnte. Ich glaubte ihr jedes Wort." Zärtliche Momente mit Larissa bestärken Alex in der Hoffnung, sie würde sich von ihrem Freund trennen, um mit ihm zusammen zu sein. „Wenn ihr Freund mal nicht da war, lagen wir eng aneinandergekuschelt in ihrem Zimmer auf dem Sofa, küssten und streichelten uns zärtlich, und sie flüsterte mir zu: ‚Ich liebe dich!'", erinnert sich Alex wehmütig. „Ich wartete geduldig ab, doch nach ein paar Wochen hielt ich die Ungewissheit nicht mehr aus und bat sie, sich zwischen ihm und mir zu entscheiden."

Eine Bitte mit bösen Folgen. Denn von nun an zeigt ihm Larissa die kalte Schulter, lässt ihn einfach links liegen und redet kein Wort mehr mit ihm, wenn sich die Clique trifft. Für Alex ein Stich ins Herz! Sein Kummer lässt ihn kaum noch schlafen, in der Schule kann er sich nicht mehr richtig konzentrieren. „Nächtelang grübelte ich darüber nach, was ich falsch gemacht hatte", erinnert er sich. „Alles drehte sich nur um Larissa! Einmal war ich so fertig, dass ich im Unterricht eingepennt bin." Sein gebrochenes Herz verändert ihn. Alex lässt sich gehen, schwänzt immer häufiger die Schule und rastet bei jeder Kleinigkeit aus: „Wenn mich ein Mitschüler blöd angemacht hat, dann habe ich ihm mit der Faust mitten ins Gesicht gehauen!" Als Alex dabei erwischt wird, wie er Graffitis an die Türen der Schultoiletten malt, muss er nach dem Unterricht (er besucht die Gesamtschule in Lerbeck/Porta Westfalica) zehn Sozialstunden leisten und dem Hausmeister beim Putzen helfen. Alex: „Mir war alles egal!"

Dann der Abend zum 1. Mai: Alex' Sehnsucht nach Larissa ist so groß, dass er ihr eine Liebes-SMS schickt. „Außerdem wollte ich wissen, warum sie mich wie Dreck behandelt und ob sie unsere schöne gemeinsame Zeit schon vergessen hätte!", erzählt er. Die Schock-Antwort von Larissa kam prompt: „Ich hab nie gesagt, dass ich dich liebe! Zisch ab!", simste sie zurück. Alex: „Ich war total am Boden zerstört und lief die halbe Nacht wie ein Irrer über die Felder." Bis heute hat er sich von dieser schroffen Abfuhr nicht richtig erholt.

Obwohl Alex schon zwei feste Freundinnen hatte und mit einer sogar das erste Mal erlebte, hat er nie so starke Gefühle empfunden wie bei Larissa. Für Alex ist sie die große Liebe, das absolute Traumgirl. Die Sehnsucht nach ihr frisst ihn auf, er kommt mit Larissas Ablehnung einfach nicht zurecht. „Aber was mich am meisten verletzt, sind ihre Lügen und wie sie auf meinen Gefühlen herumtrampelt."

Alex wird mit seinem Liebeskummer nicht fertig und verliert immer mehr den Boden unter den Füßen. Sein Selbstbewusstsein ist auf dem Nullpunkt. Er ist frustriert und verzweifelt, er kann nicht mehr lachen, ihm scheint alles egal zu sein. In der Schule sackte Alex in fast allen Fächern auf eine Fünf ab, nun muss er die 8. Klasse wiederholen. Sein Vater – die Familie lebt auf einem Bauernhof in Petershagen – hat ihm deshalb Hausarrest aufgebrummt. Aber das ist Alex alles egal. Auch die Sommerferien und seine Clique hat er im Moment abgehakt. Er zieht sich immer mehr in sein Schneckenhaus zurück und leidet still vor sich hin. Alex' einziger Trost ist sein Labrador „Ivo". Dabei ist die Lösung für Alex' Probleme so einfach – Larissa! Das weiß er genau, das fühlt er jeden Tag und jede Nacht. Zum Abschied sagt Alex: „Ihre Liebe würde alles zum Guten ändern. Die Einzige, die mich retten kann, ist Larissa!"

So entsteht eine Glocke

Es ist wohl über keinen Vorgang des gesamten Gießereiwesens jemals so viel geschrieben und gedichtet worden wie über den Glockenguss. Von den klassischen Dichtern bis zu den Fernsehreportern hat man den Werdegang der Glocke beschrieben, je nach Können und Geschmack. Hier soll – in der gebotenen Kürze – kein weiterer schriftstellerischer Beitrag geboten werden, sondern eine nüchterne Erklärung der wichtigsten Arbeitsvorgänge. Keine Glocke gleicht einer andern, jede ist ein einzeln gefertigtes Stück. Ihr Schlagton ist bestimmt. Nach der Schwingungszahl des Tones und dem Durchmesser errechnet der Glockengießer die „Rippe", das Profil der künftigen Glocke, und zeichnet es auf ein Brett. Dieses wird nach der inneren Linie ausgeschnitten und so zur „Schablone". Sie wird, an einer Spindel befestigt, über den Formstand drehbar angebracht (Bild 1). Der Schablone folgend, wird nun der erste Teil der Glockenform, der „Kern", aus lufttrockenen Lehmsteinen hohl aufgemauert. Die Kernform wird geheizt, um von innen heraus auszutrocknen (Bild 2). Mit Gerstengrannen und anderen Zusätzen vermengter Lehm wird auf die rohe, gemauerte Kernform aufgebracht. Mit immer feinerem Lehm wird das so lange wiederholt und mit der Schablone rundherum abgestrichen, bis ein glatter, die Schablone genau ausfüllender Lehmkern entstanden ist, der nun dem Inneren der Glocke entspricht, dem Hohlraum (Bild 3). Alle Formarbeiten nehmen erheblich Zeit in Anspruch, da jede einzelne Schicht trocken sein muss, bevor die nächste aufgetragen werden kann, sonst binden die Schichten nicht. Die Schablone wird nun nach der äußeren Linie abgeschnitten (man trennt also praktisch die Glockenstärke ab), wiederum glattgefeilt und wird nun das Maß für den zweiten Formteil, der „falsche Glocke" oder „Dicke" genannt wird. Auch er entsteht durch fortgesetztes Auftragen von Lehmschichten, bis die Schablone ausgefüllt ist. Dann hat sie ausgedient, auch das zum Trocknen unterhaltene Feuer wird jetzt entfernt, die Form muss erkalten. Die falsche Glocke hat als Letztes noch eine Wachsschicht erhalten (Bild 4), auf die nun Bildwerke, Verzierung und Schriften aufgesetzt werden. Die Schriftbuchstaben wurden inzwischen in Gipsformen gegossen oder handgeschnitten in Wachs auf die Form aufgetragen. Nun ist die Form ein genaues Abbild der künftigen Glocke. Der dritte Formteil, den man nun aufzutragen beginnt, wird „Mantel" genannt. Zunächst bringt man Schichten ganz feinen Zierlehms auf das Wachs. Aus steifem, rauem Lehm wird danach die erste, dicke Mantelform aufgebracht (Bild 5). Wieder wird die Form beheizt und jeder Auftrag getrocknet. bevor der nächste folgt. Es werden so viele Schichten aufgetragen, bis der Mantel die errechnete, der Formgröße entsprechende Dicke hat. Die Kronenformen werden meist gesondert hergestellt: Ein Modell aus Wachs wird mit Lehm überzogen und im Trockenofen das Wachs herausgeschmolzen. Nun kann diese Kronenform eingepasst und später, in der Grube, der Glockenform aufgesetzt werden (Bild 6). In der im Mantel stehenden Glockenform ist durch den forcierten Trockenvorgang das Wachs der falschen Glocke geschwunden, sodass sich der Mantel abheben lässt (Bild 7). Seine Innenwand zeigt nun alle Schriften und Verzierungen im Negativ. Die „falsche Glocke" hat nun ausgedient und wird vom Kern abgeschlagen, der Hohlraum des Kerns mit Erde gefüllt, damit er sich beim Guss nicht eindrücken lässt. Nun wird der Mantel wieder über den Kern gestülpt: Zwischen ihm und der Kernform ist endlich ein Hohlraum entstanden, welchen vorher die falsche Glocke eingenommen hatte und der beim Guss von Metall gefüllt wird. Die Glockenformen können nun in die Gussgrube gehoben werden („Dammgrube": von „eindämmen"). Schichtenweise wird Erde eingebracht und festgestampft, um den erheblichen Druck beim Guss auszuhalten. Schließlich ragen nur die beiden „Windpfeifen" jeder Glocke über die ebene Oberfläche hinaus. Auf ihr mauert man offene Rinnen, die das flüssige Metall zu den Gusslöchern der einzelnen Formen leiten sollen und die so unterteilt sind, dass jede Glocke einzeln gegossen werden kann. Stunden vorher hat man den Schmelzofen in Betrieb genommen. Bei etwa 1100 Grad hat das Metall die für den Guss erforderliche Temperatur. Durch die vorbereiteten Kanäle brodelt das feuerflüssige Metall der ersten Glockenform zu. Auf Anweisung des Meisters wird das Eingussloch geöffnet, die Form füllt sich, Gase und Luft entströmen den Windpfeifen (Bild 8).

Die Hugenotten

Viele der wohlhabenden Protestanten schworen lieber ab, als ihre stattlichen Häuser in Kasernen verwandelt zu sehen, und auch viele der ärmeren, um der drückenden Verpflichtung zu entgehen, zwei oder drei Soldaten wochen- oder monatelang zu versorgen.

Wenn mehrere einflussreiche Familien den Anfang gemacht hatten, kam es häufig zu Bekehrungen en masse. So konvertierten zum Beispiel die Städte Pau, Montpellier und Nimes in ihrer Gesamtheit; von viertausend in Orthez fehlten nur zweihundert. Im Finanzbezirk Montauban waren es zwanzigtausend; in Bordeaux sechzigtausend. Bis zum Herbst 1685 war die Zahl der Protestanten auf ein Viertel gesunken: Die meisten von ihnen waren katholisch geworden, einige waren ausgewandert, und andere hatte man wegen Übertretung des Gesetzes zu Galeerenstrafen verurteilt. Der kleine Rest war durch das Edikt von Nantes geschützt, in dem Heinrich IV. die Protestanten als „Körperschaft" innerhalb des Staates anerkannt und ihnen Religionsfreiheit zugestanden hatte. Dieses Edikt vertrug sich jedoch nicht mit Ludwigs Vorstellung von Glaubenseinheit, und er beschloss, es aus den Gesetzen des Landes zu streichen. Am 18. Oktober 1685 setzte er seine Unterschrift unter den Widerruf des Ediktes von Nantes. In der Präambel erinnerte er daran, dass es immer seines Großvaters, seines Vaters und seine eigene Absicht gewesen sei, „die Leichtfertigen, die den rechten Weg verlassen hatten, wieder mit der Kirche zu vereinigen". Die dabei angewandten Methoden seien insofern erfolgreich gewesen, „als der bessere und größere Teil Unserer Untertanen von der besagten R. P. R. zum Katholizismus zurückgekehrt sei; und da sich aus diesem Grunde die Handhabung des Ediktes von Nantes [...] erübrigt, sind Wir zu dem Schluss gekommen, dass Wir, um jede Erinnerung an die Unruhen, die Verwirrung und das Übel, die die Verbreitung jener falschen Religion in Unserem Königreich zur Folge hatte, auszulöschen, nichts Besseres tun können [...] als besagtes Edikt gänzlich aufzuheben". Ludwigs Widerruf ordnete an, die protestantischen Kirchen seien zu zerstören und die

Gottesdienste einzustellen; die protestantischen Schulen seien zu schließen, und alle Kinder, die zukünftig in protestantischen Familien geboren würden, seien katholisch zu taufen.

Der Widerruf erscheint uns heute als unerträgliche Einmischung in religiöse Belange anderer Leute. Aber abgesehen von den Protestanten, fand er bei fast jedermann in Frankreich aufrichtigen Beifall. Madame de Sevigne sagt: „Nichts ist so bewundernswert wie sein Inhalt, und kein König hat je eine denkwürdigere Tat vollbracht", während der sonst so nüchterne Bossuet geradezu lyrisch wurde: „Lasst uns die Kunde von diesem modernen Wunder verbreiten, lasst uns unsere Herzen ausschütten über die Frömmigkeit Ludwigs, lasst uns unsere Stimmen zum Himmel erheben und diesem neuen Konstantin, diesem neuen Theodosius, diesem neuen Marcianus, diesem neuen Karl dem Großen beteuern: Was Du getan hast, ist Deiner Herrschaft würdig, es drückt ihr den Stempel auf, durch Dich ist das Ketzertum verschwunden, und Gott allein hat diese wunderbare Tat ermöglicht." Aber leider, wie Pascal bemerkt hätte, hatte wieder einmal die Vernunft der Liebe einen Streich gespielt.

Niemand scheint erwartet zu haben, dass so viele Protestanten, statt abzuschwören, lieber ins Ausland gehen würden. Innerhalb der nächsten zwei Jahre verließen mehr als zweihunderttausend französischen Boden. Aus den Gebieten des Finanzwesens, des Gewerbes und der Wissenschaft gingen viele führende Köpfe ins Exil, darunter Christian Huygens, der Erfinder der Pendeluhr, der auch als Erster die Wellentheorie des Lichtes aufgestellt hatte. Seidenweber wanderten nach England und Holland aus, Glasbläser nach Dänemark. Sechshundert Armeeoffiziere begaben sich in ausländische Dienste. Die Aufhebung des Ediktes von Nantes hat nicht nur Frankreich eines Teils seiner besten Begabungen beraubt, sondern auch das protestantische Ausland in seiner Ablehnung gegen Ludwig bestärkt. Mehr als dreißig Jahre später, in der Old South Church zu Philadelphia, hörte der junge Benjamin Franklin den Prediger donnern gegen „diesen verfluchten Verfolger der Kinder Gottes, Ludwig den Vierzehnten".

Feuerreiter

Hat eine Feuersbrunst ein einzelnes Haus oder auch einen ganzen Ort ergriffen, so kommt er auf seinem Pferde herangesprengt und löscht den Brand schon durch *ein- oder dreimaliges Umreiten*. Er *verstärkt* den Zauber *durch Abfeuern von Schüssen*, durch *Hineinwerfen eines Fläschchens* oder *eines Tellers mit Salz* in die Glut, durch *Hineinbauen dreier Kreuze* in den Grenzzaun und vor allem durch Hersagen eines *Gebetes* oder *Feuersegens*. Auch *reißt* er wohl *einen Brand heraus* und nimmt so das Feuer mit. Nach der Beschwörung sucht er schleunig im Galopp das Weite; denn die *Flamme schlägt hinter ihm her*. Sie verfolgt ihn *bis unter ein Torhaus*, in den meisten Fällen aber *bis an ein Wasser*, und er reitet deshalb schnurstracks in den nächsten Teich hinein, benetzt sich oder lässt Wasser hinter sich hergießen. Die Überlieferung berichtet, dass dabei hin und wieder ein F. seinen Tod gefunden habe. Diese Flucht vor der Flamme ist wohl kaum damit zu erklären, dass das Feuerbannen vom christlichen Standpunkt aus als schwere Sünde angesehen wurde und in Anlehnung an Vorstellungen vom Fegefeuer die Gefahr des Feuertodes als göttliche Strafe in sich beschloss. Wenn es auch gelegentlich einmal heißt, dass der F. sich dem Teufel verschrieben habe, so steht er doch in einem ganz anderen Ansehen als Zauberer und Hexen.

Aus: Handwörterbuch des deutschen Aberglaubens. Bd. 2. Hrsg. von H. Bächtold-Stäubli u. E. Hofmann-Krayer, Verband deutscher Vereine für Volkskunde. © Verlag W. de Gruyter. Bonn 1987. S 1411ff.

Dionysios. Der Tyrann von Syrakus

Syrakus war ein griechischer Stadtstaat auf Sizilien. Er wurde 734 v. Chr. von Dorern aus Korinth gegründet. Den Höhepunkt seiner wirtschaftlichen und politischen Machtstellung erlebte er unter dem Tyrannen Dionysios in den Jahren 406-367 v. Chr. Dionysios war ein Sonderling und Menschenverächter, der in ständiger Furcht lebte und alle ihm nicht genehmen Menschen foltern und hinrichten ließ. Bekannt sind die Felsengewölbe der Latomien in Syrakus, in denen er die von ihm Verbannten gefangen hielt. Gegen Dionysios verschwor sich eine Gruppe junger Adeliger, um Syrakus von dem Tyrannen zu befreien.

Die geheimen Lageberichte des Sicherheitsdienstes (SD) der SS aus diesen Jahren sprechen eine deutliche Sprache.

6. November 1939: »Auf dem Lebensmittelmarkt halten trotz der Erhöhung des Butterkontingents die Klagen insbesondere aus den Industriegebieten über die ungenügende Fettzuteilung (Margarine, Speiseöl, Schmalz) weiterhin an. Als besonders schwierig wird die Lage nach wie vor für kinderreiche Familien bezeichnet...«

18. März 1940: »Aus dem gesamten Reichsgebiet liegen Meldungen vor, die besagen, dass in der Bevölkerung große Missstimmung über die Schwierigkeiten beim Einkauf bezugsscheinfreier Waren besteht. Hier handelt es sich vor allem um Nahrungs- und Genussmittel, Gemüse, Obst und Südfrüchte...«

1. August 1940: »In den Stimmungsberichten der vergangenen Monate und Wochen ist... übereinstimmend zum Ausdruck gebracht worden, dass die Brotration von den Werktätigen, einschließlich derjenigen Gruppen, die eine Sonderbehandlung erfahren haben, wie Schwer-, Lang- oder Nachtarbeiter, als unzureichend angesehen wird...«

3. April 1941: »Über das Anstehen vor Pferdemetzgereien wird berichtet, dass sich in der letzten Zeit einzelne Leute bereits am vorhergehenden Tage um 20 Uhr angestellt hätten, um dann auch wirklich am nächsten Tage zu dem begehrten markenfreien Pferdefleisch zu gelangen.«

17. August 1942: »In den luftgefährdeten Städten des Westens, die oft mehrmals in der Nacht Luftalarm haben, wird seitens der Bevölkerung immer wieder der Wunsch nach einer zusätzlichen Lebensmittelzuteilung geäußert. Besonders kinderreiche Mütter klagen oft, dass sie bei der augenblicklichen Zuteilung außerstande seien, den nach Beendigung des nächtlichen Luftalarms sich stets einstellenden Hunger ihrer Kinder zu stillen.«

In konkreten Zahlen sah die Versorgung des Normalkonsumenten folgendermaßen aus: Zwischen September 1939 und Oktober 1942 fiel die wöchentliche Brotration von 2 400 Gramm auf 2 000 Gramm, die Fleischzuteilung sank von 700 auf 300 Gramm, bei Fett wurde die Zuteilung von 340 auf durchschnittlich 206 Gramm zurückgesetzt.

Kapitulation

Am 8. Mai des Jahres 1945 kapitulierte die deutsche Reichsregierung unter Dönitz bedingungslos. Zu diesem Zeitpunkt waren fast alle deutschen Gebietsteile von den Alliierten besetzt. Nach über fünfeinhalb Jahren schwiegen die Waffen. Der Krieg an den Fronten, zu Wasser und in der Luft war beendet. Millionen Menschen hatten an den Fronten und in der Heimat den Tod gefunden. Die einst blühenden Städte waren zerstört. In unserem menschlichen Leben spielt die bedeutsamste und inhaltsreichste Rolle das Verwurzeltsein in der Heimat, die Geborgenheit in der Wohnung und in der Familie. Betrachten wir diese Ausgangspunkte der menschlichen Existenz, so waren sie damals in den seltensten Fällen gegeben. Die Großstädte waren mit ihren Wohnungen und ihren Arbeitsplätzen der Zerstörung anheimgefallen, und doch vegetierten hier Menschen. In erhalten gebliebenen Kellern fand die Wohnbevölkerung ihre erste Zuflucht. Für viele begann ein Maulwurfsdasein. Der nasse und dunkle Keller war Heimstätte geworden. Ohne ausreichende Kleidung, Nahrung und Heizung wurde dieses Kellerdasein überstanden. In den erhalten gebliebenen Wohngebäuden lebten die Menschen eng zusammengepfercht, Heimatvertriebene, Ausgebombte. Die Fenster zerschlagen, die Dächer notdürftigst ausgebessert, waren die Wohnstätten allen Unbilden der Witterung ausgesetzt. Blech, Pappe und Holz bildeten die Fensterverkleidung. Aus Wohnstätten und Kellerluken ragten Ofenrohre, die anzeigten, dass hier Menschen hausen.

Kinder und Erwachsene durchwühlten die Schutthalden, um Gegenstände des täglichen Bedarfs zu finden. Ein Kochtopf oder ein erhalten gebliebener Ofen galt als kostbares Fundstück. Schon nach kurzer Zeit waren Holz und Kohlenreste aus den Trümmerstätten ausgeklaubt und dienten als Brennmaterial. Die Hygiene der damaligen Zeit muss man schweigend übergehen. Kanalisation war außer Betrieb, Wasser- und Stromversorgung weitgehend ausgefallen. Brunnen und noch im Betrieb befindliche Zapfstellen waren immer von Menschen umlagert, die hier versuchten, den notwendigsten Wasserbedarf zu decken. Die Lebensmittelversorgung war durch die Zerstörung der Geschäfte, Bäckereien und Schlachthöfe kaum aufrechtzuerhalten, die Einfuhren unterbrochen.

Aus. Dokumente deutscher Kriegsschäden. Hrsg. Bundesminister für Vertriebene, Flüchtlinge und Kriegsgeschädigte. Bonn 1960.

Ratten und Märchenbücher

In den nächsten Monaten liegt Modergeruch über den Ruinen. In ihm gedeihen die Ratten. Plötzlich waren sie da. Über Nacht, scheint's, haben sie sich tausendfach vermehrt, sind aus den Abwasserkanälen eine Schicht höher gestiegen in die Keller, die von den Suchkommandos nicht mehr erreicht werden konnten. Darin liegen immer noch die Menschen, die, vom Rauch benommen und schon halb betäubt, durch Feuer getötet worden sind, wie Geschöpfe im Winterschlaf. Jetzt werden sie von den ekelhaften Leichenschändern aufgespürt. Kartoffeln, geplatzte Einweckgläser, aus denen Früchte und Gemüse quellen – die Ratten schwelgen in Üppigkeit. Niemand verwehrt es ihnen, niemand kann sie stören. In den vereinsamten, ausgebrannten Straßen kommen sie feist aus den Senkkästen heraus ans Licht, hocken vor dem Spalt, durch den sonst das Regenwasser abläuft, setzen sich auf die Hinterbeine und beginnen zu spielen. In diesem vegetativen Leben können die Zoologen einen einzigartigen Film drehen ...

Drogerien, die Rattengift in ausreichenden Mengen vorrätig halten, gibt es nicht mehr. Flüssiges Gift wird herangeschafft. In einem Zentrallager wird es Brot und Kartoffelbrei zugesetzt, dann geht es an die Polizeireviere, und von dort beginnt die Vernichtungsaktion. In Planspielen mit Zirkelschlagen und Kartenfähnchen wird das schleichende Heer zerniert. Mit Thallium, Meerzwiebeln und Giftweizen soll es ausgerottet werden. Doch die Nistgelegenheiten sind für die Ratten ideal. Dorthin kommt kein Polizist und kein Gift, und was sich der Zahl nach oben den Tod frisst, kriecht von unten aus der Tiefe ins Leben wieder neu hinein. Das Heer der Ratten bleibt! Viele Monate nach Kriegsende erst huschen sie davon, als alles Fressbare vertilgt ist und neue Abfälle in den unbewohnten Vierteln nicht mehr entstehen.

Die Menschen flüchten sich in die Illusion. Was hinter ihnen liegt, daran wagen sie nicht zu denken; es hetzt und schreckt sie ohnedies in ihren Träumen. Düster verhangen ist die Zukunft. Nur nicht grübeln, nicht sinnieren, an nichts denken, an gar nichts, in den Tag hineinleben. Quälend, zu wissen, dass wir daran nichts zu ändern vermögen und dass wir in unserer Ohnmacht und Hilflosigkeit nichts verhindern können.

In die Gartenmauern und Zäune müssen Durchbrüche geschlagen werden. Wir tun es. Wieder eine neue letzte Möglichkeit, zu retten. Oder ist es ein neues Tor, durch das sich der Tod einschleichen kann? Egal. Alles ist ganz egal.

,Wecker und Uhren gehören ins Luftschutzgepäck!' Komik des Bombenkrieges. Sollen wir darüber lachen? Immer etwas anderes. Wir haben Abwechslung. Doch nichts ist da, das den Bombenkrieg beenden könnte. Also bleibt die Illusion.

Sie ist für eine Mark fünfzig zu kaufen. Auf dem Neumarkt. Zu Hunderten stehen sie Schlange und kaufen an einer kleinen Holzbude ein Märchenbuch, und tragen es behutsam wie einen Schatz nach Hause, lesen die Geschichten der Brüder Grimm, weinen und lachen dabei, und werden wie die Kinder. Wie Faust am Ostermorgen sagt zufrieden Groß und Klein: Hier bin ich Mensch, hier darf ich's sein!

Gibt es wirklich immer mehr Ausländer in Deutschland?

Der Ausländeranteil an der deutschen Bevölkerung ist seit Jahren nahezu konstant:

1996	1997	1998	1999	2000	2001	2002	2003
8,9%	9,0%	8,9%	8,9%	8,9%	8,9%	8,9%	8,9%

Rechte Parteien streuen gerne die Information, dass Jahr für Jahr 600.000 Ausländer nach Deutschland kommen. Die Zahl stimmt zwar – aber dass gleichzeitig 500.000 Ausländer wegziehen, dass das Problem also in Wahrheit viel kleiner ist, wird verschwiegen. Außerdem: Von den in Deutschland lebenden Ausländern sind 60% seit über zehn Jahren hier, 33% sogar schon über zwanzig Jahre – also länger als du.

Aber stimmt es denn nicht, dass Ausländer unsere Wirtschaft belasten?

Nein. Zwar sind Ausländer hierzulande fast doppelt so oft arbeitslos wie Deutsche, und der Staat zahlt ihnen jährlich Milliardensummen an Arbeitslosengeld, Integrationshilfen wie Sprachkurse und so weiter. Aber die Ausländer bei uns sind im Schnitt deutlich jünger als die Deutschen: Nur 5% von ihnen sind über 60 Jahre alt, aber rund 20% der Deutschen. Das heißt: Viele Ausländer zahlen in die Rentenkassen ein, aber nur wenige beziehen tatsächlich eine Rente. Obendrein ziehen viele von ihnen im Alter zurück in ihr Heimatland und verzichten damit auf einen Teil ihrer Rente. Weil die Ausländer jünger sind, brauchen sie auch seltener Hilfe von der Krankenversicherung, zahlen aber natürlich regelmäßig Beiträge. Alles in allem wiegen diese Gewinne bei weitem die Kosten für den Staat auf: Insgesamt profitiert er von den Ausländern.

Stimmt es, dass die Arbeitslosigkeit in Deutschland so hoch ist, weil hier so viele Ausländer leben?

Blanker Unsinn. Wäre es so, dann müsste die Arbeitslosigkeit dort am schlimmsten sein, wo besonders viele Ausländer leben. Aber das Gegenteil ist der Fall: Die drei Bundesländer mit der größten Arbeitslosigkeit waren im vergangenen Jahr Sachsen-Anhalt, Mecklenburg-Vorpommern und Brandenburg. Genau diese Länder haben (zusammen mit Thüringen) den geringsten Ausländeranteil in ganz Deutschland.

Was die Wirtschaft eines Staates angeht, spielt jeder Bürger mindestens zwei wichtige Rollen: Zum einen ist er Arbeiter, übt also einen Beruf aus. Zum anderen ist er Verbraucher, kauft Nahrungsmittel, Möbel, Kleidung, Elektronik, Autos – und hält damit andere Berufe und Arbeitsplätze am Leben. Dabei spielt es keine Rolle, welchen Pass er hat: Auch die 7 Millionen Ausländer in Deutschland müssen sich ernähren und kleiden, sehen fern und fahren Auto. Sie besetzen zwar Arbeitsplätze, sorgen aber zugleich als Verbraucher für neue. Außerdem haben sich rund 250.000 Ausländer bei uns selbstständig gemacht und beschäftigen über 500.000 Angestellte, die dadurch einen Arbeitsplatz haben.

Und schließlich weiß jeder aus alltäglicher Erfahrung, dass Ausländer oft anstrengende oder unangenehme Jobs erledigen, für die sich keine deutschen Bewerber finden: Die Berufe mit den höchsten Ausländeranteilen finden sich – abgesehen von Gaststätten und Hotels – tatsächlich in der Eisen- und Stahlindustrie, bei Reinigungsfirmen und Körperpflege-Dienstleistern.

Die Frage lässt sich, so wie sie oben formuliert ist, also ganz sachlich beantworten. Die häufigste Parole zum Thema lautet allerdings ein bisschen anders: „Die Ausländer nehmen uns die Arbeitsplätze weg!" Und das ist eine deutlich andere Behauptung. Denn warum „uns"? Warum sollte ein Deutscher berechtigter sein, einen Arbeitsplatz zu bekommen, als ein Ausländer? Da mischen sich leicht rassistische Erwägungen in die wirtschaftliche Argumentation – und die Fakten treten in den Hintergrund.

Wo kann ich mich weiter informieren?

Wissen, was wirklich Sache ist – das Statistische Bundesamt liefert harte Fakten und Zahlen zu so ziemlich allem in Deutschland:

www.destatis.de

Der umfassende Jahresbericht des Bundesamtes für Verfassungsschutz und viele Infobroschüren unter:

www.verfassungsschutz.de

Themenlexikon, Tipps fürs Argumentieren – und was man aktiv gegen Rechts unternehmen kann:

www.mut-gegen-rechte-gewalt.de

Messen Sie das Glück Ihres Lebens

Mit diesem Test können Sie in zwei Minuten herausfinden, wie zufrieden Sie mit Ihrem Leben sind! Bewerten Sie jede Aussage mit Punkten von 1 (trifft nicht zu) bis 7 (trifft absolut zu) und addieren Sie diese.

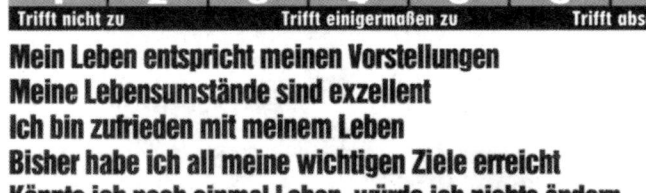

1	2	3	4	5	6	7
Trifft nicht zu			Trifft einigermaßen zu			Trifft absolut zu

Mein Leben entspricht meinen Vorstellungen ☐
Meine Lebensumstände sind exzellent ☐
Ich bin zufrieden mit meinem Leben ☐
Bisher habe ich all meine wichtigen Ziele erreicht ☐
Könnte ich noch einmal Leben, würde ich nichts ändern ☐

Auflösung 31 bis 20: Sie sind extrem zufrieden mit Ihrem Leben • **26 bis 30:** Sie sind sehr zufrieden mit Ihrem Leben • **21 bis 25:** Sie sind einigermaßen zufrieden • **20:** weder zufrieden, noch unzufrieden • **15 bis 19:** Sie sind eher unzufrieden • **10 bis 14:** Sie sind unzufrieden • **5 bis 9:** Sie sind extrem unzufrieden

Suchanzeige

Wer hat meinen roten Ledergeldbeutel mit ca. 30 Euro gefunden?

Belohnung: 3 Euro

Fritz Kopflos, 7e

Anleitung zum Glücklichsein

Tipps für den Wohlfühl-Alltag

Acht Wege zu einem glücklicheren Leben – Tipps für den Alltag von der Psychologin Sonja Lyubormirsky von der „University of California":

1 Die guten Seiten des Lebens entdecken:
Eine Möglichkeit ist, einmal in der Woche drei bis fünf Dinge aufzuschreiben, für die Sie dankbar waren: die ersten Schritte der Tochter, die wunderschöne Rosenblüte, das nette Gespräch mit der Nachbarin.

2 Hilfsbereit sein:
Dies sollte spontan (die genervte Mutter mit ihrem Kind in der Supermarktschlange vorgehen lassen) und geplant (einer alten kranken Nachbarin sonntags das Mittagessen kochen) sein. Wer hilfsbereit ist, fühlt sich großzügig und bekommt Lächeln, Freundlichkeit und Aufmerksamkeit zurück – alles Dinge, die glücklich machen.

3 Den Alltag genießen: Zelebrieren Sie ein gutes Essen, freuen Sie sich an der wärmenden Sonne, oder genießen Sie das kuschelige Sofa, wenn es draußen regnet. Besonders glückliche Augenblicke gut einprägen, um sie in schlechten Zeiten abrufen zu können.

4 Einem Gönner danken: Wenn es jemanden gibt, der Ihnen viel Gutes getan hat, schreiben Sie einen Dankes-Brief.

5 Lernen zu verzeihen:
Man muss lernen zu vergeben, wenn einem Unrecht widerfahren ist. Wer immer auf Rache sinnt, wird unglücklich.

6 Freundschaften und Familienkontakte pflegen:
Der größte Glücksfaktor sind Beziehungen zu anderen Menschen; je mehr und intensivere Kontakte ein Mensch hat, desto glücklicher ist er.

Das Glück entflieht uns, wenn wir hinter ihm herrennen, in Wahrheit kommt das Glück von innen.
MAHATMA GHANDI

7 Auf sich achten: Seien Sie nett zu sich selbst: ausreichend Schlaf, Sport und Bewegung, viel lachen – das macht das Leben fröhlicher.

8 Strategien für Stress und Schicksalsschläge:
Im Leben kann man nicht allen harten Zeiten ausweichen, aber jeder sollte überlegen, was ihm hilft, sich besser zu fühlen: Das kann ein Sport oder Yoga sein, ein Gespräch mit Freunden. Manchmal muss man sich aber auch nur sagen: „Es wird auch wieder aufwärts gehen."

Kaum zu glauben: Alligator im Badesee

Dormagen. Ein Alligator in einem Badesee hat am Sonntag in Dormagen bei Düsseldorf für Aufregung gesorgt. Ein 21-jähriger Reptilienfreund hatte seinen ein Meter langen Kaiman zum See mitgebracht, der in einem unbewachten Augenblick ins Wasser flüchtete. Ein Polizeihubschrauber forderte mehrere hundert Schwimmer auf, den See zu verlassen. Der Besitzer charakterisierte sein Reptil als „zutraulich". Der Badesee wurde nach der ergebnislosen Suche nach dem Alligator gesperrt.

Der Tod einer Familie

Dieses Foto entstand Anfang 1945 in Wien. Es zeigt zwei hohe russische Offiziere beim Anblick einer toten Familie. Wenige Stunden vorher, gegen sechs Uhr morgens, hatte der Vater seine Familie vor das Parlamentsgebäude der besetzten Stadt geführt. Er rückte zwei Parkbänke zusammen und forderte seine Frau, seinen Sohn und die Tochter auf, sich hinzusetzen. Dann tötete er sie mit Schüssen in den Kopf. Seine Tochter, die nicht still sitzen wollte, legte er vorher auf die Bank. Er vergewisserte sich, dass alle tot waren, und setzte sich dann im Stehen selbst die Pistole an die Schläfe. General Sachwatajew und Politkommissar Schepilow blicken in Richtung der Männerleiche, die einige Meter entfernt im Kies liegt. An der Jacke des Toten steckt das goldene Parteiabzeichen der NSDAP.

Bunt flimmert das Verderben

Herr Müller beglückt Frau und Sohn mit einem neuen Fernseher. Der bisherige ist zwar erst wenige Jahre alt und läuft eigentlich noch recht gut. Aber man gönnt sich ja sonst nichts. Und weil der Händler für das gebrauchte Gerät nur wenig zahlen will, landet es beim 13-jährigen Max im Kinderzimmer. Das hat den Vorteil, dass es mit ihm abends nun keinen Stress mehr über das Programm gibt. Und Max freut sich. Endlich kann er das schauen, was er will.

Diese kleine Geschichte scheint sich in deutschen Familien oft zu ereignen. Jedenfalls verfügt nach den Feststellungen des Medienpädagogischen Forschungsverbundes Südwest inzwischen etwa die Hälfte der 13- bis 15-Jährigen über einen Fernseher im eigenen Zimmer. Unter den 16-/17-Jährigen sind es knapp 70 Prozent. Und selbst von den 6-Jährigen unseres Landes ist schon fast jeder Vierte dabei. Beachtung verdient der Ost-West-Vergleich. In den neuen Bundesländern sind von den 6- bis 13-Jährigen 55 Prozent bereits Besitzer eines eigenen TV-Geräts, in Westdeutschland sind es 28 Prozent.

Ja und?, fragen da fernsehfreudige Eltern. Wo ist das Problem? Zahlreiche Repräsentativbefragungen zur Mediennutzung von Kindern und Jugendlichen geben eine erste Antwort. Durch die Verfügbarkeit eines eigenen Fernsehers erhöht sich der tägliche Fernsehkonsum um etwa eine Stunde – werktags von zweieinhalb auf etwa dreieinhalb Stunden und an Wochenenden auf vier bis fünf Stunden. Diese Kinder verbringen damit pro Jahr mehr Zeit vor dem Fernseher als im Schulunterricht.

An den 135 schulfreien Tagen, an denen man frühmorgens ausschlafen kann, nutzen vor allem die Jungen die Abende vorher dazu, bis weit in die Nacht hinein und ohne Überwachung der Eltern das anzuschauen, worauf sie scharf sind – auf solche Filme, die von Experten des Jugendschutzes als jugendgefährdend eingestuft wurden und deswegen erst nach elf Uhr gesendet werden dürfen. Aktuelle Befragungen haben erbracht, dass 56 Prozent der 12- bis 17-jährigen Jungen häufig derartige Filme anschauen. Von den Mädchen sind es nur 25 Prozent. Die Jungen dominieren auch unter den Vielsehern. Bereits 1998 gaben im Rahmen einer Repräsentativbefragung 18 Prozent der männlichen (und nur 13 Prozent der weiblichen) Neuntklässler an, dass sie pro Tag mehr als vier Stunden vor dem Fernseher sitzen.

Infolgedessen verarmt ihre soziale Existenz. Wer in seiner Freizeit täglich mehr als vier Stunden vor dem Fernseher oder dem PC verbringt, der versäumt das Leben. Ihm verbleibt nicht genug Zeit dafür, zum Beispiel regelmäßig in einer Fußballmannschaft zu spielen und dabei auch zu lernen, wie man anständig verliert. Er versäumt die Erfahrung, sich nach einem Streit mit Spielkameraden wieder zu versöhnen. Seine soziale Kompetenz wird nicht voll entwickelt. Das gilt selbst dann, wenn er Astrid-Lindgren-Filme schaut.

Wer täglich stundenlang fernsieht, hat kaum noch Zeit, die schulischen Hausarbeiten konsequent zu erledigen. Außerdem bewegt er sich zu wenig. Das schädigt nicht nur den Körper, sondern auch den Geist. Neurobiologen haben herausgefunden, dass die Entwicklung des Hirns leidet, wenn sich Kinder zu wenig körperlich austoben. Hirnforscher berichten, dass das, was die Kinder in der Schule hören oder sich nachmittags zu Hause an Schulwissen aneignen, zunächst im Kurzzeitgedächtnis landet. Der Prozess der Überführung in das Langzeitgedächtnis, also in das gesicherte Wissen, dauert danach mindestens zwölf Stunden und wird entscheidend davon beeinflusst, was das Kind in den Stunden nach dem Erlernen des Schulwissens emotional erlebt.

18. SEPTEMBER 2003   DIE ZEIT Nr. 39

Kurt Gaede

Auf und davon, wenn es kracht

Etwa 350 000 Mal im Jahr begehen Autofahrer
in der Bundesrepublik Fahrerflucht

Unter deutschen Autofahrern wächst die
Neigung, nach Kollisionen im Straßenverkehr
unerkannt das Weite zu suchen. Im Jahr 2008
hat die Zahl der Unfallfluchten gegenüber dem
Vorjahr wiederum zugenommen. Die Deutsche
Presseagentur veröffentlichte im November das
Ergebnis einer Umfrage bei den Behörden der
Bundesländer, wonach das Delikt Unfallflucht
zum Teil überproportionale Steigerungsraten
verzeichnet, zwischen 3,3 Prozent (in Nordrhein-
Westfalen) und 7,7 Prozent (im Saarland).
Unter den Großstädten hält Frankfurt eine
fragwürdige Spitzenstellung: Dort verschwand
im vergangenen Jahr jeder Vierte nach einem
Verkehrsunfall. Der Mut zum Eingeständnis
eigener Fehler und zur Wiedergutmachung
angerichteten Schadens sinkt, die Verursacher
„hauen einfach ab", wie Geschädigte den
herbeigerufenen Polizeibeamten die Situation
in der Regel kurz und treffend schildern -etwa
350 000 Mal im Jahr in der Bundesrepublik.
Obwohl falsches Verhalten im Straßenverkehr
täglich tausendfach vorkommt, fällt es
schwer, Fehlverhalten einzugestehen. Größte
Hemmschwelle ist aber die Angst vor den
Folgen. In Bagatellfällen vor allem die Angst
vor Verlust des Schadensfreiheitsrabattes, in
schweren Fällen die Angst vor Bestrafung und
Verlust des Führerscheins, bei Alkoholeinfluss
nahezu sicher. Bei sehr schweren Unfällen
ist die Angst vor der Schande ein häufiges
Motiv. Die Strafe wegen Unfallflucht
übertrifft die einer schuldhaften Beteiligung

an einem Verkehrsunfall meistens bei
Weitem. Bei nachgewiesener Unfallflucht
ist eine empfindliche Geldstrafe mindestens
zu befürchten, und der Führerschein wird
eingezogen, auch wenn der Sachschaden nur
unerheblich gewesen ist. Hinzu kommt, dass
das Risiko, entdeckt zu werden, sehr hoch ist.
Die Aufklärungsquote der Polizei liegt bei
Unfallflucht allgemein bei fünfzig Prozent, bei
schweren Unfällen noch wesentlich höher, weil
diese mit viel höherem Ermittlungsaufwand
verfolgt werden. Finden sich an der Unfallstelle
gar zerbrochene Fahrzeugteile, Lackspuren
oder andere Hinweise, ist es meist nur eine
Frage der Zeit, bis der Schuldige ermittelt ist.
Unfallflucht hat also in den seltensten Fällen
das vom Flüchtenden gewünschte Ergebnis.
Dennoch zeichnet sich ab, dass die Zahl der
Unfallflüchtigen noch weiter steigen wird. Es
ist anzunehmen, dass der „Führerschein auf
Probe" wie auch der Stufenführerschein für
Motorradfahrer zusätzliche Anfälligkeit bei
jungen Menschen bewirken wird, die wegen
eines Unfalls um ihren teuer erworbenen
„Lappen" fürchten müssen. Ähnliches
gilt für das Bonus-Malus-System der
Kraftfahrzeugversicherer. Es begünstigt zwar
die über viele Jahre unfallfreien, erfahrenen
Kraftfahrer, die besonders auffälligen
jungen Fahrer aber, die zudem nur über ein
geringes Einkommen verfügen, belastet es
unverhältnismäßig hoch. Ohne Zweifel hat sich
die Bonus-Malus-Regelung. die 1969 eingeführt
wurde, in dieser Hinsicht negativ ausgewirkt;
denn genau seit dieser Zeit entwickelten sich
die Unfallfluchtzahlen so sprunghaft, wie wir
es heute zu beklagen haben. Es ist deshalb
die Frage, ob die Versicherungsunternehmen
mit ihren Prämien-und Regulierungspraktiken
wirklich auf dem richtigen Wege sind.

In Brünn, wie auch an anderen Orten, ließ man den Deutschen Ende Mai nur wenig Zeit, zusammenzupacken,
bevor sie nach Westen getrieben wurden. »Wir durften uns nicht setzen, durften uns nicht ausruhen, keinen
Schluck Wasser trinken, obwohl es fürchterlich heiß war. Hier hat eine Mutter nach ihrem Kind geschrien, dort
haben Kinder nach der Mutter geschrien. Es war furchtbar.« Zu den Strapazen des tagelangen Fußmarschs gesell-
ten sich der allgegenwärtige Nahrungsmangel und die wüsten Beschimpfungen und Schläge durch aufgebrachte
Tschechen am Wegrand. Wer nicht mehr weiterkonnte, wurde liegen gelassen oder erschossen. Unterwegs wurden
die Flüchtlinge wiederholt überfallen, die Frauen mehrfach vergewaltigt. Bei ihrer Ankunft im Westen besaßen die
Vertriebenen oft nur mehr das, was sie am Leib trugen.

Sonderbefehl

für die deutsche Bevölkerung der Stadt Bad Salzbrunn einschliesslich Ortsteil Sandberg.

Laut Befehl der Polnischen Regierung wird befohlen:

1. Am 14. Juli 1945 ab 6 bis 9 Uhr wird eine Umsiedlung der deutschen Bevölkerung stattfinden.

2. Die deutsche Bevölkerung wird in das Gebiet westlich des Flusses Neisse umgesiedelt.

3. Jeder Deutsche darf höchstens 20 kg Reisegepäck mitnehmen.

4. Kein Transport (Wagen, Ochsen, Pferde, Kühe usw.) wird erlaubt.

5. Das ganze lebendige und tote Inventar in unbeschädigtem Zustande bleibt als Eigentum der Polnischen Regierung.

6. Die letzte Umsiedlungsfrist läuft am 14. Juli 10 Uhr ab.

7. Nichtausführung des Befehls wird mit schärfsten Strafen verfolgt, einschließlich Waffengebrauch.

8. Auch mit Waffengebrauch wird verhindert Sabotage u. Plünderung.

9. Sammelplatz an der Straße Bhf. Bad Salzbrunn-Adelsbacher Weg in einer Marschkolonne zu 4 Personen. Spitze der Kolonne 20 Meter vor der Ortschaft Adelsbach.

10. Diejenigen Deutschen, die im Besitz der Nichtevakuierungsbescheinigungen sind, dürfen die Wohnung mit ihren Angehörigen in der Zeit von 5 bis 14 Uhr nicht verlassen.

11. Alle Wohnungen in der Stadt müssen offen bleiben, die Wohnungs- und Hausschlüssel müssen nach außen gesteckt werden.

Bad Salzbrunn, 14. Juli 1945, 6 Uhr.

Abschnittskommandant

(-) Zinkowski
Oberstleutnant

— Es kamen nun die ersten Ausweisungstrecks aus der Obernigker und Trebnitzer Gegend durchgezogen. Ein erschütterndes Bild. Fast alle zu Fuß, die letzte Habe auf Handwägelchen hinter sich herziehend. Am Sonntage, dem 1. Juli 1945, ging ich noch mal auf unsere Felder und Grundstücke in Gansahr, den Waldfriedhof, nahm Abschied, von allem Abschied, nicht glaubend, daß es für immer sein solle ...

Die ersten Ausweisungen durch die Polen unterschieden sich von den späteren, daß man zu Fuß und ohne jedes Ziel und ohne Lebensmittel gehen mußte. Wer nichts zu essen hatte, war auf die Kartoffeln angewiesen, die man sich in den leeren Dörfern, durch die man bis zur neuen Grenze, in meinem Falle Görlitz, suchen mußte, etwa 200 Kilometer Fußmarsch. Wer es nicht schaffte, starb eben. Aber auch in Görlitz kümmert sich keiner um einen. Es gab weder Lebensmittelkarten noch das Geringste zu essen. Es wurde einem mit Wegnahme der letzten Habe gedroht, wenn man dort bleiben wollte. Wer kein Ziel hatte, mußte sich eins suchen.

Am Sonnabend, dem 7. Juli [1945] früh, ging ich noch einmal meine Mutter besuchen. Das letztemal, daß ich sie sah, mittags, zogen wir zu sechs Personen mit unsrer letzten Habe, die ja bei jedem verschieden war, aus unserer geliebten Heimat Wohlau weg. Ich hatte nur ein kleines Handwägelchen, auf dem zwei Säcke lagen, von denen mir wiederum noch einer mit meinen Betten in Görlitz von Deutschen gestohlen wurde. Das im andern Sack war auch meist geschenktes oder auf der Straße aufgelesenes Gelumpe.

Unser erstes Ziel sollte Steinau sein, das wir erst gegen 23.00 Uhr russischer Zeit erreichten. Wir mußten hinter Reudchen stundenlang in einem fürchterlichen Gewitterregen stehen bleiben, da wir wegen großer russischer Transporte [aufgehalten wurden]. Es war schon ganz dunkel, als wir ankamen, ein Quartier fanden wir nicht mehr. Das von Kampfhandlungen sehr zerstörte Steinau war voll besetzt. Ein Russe riß mir die Handtasche vom Wagen, die mir eine Schwester des Josefsstiftes, weil ich nichts mehr hatte, eben geschenkt hatte. Schon war sie wieder weg. Auch meine Strümpfe, die ich mir hatte ausziehen müssen, weil wir durchs Wasser waten mußten, waren dahin. Wir nächtigten nun in der abgebrannten Turnhalle, froh, nicht mehr weiter laufen zu müssen. In meinen völlig durchnäßten Sachen — zum Wechseln hatte ich nichts, der nasse Mantel war gleichzeitig Decke, denn eine solche besaß ich auch nicht mehr, bis heutigen Tages nicht — schlief ich zwischen Schutt und Mauersteinen.

In Steinau trafen wir am nächsten Tage viele Wohlauer, die schon einen Tag früher herausgegangen waren. Unsere weitere Route war nun Lüben, Haynau, Bunzlau, bis wir am 27. Juli 1945 in Görlitz über die Neiße gingen und somit in Deutschland waren.

Wir liefen ungefähr 20 Kilometer, rasteten ein paar Tage, um uns etwas zu kochen. Meine Aufgabe war es, mit Frau M. in den Halteplätzen für unsere Gruppe alte Kartoffeln ausfindig zu machen, damit wir etwas zu kochen hatten. Manchmal fand man in den Scheunen noch etwas Getreide, aus welchem man die Körner herausmachte. Auf einer Schrotmühle, die auch in einem leeren Gehöft zu finden war, wurden sie geschrotet, Suppe daraus gekocht, oder manchmal gar ein Brot gebacken. Manchmal schenkte uns ein mitleidiger Russe einen Kanten Brot, den er aus seiner dreckigen Hosentasche zog und in den wir gierig hineinbissen. Wir zogen die Reichsstraße 117 entlang, oft bei glühender Hitze in meinem Winterkleid — ein Sommerkleid besaß ich nicht mehr — und in meinem einzigen Mantel, den ich mir aus Angst, daß er mir genommen würde, nicht auszuziehen wagte.

Die Dörfer waren fast immer leer, selten mal ein paar Deutsche, auch selten Polen, meist Russen. Sie waren teils sehr, teils gar nicht zerstört, doch ohne Möbel und Hausrat. Vieh natürlich gar nicht. Wir schliefen in Ställen, auf Böden, manchmal auch in Häusern. Mäuse und Ratten gab es genügend. In Thomaswaldau bei Bunzlau hatten wir noch einen Überfall durch die Russen, der mich eine von meines Vaters Uhren kostete, die ich mir bis dato trotz unzähliger Abtastungen in der Wohlauer Kriegszeit dadurch gerettet hatte, daß ich sie eingenäht auf dem Leibe trug. Mutters Schmuck in Gold und in Platin war ja bereits im Februar geplündert, und ein paar Brillantohrringe und noch einiges stahlen mir Deutsche in Görlitz.

Görlitz war durch die Neiße eine halb polnische, halb deutsche Stadt geworden. Es war fast unzerstört. Im deutschen Teil wimmelte es von Flüchtlingen. Zu essen gab es für uns nichts. Wir übernachteten zwei Nächte in sogenannten Flüchtlingslagern, völlig überfüllt. Die Menschen saßen auf den Treppen und lausten sich gegenseitig. Ich hatte auch gleich wieder Kleiderläuse. Wir bezogen noch verbotswidrig ein Privatquartier. Am 2. August 1945 wollte ich mit der Bahn nach Mitteldeutschland weiter, die erste, die ich seit Januar sah. Meist ging es per Güterzug. In Cottbus zehn Stunden Warten. Auf dem zerstörten Bahnhof lagen die Menschen auf den Bahnsteigen herum und kochten auf den toten Gleisen ihr Essen ab. Nirgends kümmerte sich einer um den andern. Wer sich nicht mehr selber helfen konnte, war eben verloren. Endlich, am 4. August 1945, kam ich am Ende meiner Kraft in A. an. ...

Nachdem ich mich etwas erholt hatte, fuhr ich Anfang September wieder zur Grenze, in der Hoffnung, wieder zurückzukönnen oder die Mutter herzuholen. Meine Sehnsucht nach Hause war unbeschreiblich. Auch kam ich mir in meinen Lumpen unter den z. T. noch gut angezogenen Menschen fehl am Platze vor. Drei Tage lag ich vergeblich dort, unmöglich herüberzukommen

Die Zigeuner

In Pamphleten und Artikeln wurden umfassende Anschuldigungen gegen die ganze Zigeunerrasse erhoben. Im SS-Schulungsheft behauptete ein anonymer Autor, die Begründung für den Wunsch der Zigeuner, umher zuziehen, läge darin, dass sie arbeitsscheu seien und jegliche körperliche Arbeit zu vermeiden suchten. In Wahrheit ziehen die Zigeuner umher, um die saisongebundenen Arbeiten zu verrichten oder wenn sie keine weiteren Absatzmärkte für ihr spezialisiertes Handwerk in einer bestimmten Stadt finden. Weiterhin wurde behauptet, dass ihre hohe Geburtenrate eine Gefahr für die Bevölkerung des Gastlandes darstelle, und außerdem, dass ihr Leben durch ihre eigenen Gesetze geregelt sei.

1938 wurden mehrere hundert Männer, um Arbeitskräfte zu erhalten, in die Konzentrationslager in Buchenwald und Sachsenhausen gebracht. Die gesetzliche Rechtfertigung für dieses Vorgehen war der Erlass über die vorbeugende Verbrechensbekämpfung, der im Jahr zuvor verabschiedet worden war. Diese Verfügung bezog sich auf Personen, die durch unsoziales Verhalten gezeigt hatten, dass sie nicht den Wunsch hatten, sich der Gesellschaft anzupassen, auch wenn sie kein Verbrechen begangen hatten. Die Opfer waren hauptsächlich junge Zigeuner, aber auch ein 65-jähriger Mann, Adam B., wurde festgenommen, weil er „arbeitsscheu" war. Dasselbe Gesetz enthielt auch kleinliche Vorschriften, die den Zigeunern z. B. verboten, Hunde oder Katzen zu halten. Nach vorsichtiger Schätzung beträgt die Gesamtzahl der Zigeuner, die während der nationalsozialistischen Zeit ihr Leben verloren, 220 000 Personen; die tatsächliche Zahl kann höher gewesen sein. Außerdem sollte daran erinnert werden, dass an der Gesamtzahl der Toten nicht das volle Ausmaß des Leides abgesehen werden kann. Von denen, die nicht getötet wurden, verbrachten Tausende Jahre in Lagern und Gefängnissen oder mussten mit anderen Einschränkungen leben. Viele waren als Zwangsarbeiter in Fabriken oder auf Bauernhöfen beschäftigt. Viele der Überlebenden tragen immer noch die Merkmale der Verletzungen und medizinischen Experimente. Die Geburtenrate sank nicht nur durch die direkten Eingriffe, sondern auch dadurch, dass die jungen Männer von ihren Familien getrennt wurden. Es gibt nur wenige Familien, die nicht mindestens ein Mitglied verloren haben. Viele wurden deportiert und konnten nicht zu ihrem ursprünglichen Heim zurückkehren, oder sie verloren ihre Nationalität. Die Zigeunerbevölkerung Europas erlitt so einen dramatischen Umbruch, von dem sie sich noch nicht erholt hat.

Zwischen Rosario und Paraná, der Hauptstadt der reichen Provinz Entre Rios, eine zehnstündige Dampferfahrt, spaltet sich der trübe, lehmige Strom in viel gewundene Arme und bildet zahllose Inseln, von denen manche mehrere hundert Quadratkilometer groß sind, von unberührtem Urwald bewachsen, der bis unmittelbar an die Ufer reicht. Die alljährlichen Überschwemmungen, die gewöhnlich von Jahresschluß bis in den Juni anhalten, setzen das umliegende Festland auf viele Kilometer unter Wasser. Durch seine Schlammablagerungen ist der Boden so fruchtbar, daß in der übrigen Zeit reiche Ernten hervorgebracht werden können, wie es teilweise schon im Tigrearchipel an der Strommündung geschieht. Vorderhand aber fehlt es an Bevölkerung, und so zeigen sich die Ufer, zwischen denen wir stromaufwärts fuhren, einsam und unbewohnt. Die vielfache Spaltung des Stromes verringert seine Tiefe, dazu wechselt das Strombett mit seinen vielen Lehm- und Sandbänken alle vier bis fünf Monate, und die Regierung muß mit großen Kosten durch fortwährendes Baggern die Fahrbahn unterhalten. Zeitweilig sahen wir auch mächtige Urwaldriesen oder ganze schwimmende Inseln mit ihrem Baumwuchs herabtreiben, Uferstücke des oberen Stromlaufes, die von den Fluten unterspült und endlich abgetrennt worden sind, um irgendwo weiter unten an einer Bank zu stranden und neue Inseln zu bilden. Das erfordert unausgesetzt die Aufmerksamkeit der Steuerleute, aber dennoch fuhr unser großer Dampfer wiederholt auf, und die in der Nacht grün leuchtenden Eisentonnen müssen häufig genug gewechselt werden, um die Veränderungen des Fahrwassers anzuzeigen.

»Und jetzt werden wir noch zehn Minuten Diabelli spielen, damit du endlich Noten lesen lernst. Wehe, du machst einen Fehler!«

Ich nickte ergeben und wischte mir mit dem Ärmel die Tränen aus dem Gesicht. Diabelli, das war ein freundlicher Komponist. Das war kein solcher Fugenschinder wie dieser grauenhafte Häßler. Diabelli war einfach zu spielen, bis zur Einfältigkeit einfach, und klang dabei doch immer sehr famos. Ich liebte Diabelli, auch wenn meine Schwester manchmal sagte: »Wer gar nicht Klavier spielen kann, der kann immer noch Diabelli spielen.«

Wir spielten also Diabelli vierhändig, Fräulein Funkel links im Baß orgelnd und ich mit beiden Händen unisono rechts im Diskant. Eine Weile lang ging das recht flott dahin, ich fühlte mich in zunehmendem Maße sicher, dankte dem lieben Gott, daß er den Komponisten Anton Diabelli geschaffen hatte, und vergaß schließlich in meiner Erleichterung, dass die kleine Sonatine in G-Dur notiert und also am Anfang mit einem Fis vorgezeichnet gewesen war; dies bedeutete, dass man sich auf Dauer nicht nur auf den weißen Tasten bequem dahinbewegen konnte, sondern an bestimmten Stellen, ohne weitere Vorwarnung im Notentext, eine schwarze Taste anzuschlagen hatte, eben jenes Fis, welches sich gleich unterhalb des G befand. Als nun zum ersten Mal das Fis in meinem Part erschien, erkannte ich es nicht als solches, tappte prompt daneben und spielte stattdessen F, was, wie jeder Musikfreund sofort begreifen wird, einen unerfreulichen Missklang ergab.

»Typisch!«, fauchte Fräulein Funkel und brach ab. »Typisch! Bei der ersten kleinen Schwierigkeit haut der Herr gleich daneben! Hast du keine Augen im Kopf? Fis! Da steht es groß und deutlich! Merk's dir! Noch mal von vorn! Eins-zwei-drei-vier...«

Wie es dazu kam, dass ich beim zweiten Mal den gleichen Fehler wieder machte, ist mir noch heute nicht ganz erklärlich. Vermutlich war ich so sehr darauf bedacht, ihn nicht zu machen, dass ich hinter jeder Note ein Fis witterte, am liebsten von Anfang an nur lauter Fis gespielt hätte, mich regelrecht zwingen musste, Fis nicht zu spielen, noch nicht Fis, noch nicht ... bis ... – ja, bis ich eben an der bewussten Stelle abermals F statt Fis spielte. Sie wurde mit einem Schlag knallrot im Gesicht und kreischte los: »Ja ist das denn die Möglichkeit! Fis hab ich gesagt, zum Donnerwetter! Fis! Weißt du nicht, was ein Fis ist, du Holzkopf? Da!«

– peng-peng – und sie klatschte mit ihrem Zeigefinger, dessen Spitze vom jahrzehntelangen Klavierunterricht schon so breitgeklopft war wie ein Zehnpfennigstück, auf die schwarze Taste unterhalb des G – »... Das ist ein Fis! ...« – pengpeng – »... Das ist ... –« Und an dieser Stelle musste sie niesen. Nieste, wischte sich rasch mit dem erwähnten Zeigefinger über den Schnurrbart und hieb anschließend noch zwei-, dreimal auf die Taste, laut kreischend: »Das ist ein Fis, das ist ein Fis ...!« Dann zog sie ihr Taschentuch aus der Manschette und schneuzte sich. Ich aber starrte auf das Fis und erbleichte. Am vorderen Ende der Taste klebte eine ungefähr fingernagellange, beinahe bleistiftdicke, wurmhaft gekrümmte, grüngelblich schillernde Portion schleimig frischen Rotzpopels, offenbar stammend aus der Nase von Fräulein Funkel, von wo sie durch das Niesen auf den Schnurrbart, vom Schnurrbart durch die Wischbewegung auf den

Zeigefinger und vom Zeigefinger auf das Fis gelangt war. »Noch mal von vorne!«, knurrte es neben mir. »Eins-zwei-drei-vier ...« – und wir begannen zu spielen. Die folgenden dreißig Sekunden zählten zu den entsetzlichsten meines Lebens. Ich spürte, wie mir das Blut aus den Wangen wich und der Angstschweiß in den Nacken stieg. Die Haare sträubten sich mir auf dem Kopfe, meine Ohren wurden abwechselnd heiß und kalt und schließlich taub, als seien sie verstopft, ich hörte kaum noch etwas von der lieblichen Melodie des Anton Diabelli, die ich selber wie mechanisch spielte, ohne Blick aufs Notenheft, die Finger taten's nach der zweiten Wiederholung von alleine – ich starrte nur mit Riesenaugen auf die schlanke schwarze Taste unterhalb des G, auf der Marie-Luise Funkels Rotzeballen klebte ... noch sieben Takte, noch sechs ... es war unmöglich, die Taste zu drücken, ohne mitten in den Schleim hineinzutappen ... noch fünf Takte, noch vier ... wenn ich aber nicht hineintappte und zum dritten Mal das F statt des Fis spielte, dann ... noch drei Takte – o lieber Gott, mach ein Wunder! Sag etwas! Tu etwas!

Reiß die Erde auf! Zertrümmere das Klavier! Lass die Zeit rückwärts gehen, damit ich nicht dies Fis spielen muss! ... noch zwei Takte, noch einer ... und der liebe Gott schwieg und tat nichts, und der letzte fürchterliche Takt war da, er bestand – ich weiß es noch genau – aus sechs Achteln, die vom D herunter bis zum Fis liefen und in einer Viertelnote auf dem darüberliegenden G mündeten ... wie in den Orkus taumelten meine Finger diese Achteltreppe hinunter, D-C-H-A-G ... – »Fis jetzt!«, schrie es neben mir ... und ich, im klarsten Bewusstsein dessen, was ich tat, mit vollkommener Todesverachtung, spielte F. – Ich konnte gerade noch die Finger von den Tasten ziehen, da knallte schon der Klaviaturdeckel herab, und gleichzeitig schoss Fräulein Funkel neben mir in die Höhe wie ein Schachtelteufel. »Das hast du mit Absicht gemacht!«, brüllte sie mit sich überschlagender Stimme, so gellend laut, dass es mir trotz meiner Taubheit in den Ohren schepperte. »Mit voller Absicht hast du das gemacht, du lumpiger Lausebengel! Du Rotzbub, du verstockter! Du unverschämter kleiner Dreckskerl, du ...« Und nun raste sie in wildem Stampfschritt um den Esstisch herum, der in der Mitte des Zimmers stand, und schlug bei jedem zweiten Wort krachend mit der Faust auf die Tischplatte. »Aber ich lasse mich von dir nicht an der Nase herumführen, hörst du! Bilde dir nicht ein, dass ich so mit mir umspringen lasse! Ich rufe deine Mutter an. Ich rufe deinen Vater an. Ich verlange, dass du eine Tracht Prügel beziehst, dass du eine Woche nicht mehr sitzen kannst! Ich verlange, dass du drei Wochen Hausarrest bekommst und jeden Tag drei Stunden lang die Tonleiter G-Dur übst, und D-Dur dazu und A-Dur dazu, mit Fis und Cis und Gis, so lange, bis du sie im Schlaf kannst! Du sollst mich kennenlernen, Bürschlein! Du sollst mich ... am liebsten würde ich dich jetzt gleich ... höchstpersönlich ... eigenhändig ...«

Und da versagte ihr vor Wut die Stimme, und sie ruderte mit beiden Armen in der Luft herum und wurde so dunkelrot im Gesicht, als müsste sie im nächsten Augenblick zerplatzen, und packte schließlich einen Apfel, der vor ihr in der Obstschale lag, holte aus und schleuderte ihn mit solcher Wucht gegen die Wand, dass er dort zu einem braunen Fleck zerklatschte, links neben der Pendeluhr, knapp oberhalb des Schildkrötenkopfes ihrer alten Mutter.

Horst Wessel

Die Fahne hoch

Die Fahne hoch! Die Reihen dicht geschlossen!
SA marschiert mit mutig festem Schritt,
Kameraden, die Rotfront und Reaktion erschossen,
marschieren im Geist in unsern Reihen mit.

Die Straßen frei den braunen Bataillonen,
die Straße frei dem Sturmabteilungsmann!
Es schaun aufs Hakenkreuz voll Hoffnung schon Millionen.
Der Tag für Freiheit und für Brot bricht an!

Zum letzten Mal wird nun Appell geblasen!
Zum Kampfe stehn wir alle schon bereit!
Bald flattern Hitlerfahnen über allen Straßen,
die Knechtschaft dauert nur noch kurze Zeit!

Über Bert Brecht

Als am 27. Februar 1933 der Reichstag brannte, waren es der Alarmsignale
genug, und Brecht floh mit seiner Familie und einigen Freunden nach Paris.
Am 10. Mai brannten seine Bücher auf dem Scheiterhaufen vor der Berliner
Oper.

Die Grundstückteilung – ein Denkspiel

Ein Vater vermachte seinen vier Söhnen ein Grundstück (16 Streichhölzer), auf dem vier Bäume (Münzen) stehen. Testamentarisch hat er festgelegt, dass jeder einen gleich großen und gleichförmigen Teil sowie einen Baum bekommen soll. Mit der Frage, wie die Grenzen zu ziehen sind, hatte sich der alte Herr nicht beschäftigt, und so konnte er in Frieden sterben. Wie muss man das <u>machen?</u>

Aufgabe:

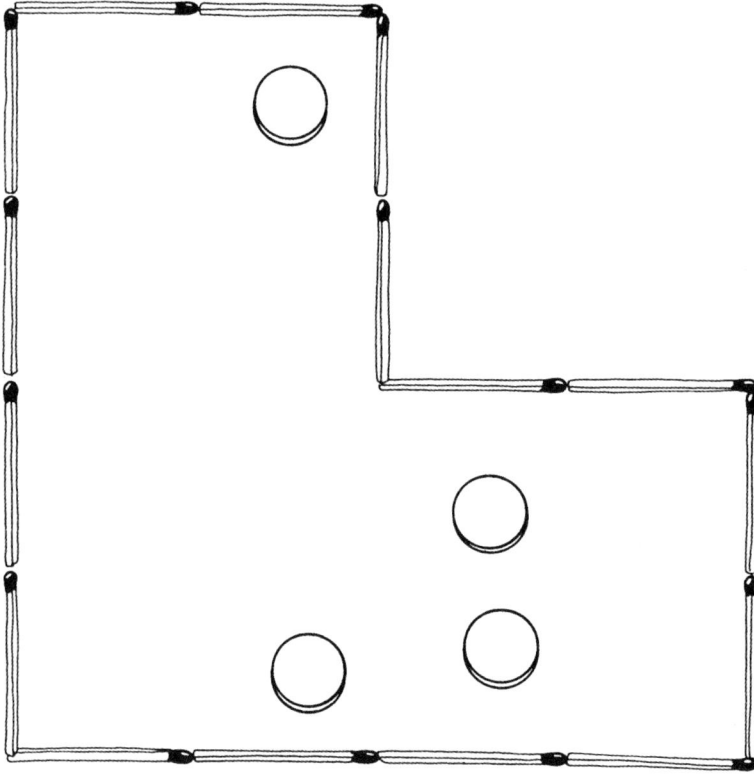

Lösung:

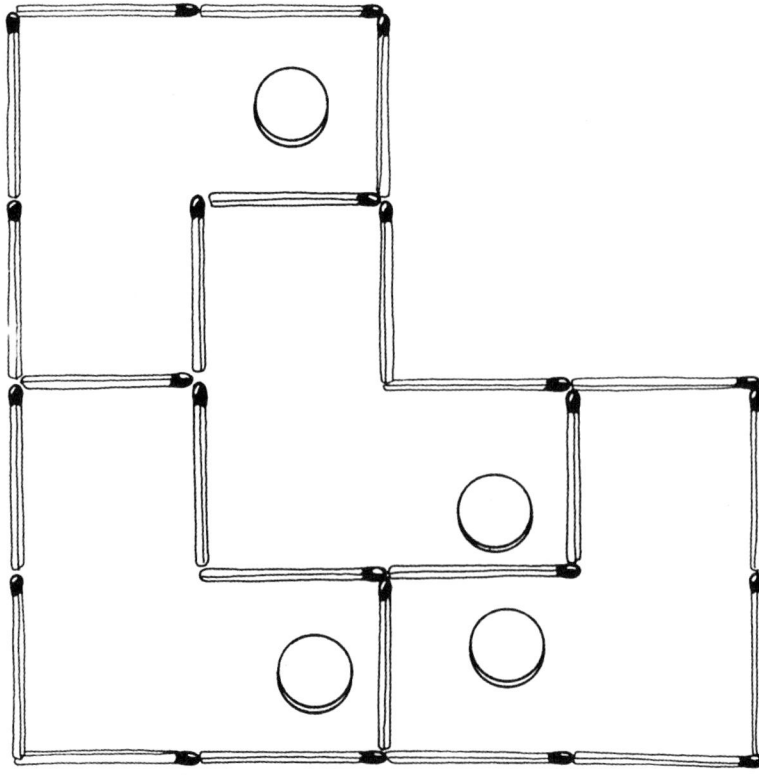

Vitus B. Dröscher

Die Sprache der Tiere

Wenn in der Abenddämmerung die Amseln in den Hausgärten ihre Serenaden in die linde Frühlingsluft flöten, wenn der süße Schmelz ihrer Melodien, die einmal wehmütig klagend, dann wieder strahlend und silberhell erklingen und sich mit Läufen und Trillern zum schluchzenden Crescendo steigern, dann zieht dieses Konzert selbst den unmusikalischsten Menschen in seinen Bann. Doch wozu taugt diese Sangespracht eigentlich? Dem Haussperling genügt doch sein profanes Schilpen, stundenlang unisono herausgezwitschert, vollauf, um sich unter seinesgleichen verständlich zu machen. Der Berliner Zoologieprofessor Dietmar Todt hat auf der Suche nach dem Sinn kompositorischen Reichtums im Vogelgesang kürzlich Überraschendes herausgefunden: Hört ein Amselhahn einen altbekannten Reviernachbarn singen, antwortet er ihm mit jener Strophe aus seinem eigenen Liederschatz, die dem eben verklungenen Song des Nachbarn am ähnlichsten ist. Dann fühlt sich dieser sozusagen von seinem Anrainer persönlich angesprochen. Seine Antwort kann der schwarze Vogel geben, kurz nachdem der Nachbar sein Lied beendet hat. Dann gilt dies als freundschaftlicher Gruß. Haben Reviernachbarn erst einmal ihre Grenzen abgesteckt, liegt es im beiderseitigen Interesse, miteinander ein freundnachbarschaftliches Verhältnis zu pflegen. Meist reagiert der Nebenmann in gleicher Weise. Das heißt, er erwidert den Gruß: „Alles bestens hier. Keine besonderen Vorkommnisse!"
Die Amsel kann mit ihrer Antwort aber auch schon einsetzen, bevor der Sänger im Nebengrundstück sein Lied zu Ende gesungen hat. Sie kann ihn nicht „ausreden" lassen oder ihm ins „Wort" fallen. Das kommt dann einer gut gemeinten Warnung gleich, etwa in dem Sinne: „Du hör' mal, weißt du, dass du dich reichlich dicht an meinem Privatbesitz breitmachst?" Die Reaktion ist überraschend: Fast immer zieht sich der gewarnte Vogel sofort und bereitwillig in sein Gebiet zurück, als wolle er sagen: „Entschuldigung, es war nur ein Versehen!" Die individuelle Abstimmung der Melodienfolge auf die des Sangesbruders, um ihm etwas mitzuteilen, ist also ein Grund für die Schönheit und Vielfalt der Amselkompositionen. Ein zweiter liegt darin, fremde Reviersucher zu täuschen. Oft unterbricht der Sänger nämlich sein Solo, fliegt zu einer anderen Singwarte und intoniert von dort völlig andere Weisen. Damit gaukelt er fremden Zuzüglern, die sich erst einmal akustisch informieren, vor, diese Gegend sei bereits von einer Unmenge Amseln dicht bevölkert und Neulinge hätten hier überhaupt keinen Platz mehr.

Verkaufsinserat

Lokomotive, Baureihe 261 der DB, 600 PS, Stangenantrieb zu verkaufen. Zuschriften unter ZS9351924 an SZ

Aus: Süddeutsche Zeitung vom 19.11.1994.

Wie die neuen Postleitzahlen aussehen:

Die neue fünfstellige Postleitzahl ist ein reines Zahlensystem und enthält keine Buchstaben. Auch die bisher verwendeten zusätzlichen Leitkennungen „W" und „0" entfallen im neuen System. Die postalische Wiedervereinigung wird damit endgültig vollzogen. Dass größere Städte mehrere Postleitzahlen besitzen, ist in vielen Ländern (z. B. Frankreich, Schweden) seit Langem üblich.

Das neue gesamtdeutsche PLZ-System Aufbau der 5-stelligen Postleitzahl				
3	9	1	0	9
1.-2. Stelle Region	3.-5. Stelle Städte, Stadtteile sowie Gemeinden und dort für • Postfächer • Großkunden • Zustellung			

Als Postfachinhaber geben Sie – ähnlich wie bisher – auf Ihren Geschäftspapieren künftig Ihre Hausadresse und Ihre Postfachadresse an. Denn ein Block von Postfächern erhält im neuen System eigene Postleitzahlen. Damit sind wir in der Lage, Briefsendungen eher als bisher in die Postfächer zu verteilen. Kunden mit einem Postfach können ihre Post also noch früher abholen. Deshalb lohnt es sich, immer die Postfachadresse in der Korrespondenz zu verwenden und alle Korrespondenzpartner auf die entsprechende Postleitzahl hinzuweisen.

Welche Vorteile die neuen Zahlen bieten:

Durch die fünfstellige Grundstruktur der neuen Postleitzahl sind wir in der Lage, Ihre Briefsendungen nicht nur einer Stadt oder Gemeinde direkt zuzuordnen, sondern sogar Stadtteilen, Zustellgruppen, Postfächern oder einem Großkunden. Das vereinfacht die gesamte Auslieferung und macht sie noch zuverlässiger und schneller. So erhalten besonders Großkunden und Postfachinhaber ihre Post früher als bisher. Die einfache Logik des neuen Postleitzahlensystems erleichtert aber auch die maschinelle Bearbeitung von Postsendungen. Das gilt sowohl für den Postdienst als auch für die Sendungsvorbereitung durch den Kunden. Darüber hinaus bieten die neuen Postleitzahlen allen Kunden weitere Vorteile. Denn dadurch, dass sie alle erforderlichen Leitangaben enthalten, entfallen die bisher üblichen Zustellamtsnummern hinter dem Ortsnamen und die nach der deutschen Wiedervereinigung eingeführten zusätzlichen Kennungen „W" und „0" vor der Postleitzahl.

Jürgen Machunsky

Geschichte der Nachbarschaft

In frühesten Zeiten wurden Dörfer überwiegend von Großfamilien (Sippen) gegründet, sodass Nachbarn regelmäßig Blutsverwandte waren. Restbestände dieser Tradition finden sich heute noch in den Dörfern, während in den Städten familiäre Beziehungen zwischen Nachbarn selten sind. In der vorindustriellen Zeit waren die Nachbarschaften vielfach organisierte Gemeinschaften, die zahlreiche „öffentliche Daueraufgaben" übernahmen. Hierzu gehörten z. B. die „Gassen- und Torhut", die Hilfeleistung bei Wasser- und Feuergefahr, die Reinhaltung des Baches, die Reinigung und Instandhaltung der Brunnen sowie der Straßen und die gegenseitige Hilfeleistung. Mit dem Aufkommen von öffentlichen Wasserwerken und Berufsfeuerwehren im letzten Jahrhundert gingen diese Aufgaben verloren.
Die organisierten Nachbarschaften jener Zeit übten gleichzeitig eine Art Polizeigewalt über ihre Mitglieder aus. Jede sächsische Gemeinde gliederte sich z. B. in mehrere (meist 4) Nachbarschaften, denen jeweils ein Nachbarvater vorstand, der aus den ältesten Nachbarn gewählt wurde. Dieser Nachbarvater hatte die anderen Nachbarn zum regelmäßigen Kirchbesuch anzuhalten sowie für die Sonntagsheiligung und züchtige Kleidung und Benehmen beim Kirchgang Sorge zu tragen. Seine Aufgabe war es weiter, Hass und Hader zu vermeiden. Kleinere Zwistigkeiten wurden beim Nachbarvater beigelegt, die Gerichte nur in schweren Kriminalfällen angerufen. In vielen Gemeinden gab es Ortssatzungen, die die Rechte und Pflichten der Nachbarn festlegten. Zu festen Terminen (z. B. Faschingsdienstag) traf die Nachbarschaft vollständig zu Gerichtstagen zusammen, bei welchen neue Nachbarn aufgenommen wurden, über Beschwerden entschieden wurde und Strafgelder verhängt wurden. Die eingegangenen Strafgelder wurden am folgenden Tag (Aschermittwoch) gemeinsam vertrunken. Viermal im Jahr versammelten sich die Nachbarn zusätzlich zum Versöhnungsabend.
Auch im Übrigen bestand eine enge soziale Verbundenheit zwischen Nachbarn. In Notfällen wurde geholfen und alle frohen und schweren Ereignisse geteilt. Geburten und Hochzeiten feierte man ebenso gemeinsam, wie die Nachbarn bei Todesfällen Beistand leisteten. Heute ist nur die räumliche Nähe zum Nachbarn geblieben, die soziale Distanz ist dagegen viel größer geworden. Die meisten der früher gemeinschaftlich geleisteten Hilfsdienste sind heute auf den anonymen Staat verlagert. Aufgrund der heutigen Mobilität müssen sich die sozialen Kontakte nicht zwangsläufig auf die Nachbarn beschränken. Der Schwerpunkt sozialer Beziehungen liegt heute bei Freunden, Familie und in der Berufswelt. Mit einem Satz: Man braucht seinen Nachbarn grundsätzlich nicht und nimmt an seinem Leben nicht teil. Damit wird gleichzeitig die Lösung von Konflikten wesentlich erschwert. Da man auf seinen Nachbarn nicht angewiesen ist, besteht keine zwingende Notwendigkeit, auf dessen Bedürfnisse Rücksicht zu nehmen und gegebenenfalls einmal nachzugeben. Ebenso fehlt es häufig am Verständnis für die besondere Situation des Nachbarn, wenn man über dessen nähere Lebensumstände nichts weiß.
Die steigende Zahl von Nachbarschaftskonflikten wird sich daher wahrscheinlich nur begrenzen lassen, wenn die soziale Bindung zwischen Nachbarn wieder enger wird.

Palisadenzaun

Ein „nettes" Beispiel für einen Nachbarkrieg bietet ein Fall, den das Landgericht Münster zu entscheiden hatte. Die betroffenen Nachbarn hatten schon zahlreiche Auseinandersetzungen und Rechtsstreitigkeiten hinter sich, als 5 cm über die Grundstücksgrenze verlegte Gartenplatten für neuen Wirbel sorgten. Der betroffene Grundstückseigentümer freute sich über den schönen Streitpunkt und forderte seinen Nachbarn auf, die Platten umgehend zu beseitigen. Dieser kam der Aufforderung wutschnaubend nach, schlug allerdings sofort zurück. Er entfernte die Platten zwar, ließ sie dann aber auf seinem Grundstück hart an der Grenze zum Nachbarn unordentlich liegen. Zur Abrundung stellte er eine blaue Regentonne, einen weißen und einen schwarzen Eimer, zerbrochene Gehwegplatten, Ziegel- und Betonsteine dazu. Anschließend errichtete er unmittelbar dahinter einen Palisadenzaun, so dass der Müllhaufen nur noch von dem Grundstück seines Nachbarn zu sehen war. Damit schuf er Ärger für seinen Nachbarn und gleichzeitig ein juristisches Problem. Da die fraglichen Gegenstände nicht auf seinem Grundstück standen, hätte der Nachbar nur dann eine Abwehrchance, wenn auch solche ästhetischen Beeinträchtigungen einen Unterlassungsanspruch geben. Dies hatte der Bundesgerichtshof bisher aber bei vergleichbaren Störungen (Schrottplatz, Autowracks, Bordell etc.) stets verneint und nur für besonders krasse Fälle eine andere Lösungsmöglichkeit offengelassen. Der schikanierte Nachbar hatte Glück, dass das Landgericht hier wohl angesichts der gezielten Provokation einen solchen Extremfall annahm und den Gegner zur Beseitigung der Gegenstände verurteilte. (LG Münster, Urteil v. 10.05.1983 – 29 C 80/83)
Also auch kein Geheimtipp zum Drangsalieren missliebiger Nachbarn.

Aus: Jürgen Machunsky: Der Krieg der Gartenzwerge: ein unterhaltsames Nachbarrechtslexikon. © Ullstein Verlag. Frankfurt 1992.

Heinrich Schipperges

Die Pest

Von einer „pestilentia maxima" sprachen erschüttert die Zeitgenossen, vom „großen Sterben", das über die Lande ging und zu einer der größten Katastrophen für die in Europa lebenden Menschen wurde. Vom „Schwarzen Tod" wurde zu Beginn der Neuzeit im Rückblick auf diese schwerste Seuche des Mittelalters gesprochen, von einer „Atra Mors", deren biologische, wirtschaftliche und moralische Folgen nicht einmal von heute aus zu übersehen sind, zumal die große Pestepidemie den gesamten abendländischen Kulturraum ergriff: Vom Mittelmeer bis an die Nordküste Schottlands, vom Atlantik bis zum Ural. Die Zahl der Gesamtverluste wird – je nach regionalen Verhältnissen – zwischen 12% und 60% geschätzt. Ein Gesamtdurchschnitt von 30% dürfte aber kaum überschritten worden sein. Das bedeutet bei einer Bevölkerung Europas von 60 Millionen etwa 18 Millionen Pesttote.

Alles, von der Tierwelt bis zum Sternenzelt, wurde von der damaligen Medizin in Erwägung gezogen, auch wenn man dabei eher an verseuchte Lüfte als verlauste Kreaturen dachte. Der Pestbazillus (Yersinea pestis), durch Flöhe über Ratten übertragen, wurde ja erst 1894 entdeckt, und zwar gleichzeitig und unabhängig von dem japanischen Bakteriologen Kitasato und dem westschweizerischen Tropenarzt Alexandre Yersin. Immerhin wurden auch schon im Mittelalter erkrankte Ratten beobachtet, die plötzlich ihre Scheu verloren, ihre Verstecke verließen und blindlings in den Schein von Laternen rasten.

Die Pest, aus: Heinrich Schipperges: Die Kranken im Mittelalter. © C. H. Beck. München 1990.

An jenem Mittwoch Ende November, gegen 10.30 Uhr, verkündete „Bild"-Chefredakteur Udo Röbel eine Entscheidung, die keine 24 Stunden später ein Land erschütterte und eine Stadt traumatisierte: „Das ist eine unglaubliche Geschichte. Die machen wir jetzt", sagte er zu den „Bild"-Gewaltigen, die sich in seinem Büro im zehnten Stock des Hamburger Springer-Hochhauses versammelt hatten. Er hatte beide Hemdsärmel hochgeschoben, im Hintergrund flimmerten – tonlos – die Wirtschaftsnachrichten von n-tv. Es war ein schwarzer Tag an der Börse und ein schwarzer Tag für „Bild". In viereinhalb Zentimeter großen Lettern, rund vier Millionen Mal verkauft und über elf Millionen Mal gelesen, donnerte „Bild" am nächsten Morgen: „Neonazis ertränken Kind." In der Unterzeile hieß es: „Am helllichten Tag im Schwimmbad. Keiner half. Und eine ganze Stadt hat es totgeschwiegen."

KEIN ANDERES BLATT vermag mit solcher Wucht eine Medien-Lawine loszutreten. Auf dem Höhepunkt der Erregung über den vermeintlichen Nazi-Mord im sächsischen Sebnitz empfing der Bundeskanzler die Mutter des getöteten Joseph. „Bild"-Schlagzeilen waren es, die Zweifel an den Aussagen der trauernden Frau zerstreut und den meisten anderen Medien vorgegeben hatten, wie über den Fall zu berichten war: empört, fassungslos – und manchmal auf Kosten einer Wahrheit, die nur erfahren konnte, wer unvoreingenommen recherchierte.

Heute scheint festzustehen, dass es die „Rotte der Neonazis", die „Bild" als Täter hinstellte, nie gegeben hat. Neun Tage nach der ersten Veröffentlichung druckte „Bild" eine Erklärung von Röbel: „Sollten die noch laufenden Ermittlungen ergeben, dass der Stadt Sebnitz und ihren Bürgern wirklich Unrecht getan wurde, wird ‚Bild' nicht zögern, sich auch öffentlich zu entschuldigen."

EINE UNHEIMLICHE MACHT. Die Hamburger Boulevardstrategen erreichen noch weit mehr Menschen, als ihr Blatt lesen. Weil es zwar immer mehr Medien gibt, diese aber immer weniger recherchieren. Die Fast-Food-Redaktionen recyceln tagtäglich das „Bild"-Material, private Radio- und Fernsehstationen plappern es nach. Eine gute Zeile, ein gutes Thema kann so bis zu 80 Prozent der erwachsenen Deutschen erreichen. Irgendwann kommen auch die ernst zu nehmenden Zeitungen und Sendungen nicht mehr daran vorbei.

Dieter Bohlen, Sänger und regelmäßiger „Bild"-Schlagzeilenlieferant, bekennt: „Na klar habe ich Angst vor Bild. Wenn die 20 Tage lang massiv Stimmung gegen mich machen, überlebe ich das gesellschaftlich nicht."

Peter Pietsch, Sprecher der Commerzbank, erlebte die „Bild"-Macht, als die Rettung des angeschlagenen Bauriesen Philipp Holzmann am Widerstand der Kreditinstitute zu scheitern drohte. „Die Banken-Schande – sie wollten Holzmann gar nicht retten", schrieb der Boulevardriese. Commerzbank-Filialen wurden von Demonstranten blockiert, Mitarbeiter beschimpft.

Fußballtrainer wie Christoph Daum waren dem Sturm ausgesetzt – mal hatten sie Rücken-, mal Gegenwind (siehe S. 36).

In seinem Buch „Der Aufmacher" reimt Günter Wallraff über seine Erfahrungen als Undercover-Reporter bei „Bild": „Sie haben gelogen und betrogen, dass sich die Balkenüberschriften bogen." „Bild" war für ihn das „Gebiss der Finsternis". Zähne hat die Zeitung noch heute. Finster ist sie nur noch gelegentlich. Zum Beispiel, wenn sie über die Bürger von Sebnitz schreibt: „Wer das Gefühl hat, er könnte irgendetwas nicht bemerken, der spitzelt ein bisschen. Die Stasi-Zeit ist noch nicht lange her." Solche Hetze ist die Ausnahme. Denn Profis wie Röbel sehen ihre wichtigste Aufgabe nicht darin, Kampagnen zu machen, sondern Auflage: „Der Haupt-Job des ‚Bild'-Chefredakteurs ist, das Thema des Tages zu finden, bei dem er die größte Massenakzeptanz sieht." Trotzdem hat er nie eine Schlagzeile gedichtet, in der etwa die Todesstrafe gefordert wird. Die Auflagenkurve von „Bild" zeigt nach unten, vielleicht auch deshalb.

WAS IST DAS FÜR EINE MACHT, die von den Mächtigen, den Schönen und den Berühmten so beäugt wird? Wie ein Schwamm saugen die „Bild"-Chefs jeden Morgen die Geschichten auf, die 33 Regionalredaktionen anbieten. 800 fest angestellte und Hunderte freie Journalisten halten die Maschine unter Dampf. Am legendären „Balken", dem Monitor- und Schreibtischverhau im zentralen Produktionsraum, wird ein „Bild"-Provinzfürst nach dem anderen per Lautsprecher zugeschaltet. Kein Ort der Republik, so heißt es, liegt weiter als 30 Minuten vom nächsten „Bild"-Reporter entfernt. Wer es mit seiner Story bis in die Bundesausgabe schafft, hat schon am Morgen danach mehr als sechs Millionen Menschen erreicht. Insgesamt hat „Bild" fast so viele Leser wie „Wetten, dass …?" Zuschauer. Auch wenn unter ihnen solche mit Abitur klar in der Minderheit sind, spricht „Bild" alle Bevölkerungsschichten an, ist in Ministerien und Redaktionen ebenso Pflichtlektüre wie in Chefetagen.

Heinrich Böll wurde – anders als die „Bild"-Zeitung – in der DDR gelesen. Auch im sächsischen Sebnitz. Die „Katharina Blum" steht seit Jahrzehnten im Bücherregal von Ekkehard Schneider, dem Sebnitzer Apotheker, dessen Tochter vorübergehend unter Mordverdacht verhaftet und von „Bild" als Neonazi denunziert wurde. Schneider hat furchtbare Tage hinter sich. Er versucht zu begreifen, welche Dämonen in sein Leben und das seiner Familie eingebrochen sind. Vielleicht wird es Jahre dauern, bis er verarbeitet hat, was passiert ist. Schneider sagt: „Wir kannten die ‚Bild'-Zeitung nicht. Wir konnten höchstens einmal im Urlaub hineingucken. Aber jetzt verstehe ich es schon. Ich glaube, ich muss den Böll noch einmal lesen."

STEFAN SCHMITZ, FLORIAN GLESS,

HEIMKEHRER

„Getrauert wurde nie"

Nach 1945 waren die Deutschen auch ein Volk von Traumatisierten.
Doch die seelischen Verwundungen wurden verdrängt.

Als Kind bekam Monika Jetter oft zu hören, wie gut sie es habe: Ihr Vater, als Fallschirmjäger einer von Hitlers Elitekämpfern, war 1946 wieder nach Hause gekommen. Das Kind aber beneidete manchmal die Freundinnen, deren Väter gefallen waren.

Freiwillig war er 1939 in den Krieg gezogen, gedrillt in einer NS-Ordensburg. Es war ein Opfergang, der in der Katastrophe endete: Er und seine Kameraden hatten ihre Jugend gegeben, ihre Kraft, viele ihr Leben. „Und alles war umsonst", sagte der Vater immer. Sein Eisernes Kreuz, seine Verwundetenabzeichen bewiesen bloß noch, dass er bei einer schändlichen Sache mitgemacht hatte: Deutschland war jetzt Täterland.

Dabei hatten Bombenkrieg, Flucht und Vertreibung die Deutschen auch zu einem Volk von Traumatisierten gemacht: Etwa 1,7 Millionen tote Zivilisten, 5,3 Millionen tote Soldaten, über 11 Millionen in Kriegsgefangenschaft. Millionen Vermisste, Hunderttausende Frauen und Mädchen vergewaltigt, Männer verkrüppelt, Städte in Trümmern, Familien zerrissen. Jedes vierte Kind wuchs ohne Vater auf.

Der Kasseler Psychoanalytiker Hartmut Radebold erinnert sich an das tiefe Schweigen, das in seiner Familie über dem Verlust des Vaters und der Gefangenschaft des Bruders lag: „Getrauert wurde nie", sagt der 70-Jährige, der sich heute mit Kriegskindheiten beschäftigt. „Deutschland hatte so viel Leid über andere Völker gebracht, dass es vermessen schien, das eigene Leid zu benennen." Hart wie Kruppstahl, zäh wie Leder – die Ideale der Nazi-Erziehung halfen nun dabei, die Zähne zusammenzubeißen, zu schweigen, runterzuschlucken. „Alle hatten anscheinend das Gleiche erlebt, dadurch wurde das Schreckliche zu einer Pseudonormalität", sagt Radebold.

In Radebolds Bücherregal stehen viele Studien, die sich mit den psychischen Verletzungen der Überlebenden des Holocaust und anderer Opfer des Nazi-Terrors beschäftigen. Die Traumata der Deutschen sind dagegen kaum dokumentiert: Mit dem Elan der Nachkriegszeit sollte der offenkundige Zivilisationsverlust vergessen gemacht werden.

Das größte Tabu blieben die seelischen Beschädigungen derer, die an der Front gekämpft hatten. Dabei waren in unzählige Familien Männer heimgekehrt, die wie in Eis gehüllt immer nur schwiegen oder als Gefangene ihrer Alpträume die Nächte durchschrien. Doch kaum einer gab zu, dass er die Bilder nicht loswurde von Menschen, die er getötet hatte, vom Elend des Schützengrabens. Wehe, einer hätte erzählt, dass er vor Angst in die Hosen gemacht habe.

Nach dem Krieg erklärten deutsche Mediziner die seelischen Störungen der Frontkämpfer mit einem Syndrom namens „Dystrophie", das vom Hunger während der Kriegsgefangenschaft herrührte. Es brachte Wasserödeme, Leberleiden oder Hormonstörungen mit sich. Die Ärzte erklärten damit jedoch auch Depressionen, Konzentrationsschwäche, Wutausbrüche oder Verfolgungsängste.

Nicht der Krieg, sondern die Dystrophie, hieß es, „primitivierte" die Persönlichkeit der deutschen Kriegsgefangenen, die „abnormale und asoziale Züge" angenommen und „viel vom eigentlichen Menschsein verloren" hätten.

Der Arzt und Psychologe Helmut Paul, als ehemaliger Kriegsgefangener selbst betroffen von Hunger und Entwürdigung, untersuchte in den sechziger Jahren – weithin unbeachtet – etwa 2000 Kriegsteilnehmer mit und ohne Gefangenschaft: Er fand kaum Unterschiede. Als Paul seinen Probanden Zeichnungen vorlegte, die Gefangenschafts- und Vernichtungsszenarien zeigten, brachen manche mit Weinkrämpfen zusammen. Weitverbreitet waren Symptome wie Lärmempfindlichkeit, Isolation, Übererregbarkeit, Schlafstörungen, starkes Schwitzen, Impotenz und sozialer Abstieg. Beziehungen scheiterten; die Scheidungsrate lag ein paar Jahre nach dem Krieg mehr als doppelt so hoch wie davor.

Heinz Oppermann, heute Vizepräsident des Verbandes der Heimkehrer, erfuhr 1954 in der russischen Gefangenschaft, dass seine Frau ihn für tot erklären lassen hatte und wieder verheiratet war.

Er hatte die Rückzugsgefechte in Russland überlebt. Einmal nur, weil ein Kamerad vor ihm im Kugelhagel gelacht und getanzt hatte, sonst hätte es ihn erwischt. Später, im Lager, hielt ihm ein Russe beim Verhör eine entsicherte Pistole an die Schläfe, „das war das Schlimmste: Todesangst". Er kam nach Workuta, Eishölle am Polarkreis, ewige Dunkelheit bei minus 50 Grad, Arbeit im Bergwerk. Oppermann, 1,80 Meter groß, wog zeitweise nur noch 45 Kilogramm.

Ein Entlassungsprotokoll

Morgen kommste raus, das hab' ich mir immer wieder gesagt, während ich in der Zelle dabei auf und ab gegangen bin. Immer wieder ist es mir durchs Hirn gegangen „morgen kommste raus …"

Fast zwei Jahre, genauer 22 Monate, war ich nun eingesperrt, und jetzt war Sense! War ja auch höchste Zeit! Die 22 Monate waren, wenn man es so will, die hoffentlich letzte Etappe, insgesamt war ich bisher fast neun Jahre im Knast. Immer wieder Eigentumsdelikte, also Einbruch und so Sachen. War immer wieder die gleiche Sache: Raus, kein Geld, keine Arbeit, keine Wohnung … also, wie willste leben? Das ist dann nur 'ne Frage der Zeit, biste da wieder drinnen bist. Diesmal jedoch habe ich mir gesagt, war's das letzte Mal. Mir reicht's.

Vorm Einschluss, der war bei uns um 18.30 Uhr, habe ich mich mit paar Kumpels zusammengesetzt und gefeiert. Da habe ich eine Bombe Kaffee spendiert, das sind 200 Gramm, das war dann noch ganz lustig. Auf der Zelle war ich dann irgendwie ganz unruhig. Habe mir dort mit 'nem Tauchsieder noch mal Kaffee gemacht und bin immer in der Zelle auf und ab gelaufen. Die ganze Nacht. Ich habe überhaupt nicht geschlafen, nur immer daran gedacht, dass die mich morgen alle mal kreuzweise können …

Ständig ging's mir durch den Schädel: Wo kriege ich 'ne Wohnung her, denn ich kannte ja die Stadt hier überhaupt nicht, wann lerne ich 'ne Frau kennen, alles so Dinge, an die ich gedacht habe.

Arbeit hatte ich wenigstens schon. Da bin ich schon vor der Entlassung mal mit 'ner Bewährungshelferin rumgefahren und habe mich vorgestellt, hatte da Glück, bei 'ner kleinen Firma, so ein Gaststättenbetrieb, hat's dann auch geklappt. Um sechs Uhr morgens kam dann der Beamte zu mir in die Zelle, „Packen", hat er gesagt, dabei gab's gar nicht viel zu packen. Dann ging's vor zur Kammer, also da hin, wo die ganzen Klamotten sind, das Ganze nennt sich „Abgangsstellen". Da warteste dann eben so lange, bis du dran bist, um deinen „Abgang" zu machen. Da saßen da noch fünf Kumpels, die auch rauskamen. Ich kannte die zwar nicht, aber wir haben uns natürlich gleich unterhalten, was jetzt so jeder erst mal macht. Der eine wollte erst mal kräftig einen schlucken gehen, der andere gleich nach Hause fahren, na ja, jeder hatte da gleich was vor … Da bin ich also aufgerufen worden, habe meine Zivilkleidung bekommen, meinen Ring und noch so paar persönliche Sachen. Die hatten sie mir damals alle abgenommen, da sind die Leute ja rigoros, damit hier keine Tauschgeschäfte damit ablaufen. Nur Eheringe durfte man behalten. Als ich meine eigenen Klamotten wieder anhatte, da hab' ich mich ja sofort wohler gefühlt, diese Blaukittel von der Anstalt, die konntest du kaum noch sehen …

Dann ging's einige Türen weiter, da habe ich meine Papiere bekommen, also Entlassungsschein und andere Unterlagen. Da hat dann auch schon meine Bewährungshelferin auf mich gewartet. Die habe ich schon vorher im Knast selbst kennengelernt, die war mir also nicht unbekannt. Weil die dabei war, ging die ganze Angelegenheit bei mir auch schneller als bei den anderen, denn gerade auf der Geschäftsstelle, wo die ganzen Papiere liegen, wartest du manchmal Stunden, die haben es da nicht eilig. Jedenfalls nicht so eilig wie du. Ja, und dann gibt's da Entlassungsgeld, d. h. dein Geld, was du dir im Knast erarbeitet hast. Ich habe genau 229 DM bekommen, für 22 Monate Arbeit. Das sagt ja auch schon alles! Dafür haben die mir einen Schein gegeben, damit ich, falls ich arbeitslos bin oder werde, auch Unterstützung bekomme. Dies ist ja nach dem neuen Gesetz endlich möglich. Den Schein kannste dann beim Arbeitsamt vorlegen.

Dann endlich war ich draußen! Im ersten Moment habe ich gedacht, Mann, hier ist die Luft ganz anders! Das war irgendwie wie neu geboren…

Dann ging's gleich zum Einwohnermeldeamt, da habe ich die Adresse von meiner Arbeitsstelle angegeben, damit ich dann beim Sozialamt und anderen Behörden erst mal angeben kann, wo ich überhaupt wohne. Denn das kannte ich schon von früher: Die wollen erst mal wissen, wo arbeiten Sie, wo wohnen Sie … vorher machen die keinen Finger krumm.

In Wirklichkeit habe ich die ersten Tage bei einer Adresse meiner Bewährungshelferin gewohnt, denn das Zimmer, das meine zukünftige Arbeitsstelle bereitstellte, war eine einzige Zumutung, da bin ich erst gar nicht rein. Die wollten für ein Zimmer von nicht mal 15 Quadratmetern 200 DM im Monat. Ohne mich!

Danach sind wir dann zum Sozialamt. Für entlassene Strafgefangene gibt's da so eine Art Überbrückungsgeld bis zum ersten Lohn, das waren bei mir 220 DM und außerdem Kleidergeld von 130 DM, damit ich mir paar neue Klamotten kaufen konnte. Danach hat sich dann der eine Bewährungshelfer von uns verabschiedet, also von meiner richtigen Bewährungshelferin und mir. Vorher hat er dann noch die üblichen warmen Sprüche ablaufen lassen, ich soll mich jetzt zusammennehmen, gewisse „Kreise" meiden, die „Chance" jetzt auch nutzen ... und so weiter.

Mit meiner Bewährungshelferin bin ich dann weitergefahren in ihre Wohnung, wo wir erst mal richtig gefrühstückt haben. Mit Joghurt, Käse und allem. Das kannte ich ja vom Knast her gar nicht mehr. Anschließend habe ich mich erst mal hingehauen und geschlafen. Ich hatte irgendwie überhaupt keine Lust abends wegzugehen, obwohl ich mir das vorgenommen hatte. Die ersten Tage war ich nur bei den Leuten, tagsüber habe ich 'ne richtige Wohnung für mich gesucht. Dies war auch so ein Kampf. Natürlich bin ich bei keinem Makler durch die Tür gefallen und hab' gerufen „Hallo, ich

komme aus dem Knast und such 'ne Wohnung ...", da wäre ja überhaupt nichts gelaufen, aber auch so war es schon sehr schwierig. Mit viel Glück habe ich dann diese Wohnung hier gefunden, eine 1-Zimmer-Wohnung mit kleiner Küche und Bad für runde 350 DM. Alte Möbel habe ich mir dann im Laufe der Zeit so organisiert, dabei haben mir ein Sozialarbeiter und meine Bewährungshelferin geholfen. Die hat zu mir in den ersten Tagen immer wieder gesagt, gehe doch mal in die Stadt, schaue dich um und so. Aber ich hatte da irgendwie Bammel. Auf der einen Seite war ich froh, dass ich draußen war, auf der anderen Seite war ich da in irgendeiner Art unsicher. Das war alles fremd. Ich kannte ja die Stadt überhaupt nicht und auch das ganze Drumherum, das war für mich erst mal wieder neu.

Plötzlich bin ich alleine auf der Straße gegangen, konnte nach links oder rechts gehen, konnte machen, was ich wollte. Im Knast kennst du das ja nicht, so unbewacht rumzulaufen. Irgendeiner guckt da immer, da stehst du ja andauernd unter Kontrolle. Ich habe beim ersten Gang durch die Stadt so richtig kleine Schritte gemacht, da trauste dich gar nicht, schnell zu gehen ...

Dann ging die Arbeit los. Meine Arbeitsstelle war eine Baustelle. Da hat ein Gastwirt ein Lokal gebaut und mich über das Arbeitsamt und die Arbeitsplatzbeschaffungsmaßnahmen als Arbeitskraft bekommen. Der hatte schon mal so ein großes Lokal und plante jetzt ein noch größeres. Also der ist weniger Gastwirt als Gastronom, denn der lässt die Arbeit von anderen machen, von Geschäftsführern und so. Der wollte, dass ich schon am Entlassungstag anfange zu arbeiten. Aber das lief ja nicht, ich musste ja noch so viel erledigen. Am ersten Arbeitstag habe ich von morgens um sechs bis nachts um halb zwei gearbeitet. Der Arbeitgeber sagte mir, wenn du viel

Stunden machst, gibt's auch viel Geld. Und genau das fehlte mir, da habe ich voll rangeklotzt. In der folgenden Zeit habe ich wirklich viel gearbeitet. Wir haben von Abbruchhäusern alte Balken und Steine geholt, die wurden dann so auf rustikal wieder in das Lokal eingebaut. Das Ganze war eine saumäßige Arbeit. Der hat gesehen, dass ich arbeiten kann wie ein Stier, und sagte immer „damit ist Ihnen und mir geholfen...". Mein Stundenlohn war 8 DM brutto, das war am Ende doch weniger, als ich mir dachte mit den ganzen Abzügen.

Ich habe mir immer am Wochenende 200 DM geben lassen, da kam hinten ja nicht mehr viel raus. Aber ich musste ja auch leben. Nach 3 Monaten Arbeit habe ich da gekündigt. Der wusste einfach alles besser, gab immer nur Befehle und schrie rum. Das ging so weit, dass er sich aufregte, wenn ich 'ne Zigarette rauchte. Er meinte dann „auch das Rauchen hält von der Arbeitszeit ab ...". Da ist mir die Lust vergangen. Das muss man sich mal vorstellen: Ich arbeite fast jeden Tag über 10 Stunden und dann kommt der mit so Sprüchen. Rauchen auf 'ner Baustelle verboten, das ist ja total schwachsinnig. Aber der dachte, er könnte alles mit mir machen, er ist der Chef und ich bin ein Niemand, ich komme aus dem Knast. Da habe ich die Löffel geschmissen ...

Danach bin ich zum Arbeitsamt und habe mich arbeitslos gemeldet. Ich hatte ja auch gleich keine Finanzen mehr. In der Zwischenzeit habe ich mir Sachen gekauft, ich hatte ja nichts: Töpfe, Handtücher und den ganzen Kleinkram ... das hat alles Geld gekostet. Jedenfalls bekam ich erst mal Arbeitslosenunterstützung. Das lief aber nicht so, und da habe ich noch paar Märker vom Sozialamt gekriegt für Miete und so ..

Zwischendurch habe ich hier bei Leuten tapeziert und Hausarbeiten gemacht, damit ich bisschen Geld hatte. Dann endlich habe ich wieder 'ne Stelle bekommen. Das war 'ne Plattenleger-Firma. In einem Neubaugebiet, so einer Trabantenstadt, habe ich dann 16 Tage Platten gelegt. Als ich mein erstes Geld haben wollte, also einen Abschlag für die ersten zwei Wochen, konnte die Firma nicht zahlen. Die sagten, sie hätten derzeit kein Geld. Habe ich natürlich sofort aufgehört. Das Geld habe ich heute noch nicht, ich warte noch immer drauf ...

Als ich danach wieder zum Sozialamt bin, haben die sich geweigert, mich zu unterstützen. „Sie hätten ja nicht aufzuhören brauchen", meinte so eine Behördenfrau. Ich hatte da so eine Wut, dass ich beinahe das ganze Büro zusammengeschlagen hätte. Die Frau hatte doch überhaupt keine Ahnung. Ich arbeite doch nicht jeden Tag und sehe am Schluss kein Geld. Ich musste doch auch leben, Miete zahlen und so weiter. Daran dachte die gute Frau gar nicht.

Ich habe mir dann von dem Sohn des Vermieters, der weiß, dass ich aus dem Knast komme, Geld geliehen und dann halt ganz knapp gehalten. Mit der Miete stand ich auch gleich einen Monat im Rückstand. Nach zwei oder drei Wochen habe ich dann die jetzige Stelle vermittelt bekommen. Das Arbeitsamt gab mir paar Firmen, da sollte ich überall hingehen. Ganz unten stand eine Luftfahrtgesellschaft drauf, da bin ich auch zuerst hin. Hörte sich irgendwie am besten an. Nach einem Vorstellungsgespräch habe ich dann die Stelle erst mal auf Probe bekommen. Jetzt bin ich dort als Küchenhelfer. Habe mein Essen und verdiene so um die 1000 Mark. Auch die Arbeitszeit ist ganz gut. Es gibt da drei Schichten: morgens bis nachmittags, nachmittags bis abends und eine Spätschicht.

Als ich mich da vorstellte, habe ich dem Personalmenschen erst mal eine Story erzählt ... hätte da und dort gearbeitet, auch ein altes polizeiliches Führungszeugnis, das ich vorm Knast mir ausstellen ließ, habe ich dort vorgezeigt. Ich war sehr an dem Job interessiert und deshalb habe ich denen da Stories erzählt. Nach ein paar Tagen habe

ich darüber auch mal mit meiner Bewährungshelferin gesprochen, zu der ich jetzt immer weniger Kontakt hatte. Die meinte, gerade bei dieser Stelle solle ich die „Wahrheit" sagen, denn hier kämen die bestimmt dahinter. Ich bin dann auch noch mal zu dem Personalchef und habe ihm meine wirkliche Vergangenheit erzählt. Das war gut so, denn der wusste schon Bescheid. Das Arbeitsamt hatte den schon eingeweiht. Es war also wichtig, dass ich da noch selbst hin bin. Aber das ist immer dieselbe Sache: Sagste was, kriegste die Stelle nicht; sagste nichts und die kommen dahinter, fliegste ...

Da habe ich jetzt fünf Monate Probezeit und ich hoffe, dass ich da länger bleiben kann und die Arbeit gut läuft. Der Kontakt zu meiner Bewährungshelferin ist immer schlechter geworden, nicht dass wir uns nicht verstanden hätten, nein, die hat mich irgendwie immer so unter Druck gesetzt. So auf die moralische Tour. Das ging schon länger so. Ich habe ja zum Beispiel im Schnitt immer so 12–13 Stunden am Tag gearbeitet, da bin ich dann abends weg. Das dauerte eh' seine Zeit, bis ich weg bin abends. Aber jetzt lief das so. Da bin ich in meine Stammkneipe, da habe ich auch Kontakt gekriegt. Das konnte die nicht so richtig verstehen. Die meinte immer, ich würde da zu viel Geld ausgeben und ich sollte doch lieber in meiner Wohnung was machen. Irgendwie behandelte die mich wie 'nen kleinen Jungen. Was sollte ich denn jeden Abend in meiner Wohnung, da fällt einem ja die Decke auf den Kopf. Ich wollte ja auch unter Leute sein, Mädchen kennenlernen ... Wenn die Bewährungshelferin mich in der letzten Zeit besuchen wollte, dann war ich einfach nicht da. Ich konnte mir das nicht mehr anhören. Irgendwie hat die da ganz andere Motive und Ansichten, das war nicht mein Bedürfnis. Irgendwie hatte die so 'ne karitative Ader ... Das ist jetzt so weit gekommen, dass ich sie jetzt nicht mehr als Bewährungshelferin habe, denn der Druck, der wurde mir da irgendwie zu groß. Jetzt habe ich jemanden auf der Bewährungsstelle in der Stadt, da war ich aber noch nie dort. Die haben auch so viel am Hals, da fällt das gar nicht auf.

Jetzt habe ich von denen einen Brief bekommen, dass ich vorbeikommen muss, weil sonst meine Bewährung auf dem Spiel steht und gedroht, dass sonst meine 10 Monate auf drei Jahre gefährdet sind. Das bedeutet, dass ich 10 Monate absitzen muss – also meine Reststrafe –, wenn ich mich nicht drei Jahre lang „bewähre".

Jetzt gehe ich jedenfalls bei der Luftfahrtgesellschaft auf Arbeit und ab und an mal hier in die Kneipe oder auch mal in einen Tanzschuppen. Natürlich möchte ich auch einen kennenlernen oder, genauer, ein Mädchen finden. Aber du weißt ja nicht, wie du das anstellen sollst. Im Knast weißte, hier läuft nichts, und draußen, da laufen die Frauen rum und da ist auch nichts. Ich bekomme da nur sehr schwer Kontakt, habe große Schwierigkeiten, mir fehlt da immer der Mut. Gerade die erste Zeit hatte ich so richtige starke Hemmungen, ich dachte immer, wenn die erfahren, dass du aus dem Knast kommst, ist es eh' aus ... das hat von vornherein alles irgendwie sinnlos gemacht.

Das ging mir aber auch in anderen Situationen so. Irgendwie hatte ich besonders in der ersten Zeit nach meiner Entlassung so einen richtigen „Knast-Hammer". Immer habe ich geglaubt, jeder erkennt, dass du aus dem Knast kommst. Genau deshalb habe ich mich auf gar keinen eingelassen ... Irgendwie ist das schon so, dass die Strafe, der Knast, nach der Entlassung weiterläuft ... Das musst du erst wieder in Griff kriegen, da musst du erst wieder so richtig „laufen" lernen, und wenn dir dabei keiner hilft, wenn du keine Leute hast, die dich irgendwie unterstützen, dann tritt'ste auf der Stelle oder fällst immer wieder auf die Schnauze ...

(Vom Verfasser protokollierte Tonbandaufnahmen, 1984)

JVA Butzbach
(Vollzugsanstalt)
346/76
(Buchnummer)
StA Mannheim 7█████/7█
(Einweisungsbehörde – Geschäftszeichen)

25.2.19█████
(Tag)

Entlassungsschein

Familienname (bei Frauen auch Geburtsname) – Vornamen
████████████Heinz

Geburtstag – Geburtsort – Kreis
█████ 19█6 Berlin
Wohnort/letzter Aufenthaltsort

Beruf
Arbeiter

Rüsselsheim

Haftdauer von – bis   Entlassungsgrund (z. B. Strafende, Aufhebung des Haftbefehls)   Personalausweis vorhanden (ja/nein)
31.3.1976 bis 25.2.1977 bedingte Entlassung (█████████████)

Auflagen und Bedingungen (ggf. Name und Anschrift des Bewährungshelfers)
Die Bewährungszeit beträgt 4 Jahre

Teilnahme an berufsfördernden Maßnahmen während der Haft (Art und Dauer)

1. Entlassen nach (Ort, Straße):   Rüsselsheim, ████████████████

2. Unterkunft – nach seiner Angabe – ~~durch Vermittlung der Anstalt~~ – bei: wie oben

3. Arbeit – angebahnt – vorhanden – nach seiner Angabe – ~~durch Vermittlung der Anstalt~~ – bei:

    sucht sich nach der Entlassung selbst eine Arbeitsstelle

4. Eigene Kleidung   a) Umfang: Entlassungskleidung vollzählig

    b) Zustand: in Ordnung

5. Bei der Entlassung sind folgende Kleidungsstücke gegeben worden: keine

6. – Gutschein für – Fahrkarte nach _____ wurde – nicht – ausgehändigt

7. Bei der Entlassung erhalten:
    a) Eigenes Geld _____ DM
    b) Arbeits- und Leistungsbelohnung   62.34   DM
    c) Reisehilfe _____ DM
    d) Unterstützung _____ DM
    _____   62.34   DM
    Abzüge der Fahrkarte/Kleidung _____ DM
    Summe   62.34   DM
    Davon überwiesen an _____ DM
    In bar wurden ausgezahlt   62.34   DM

Nachträgliche Fürsorgemaßnahmen und Zuwendungen
bitte auf der Rückseite vermerken

Der Anstaltsleiter
Im Auftrag

VG 41   Entlassungsschein – Nr. 51 VGO –
Strafanstalt Darmstadt   3-1   (9. 67 10 000)

Amtsinspektor
(Unterschrift/Bezeichnung)

DIE ZEIT-SCHÜLERBIBLIOTHEK

Reisen, nur reisen, ohne Ziel

Am Anfang fliegt einer von zu Hause raus. Ehrlich gesagt, er kann nichts, will nichts, arbeiten schon gar nicht, er verfolgt auch keine besonderen Interessen und träumt am liebsten so in den Tag hinein. Man müsste ihn wohl als einen *slacker* bezeichnen. Aber weil die Geschichte um 1817 spielt, wird er der Zeit entsprechend „Taugenichts" genannt, zieht statt mit einer E-Gitarre mit einer Geige herum und bewegt sich auch nicht im Dunstkreis von Popstars, sondern von schönen Gräfinnen. Er sucht das „wilde Leben", um mal einen klassischen Begriff von Uschi Obermeier zu verwenden, er reist und reist, meist ohne Ziel, bleibt, wo es ihm eine Zeit lang gefällt, nie sehr lange, macht den schönen Frauen schöne Augen und verachtet die Spießer. Magnetisch zieht es ihn dorthin, wo alle Taugenichtse seiner Epoche sich versammelten, arme, reiche, die Coolen und die Irren: geradewegs in die Stadt, in der Musik, Kunst und freie Liebe ein Fest feiern.

Nein, nicht nach London. Das London jener Zeit hieß Rom. Rom war damals die heißeste Stadt der Welt. Man existierte praktisch nicht, wenn man nicht in Rom gewesen war. Jung und verliebt sein, in der Sonne sitzen, keinen Job haben und trotzdem nicht an die Rente denken, auf sich selbst vertrauend und auf die Zukunft, ahnend, dass die Welt auch grauenerregend sein kann – und man selbst gelegentlich ebenso – Joseph von Eichendorffs Novelle ist Literatur des Aufbruchs, „Pop", wenn man so will, aber viel unkonventioneller als die so genannte Popliteratur.

Als das Büchlein 1826 erschien und seinen Siegeszug durch Deutschland und alle Welt antrat, sprachen die Leute allerdings nicht von „Pop", sondern von „Romantik". Und gerade weil die Ro-

mantik als literarische Epoche in Deutschland eigentlich schon vorbei war, schlug dieses Buch bei seinem Erscheinen so ein. Hier hatte einer mit einer gewissen Verspätung den Ton der Zeit getroffen. Die Romantik glühte noch einmal auf, im *Taugenichts* waren die deutschen Wälder wirklich grün, die römischen Nächte wirklich schwül.

Um Eichendorffs erzählte kleine Komödie bildete sich in der literarischen Szene seiner Zeit eine Art Kult. Das mag man sich heute nicht mehr recht vorstellen, aber es war so. Die Erinnerungen an die

10. Dürrenmatt:
Der Besuch der alten Dame
11. Ebner-Eschenbach:
Das Gemeindekind
12. Eichendorff: Taugenichts
13. Ende: Jim Knopf
14. Fallada: Kleiner Mann, was nun?

Napoleonischen Kriege und deren Verwüstungen waren noch frisch. Vom *Taugenichts* ging etwas Friedfertiges und Hoffnungsvolles aus. Seit 1819 lag Kontinentaleuropa außerdem im Griff eines Unterdrückungs- und Bespitzelungsapparats des österreichischen Staatskanzlers Metternich. Die Poesie der Romantik strahlte vor diesem Hintergrund auch Freiheitswillen und Selbstbestimmung aus. Und etwas Anarchisches bewahrt sich dieses Büchlein im Grunde bis heute.

Gleichwohl klingt Eichendorff für heutige Ohren fremd. Die Wälder rauschen, die Bäche plätschern, alles ist wundersam und wie verzaubert, und immer klingelt irgendwo ein Glöckchen. Ist das einfältig? Nein, ist es nicht. Die Romantiker

stellten sich nämlich vor, dass die vernünftig geregelte Alltagswelt nur überwunden werden könne, wenn man ihr eine stark verfremdete, mit Klang und Sinn angereicherte Sprache entgegensetzte.

Romantische Dichtungen hören sich beim ersten Mal oft ein bisschen eierkuchenhaft an. Aber wenn man das Gewohnte hinter sich lassen möchte, wenn man zeigen will, dass andere Lebensmöglichkeiten existieren, ganz andere Erfahrungen darauf warten, gemacht zu werden, muss man die verborgene Welt, auf die es ankommt, zum Klingen bringen. Eichendorffs Zeitgenossen haben im Übrigen keineswegs so geredet wie die Gestalten im *Taugenichts*, sondern annähernd so wie wir. Sie haben das Künstliche der romantischen Literatursprache sehr wohl wahrgenommen und dieses Buch eher wie einen poetischen Singsang gelesen, wie einen langen Rap oder wie HipHop.

Am Schluss kriegt der Held sein Mädchen, keine echte Gräfin zwar, aber immerhin. Er will sogar arbeiten. Er hat am Ende eine Existenz gewonnen, aber Frieden mit dem Spießerdasein hat er trotzdem nicht geschlossen. Die Poesie, der Zauber des Jungseins, verschwindet nicht aus dem Leben, wenn man nur einmal *wirklich* davon gekostet hat – diese Idee verzaubert die Leser des *Taugenichts* seither. Harmlos ist romantische Poesie nicht. Voller Abgründe und Sackgassen ist die Welt, die sie schildert. Aber sie sagt auch: Wenn du nicht völlig stumpf wirst, könnte dein Leben gelingen.

THOMAS E. SCHMIDT

● **Joseph von Eichendorff:**
Aus dem Leben eines Taugenichts
dtv, München 1997; 158 S., 4,– €

Bertolt Brecht

Das Lied von der Tünche

Ist wo etwas faul und rieselt's im Gemäuer:
Dann ist's nötig, dass man etwas tut
Und die Fäulnis wächst ganz ungeheuer.
Wenn das einer sieht, das ist nicht gut.
Da ist Tünche nötig, frische Tünche nötig!
Wenn der Saustall einfällt, ist's zu spät!
Gebt uns Tünche, dann sind wir erbötig.
Alles so zu machen, dass es noch mal geht.
Da ist schon wieder ein neuer
Häßlicher Fleck am Gemäuer!
Das ist nicht gut. (Gar nicht gut.)
Da sind neue Risse!
Lauter Hindernisse!

Da ist's nötig, dass man noch mehr tut!
Wenn's doch endlich aufwärtsginge!
Diese fürchterlichen Sprünge.
Sind nicht gut! (Gar nicht gut.)
Drum ist Tünche nötig! Viele Tünche nötig!
Wenn der Saustall einfällt, ist's zu spät!
Gebt uns Tünche, und wir sind erbötig.
Alles so zu machen, dass es noch mal geht.
Hier ist Tünche! Macht doch kein Geschrei!
Hier steht Tünche Tag und Nacht bereit.
Hier ist Tünche, da wird alles neu.
Und dann habt ihr eure neue Zeit

Bertolt Brecht: Das Lied von der Tünche. Aus: Bertolt Brecht: Werke. Große kommentierte Berliner und Frankfurter Ausgabe. Band 14. Gedichte 4. Suhrkamp Verlag. Frankfurt am Main 1993.

Modelle

In *Naturwissenschaften* und *Technik* dienen *Modelle* dazu, die als wichtig angesehenen Eigenschaften des Vorbildes auszudrücken und nebensächliche Eigenschaften außer Acht zu lassen, um durch diese Vereinfachung zu einem übersehbaren oder mathematisch berechenbaren oder zu experimentellen Untersuchungen geeigneten *Modell* zu kommen. So spricht die Astronomie und Kosmologie von *Sternmodellen* und *Weltmodellen;* die Physik von *Atommodellen, Kernmodellen* oder vom *Modell* eines metallischen Leiters, eines Halbleiters u. a. *Äthermodelle,* die früher eine große Rolle spielten, gehören der Zeit vor der Relativitätstheorie an. Auch Landkarten, Globen u. Ä. können dem Begriff des *Modells* zugeordnet werden. In der *Technik* dienen *Modelle* als in verkleinertem, natürlichem oder vergrößertem Maßstab ausgeführte räumliche Abbilder eines technischen Entwurfs oder Erzeugnisses zu belehrenden Zwecken (bes. *Schnittmodelle* von Maschinen), als Spielzeuge (kleine *Modelle* von Eisenbahnen, Autos, Schiffen, Flugzeugen u. a.), als wissenschaftliche Versuchsobjekte *(Modellversuche:* In der Gießerei verwendet man *Holzmodelle* zur Herstellung der Gießform. Das *Maschinenmodell* spielt besonders im alten Patentwesen seit dem 17. Jahrhundert eine Rolle. Heute werden Modelle bei Patentanmeldungen nur selten, bei Gebrauchsmusteranmeldungen häufiger an Stelle von Zeichnungen zur Erläuterung, der Beschreibung und des Anspruchs angewandt. *Maschinenmodelle* wurden in der Renaissance- und Barockzeit gern in fürstlichen Kunstkammern gesammelt. *Modellversuche* sollen das physikalische und technische Verhalten des dargestellten Gebildes aufklären; so z.B. die Messung der Luftkräfte an einem *Flugzeugmodell* im Windkanal oder des Widerstandes eines Schiffes im Wasser bei einem Schleppversuch, oder z. B. Untersuchung elastischer Spannungen in technischen Werkstücken unter Benutzung *durchsichtiger Modelle.).*

Aus: Brockhaus Enzyklopädie. Bd. 12 © Bibliographisches Institut F. A. Brockhaus. Mannheim 1971.

Wilhelm Reich

Sündenbockphilosophie

Die Undurchschaubarkeit der hoch entwickelten Gesellschaft, die daraus resultierenden Angstgefühle und die Unzufriedenheit mit den Bedingungen der eigenen Existenz weckten nicht nur die Sehnsucht nach dem rettenden Führer und dem starken Staat, sondern auch nach einer einfachen und plausiblen Erklärung der Welt und ihrer Mängel. Eine solche Erklärung musste um so willkommener sein, wenn sie zugleich das eigene Selbstgefühl stärkte und überdies Objekte anbot, an denen die eigenen Aggressionen sich gefahrlos entladen konnten. Diesen Bedürfnissen kam der Faschismus entgegen, indem er vorhandene Vorurteile, die teilweise eine lange Tradition hatten, aufgriff, radikalisierte und zu einem in sich geschlossenen Weltbild ordnete. Es beruhte auf der schlichten Teilung der Welt in Weiß und Schwarz, Gut und Böse, Engel und Teufel und nahm damit das Schema uralter Mythen wieder auf. Die eigene Bezugsgruppe verkörpert das Gute schlechthin und verlangt deshalb die totale Identifikation. Die Fremdgruppe galt als böse und destruktiv und musste deshalb total bekämpft werden.
Der Antisemitismus erweist sich als eine Ideologie, die die vorhandenen Aggressionen auf ein Objekt lenkt, das mit den Ursachen der Aggressionen nicht mehr zu tun hat als beliebige andere Objekte. Den gleichen Charakter haben die übrigen Varianten der faschistischen Sündenbockphilosophie: Zigeuner und Fremdarbeiter, Homosexuelle und Freimaurer müssen als Aggressionsobjekte herhalten, ohne dass auch nur ein entfernter Zusammenhang mit den Übeln der bestehenden Gesellschaft und dem Elend der Massen zu erkennen wäre. Hier wird deutlich sichtbar, dass diese Feindgruppen nur dazu dienen, von den wirklichen Ursachen sozialer Unsicherheit und Deklassierung abzulenken.

Aus: Die Massenpsychologie des Faschismus, © Verlag Kiepenheuer & Witsch. Köln 1986.

Reportage über die Ermordung eines vermeintlichen Juden

Karl Hans Rahn, Charly genannt, war ein Wuppertaler Metzgermeister. Niemand weiß genau, warum, aber jedem, der es hören wollte oder nicht, sagte er, er sei Halbjude und habe sich in der Nazizeit mit seiner Mutter im Wald versteckt. Er muss sehr überzeugend erzählt haben, bis heute glauben es viele. Wenn er gar zu enervierend auf seinem Lieblingsthema herumritt, hieß es: „Lass gut sein, Charly, Prost, Charly." Zwanzig Jahre lang ging das so, bis Charly Rahn in einer trüben, verlorenen Novembernacht des Jahres 1992 an die Falschen geriet. Seitdem ist er tot, ermordet.

An jenem Abend ging Charly los, um seinen Freund Ewald in den Kneipen zu suchen. Er landet gegen halb zehn im „Laternchen". Die badezimmergroße Kölsch-Bar betreibt der 31-jährige, aus Oberschlesien ausgesiedelte Marian Glensk. Er zahlt dafür fünfhundert Mark Miete im Monat und macht vierhundert Mark Umsatz. Den Rest legen die Eltern drauf. Im übrigen erwartet Glensk stündlich den Nobelpreis oder wahlweise eine Einladung in die *Rudi-Carrell-Show*. Er schreibt Briefe an Kohl und identifiziert sich mit Elvis. Davon, Jesus zu sein, hält ihn nur die Überlegung ab, dieser habe Tote zum Leben erwecken können und das könne er nicht.

Seine Gäste feiern die Geburt eines Kindes. und Charly Rahn feiert mit. Glensk fürchtet sich vor seinen Gästen, vor allem vor dem glatzköpfigen Zweizentnermann in Springerstiefeln, der pro Tag eine Palette Bier und zwei Flaschen Schnaps braucht, und vor dessen 18-jährigem Gefolgsmann mit den stahlkappenbewehrten Stiefeln.

Ein Wetttrinken beginnt. Glensk teilt den Skinheads gleich zu Beginn mit, Charly sei aber ein Jude. Keine Reaktion. Erst Stunden später taucht das Wort aus dem Dunst von Bier und Schnaps wieder auf. Der Dicke hat jetzt zwölf Bier, eine halbe Flasche Apfelkorn, sechs Sambuca, eine halbe Flasche Whiskey und 0,35 Liter Schnaps intus, sein Kumpel hat mitgehalten. Da fällt Charly sein Thema wieder ein. Etwas von Nazischweinen und dass er den Dicken immer noch unter den Tisch saufe. Dann geht alles ganz schnell. Sie treten ihn zusammen, schütten Sambuca drauf: zünden ihn an, löschen ihn wieder, packen ihn in das Auto von Glensk, dem Wirt. Glensk fährt, der Dicke sitzt auf Charlys Brust. In Holland, bei dem Dorf Kessel nahe Venlo, laden sie ihn aus, Charly ist tot.

Ein Aufschrei geht durch das Land, durch die Medien. Das Mordbrennen von Hoyerswerda, Rostock und Solingen liegt erst wenige Monate zurück, und nun soll in Wuppertal ein Halbjude ermordet worden sein? Und wie viel Erleichterung macht sich breit, als sich herausstellt, dass Charly Rahn wohl doch kein Jude war. Eine perverse Erleichterung: *Er war kein Jude. Freue dich Wuppertal!* titelt eine Zeitung. Und Wuppertal freut sich sehr.

Alle Indizien sprechen dagegen, dass Charly Rahn Jude war. Seine Mutter Maria Josefa Mingers stammt aus einer erzkatholischen Familie im Dorf Teveren bei Aachen, sein Vater Karl Rahn von einem Bauernhof bei Rothenburg ob der Tauber. Josefas Cousin erinnert sich gut an das Paar. „Sie hatten sich ineinander verliebt, aber ihre Familie lehnte Karl ab, weil er evangelisch war." Sie zogen fort, nach Wuppertal in die Hospitalstraße 12. Dort kam am 23. November 1938 abends um viertel nach neun ihr einziges Kind zur Welt. Sie gaben ihm die Vornamen des Vaters und seines Bruders, Karl Hans.

Und doch hat Rahn einen Rest Ungewissheit hinterlassen, ein Pikkolofläschchen voll Fantasie. War er so ungemein überzeugend, weil er ein geborener Schauspieler war, oder wusste er etwas, was wir nicht wissen? Was wäre, wenn seine Mutter ihm eines Tages, nach dem Selbstmordversuch vielleicht, etwas gesagt hätte, worüber sie zuvor stets geschwiegen hatte? Ein despektierlicher Vorfahre, der in ihrem rheinisch-katholischen Dorf vertuscht wurde? Oder gar eine unklare Vaterschaft?

Oder hatte irgendwann das über Jahre in sein Ohr geträufelte Gerede seiner Umgebung Wirkung gezeigt? Schon früh hatte er Bemerkungen über sich gehört. Rahn, klingt das nicht wie Kahn, und so heißt jeder zweite Jude. Und die dunklen Augen, Charly, der Gesichtsschnitt, der schwarze Krauskopf. Als Gerhard Uhlemeyer einmal Charly seinem Vater vorstellte, nahm der Viehhändler seinen Sohn beiseite: „Sag mal, das ist aber ein Beisrölchen."

Die Sprache der Viehhändler ist mit jiddischen Ausdrücken nur so gespickt. Ein Beisroler ist ein Jude, vermutlich eine Verballhornung des hebräischen Bajit Israel – Haus Israel. Vor dem Krieg hatte es auf dem Land viele jüdische Viehhändler gegeben. In Sprache und Erinnerung der Älteren lebten sie fort. Die Jüngeren hatten keine Vorstellung, was ein Jude ist. Es gab ja keine mehr. Sie übernahmen es gedankenlos, wenn die Alten sagten: „Beim jungen Rahn ist ein Jude mit drin." Genauso gut hätte es heißen können: ein Puebloindianer.

Oder ein Marsmensch.

Johann Wolfgang von Goethe

Italienische Reise. Rom, 1. März 1788

Nachdem Bd. 1–5 der „Schiften" im Manuskript abgeschlossen waren, begann Goethe Bd. 6–8 vorzubereiten, enthaltend „Tasso" und „Lila" (Bd. 6), „Faust", „Jery und Batelly", „Scherz, List und Rache" (Bd. 7) und „Vermischte Gedichte" (Bd. 8).

Ich habe den Mut gehabt, meine drei letzten Bände auf einmal zu überdenken, und ich weiß nun genau, was ich machen will; geben und der Himmel Stimmung und Glück, es zu machen! Es war eine reichhaltige Woche, die mir in der Erinnerung wie ein Monat vorkommt. – Zuerst ward der Plan zu „Faust" gemacht, und ich hoffe, die Operation soll mir geglückt sein. Natürlich ist es ein ander Ding, das Stück jetzt oder vor *15* Jahren auszuschreiben. Ich denke, es soll nichts dabei verlieren, besonders da ich jetzt glaube, den Faden wiedergefunden zu haben. Auch was den Ton des Ganzen betrifft, bin ich getröstet; ich habe schon eine neue Szene ausgeführt, und wenn ich das Papier räuchere, so dächt' ich, sollte sie mir niemand aus den alten herausfinden. Da ich durch die lange Ruhe und Abgeschiedenheit ganz auf das Niveau meiner eigenen Existenz zurückgebracht bin, so ist es merkwürdig, wie sehr ich mir gleiche und wie wenig mein Inneres durch Jahre und Begebenheiten gelitten hat. Das alte Manuskript macht mir manchmal zu denken, wenn ich es vor mir sehe. Es ist noch das erste, ja in den Hauptszenen gleich so ohne Konzept hingeschrieben. Nun ist es so gelb von der Zeit, so vergriffen (die Lagen waren nie geheftet), so mürbe und an den Rändern zerstoßen, dass es wirklich wie ein Fragment eines alten Kodex aussieht, sodass ich, wie ich damals in eine frühere Welt mich mit Sinnen und Ahnen versetzte, mich jetzt in eine selbst gelebte Vorzeit wieder versetzen muss.

Aus: Johann Wolfgang von Goethe: Rom, 1. März 1788. Aus: Italienische Reise 1775–1794.

Michael Naumann

Der Theatermacher

Das Theater galt in Deutschland einmal als der Tatort des heiligen Weltgeistes, als die Weihestätte der Freiheit, einem beliebten Stichwort aus dem republikanischen Souffleurkasten. Sire ...
Da gab es nichts zu lachen. Mit den barocken Höfen waren ja auch die Narren aus Deutschland verschwunden. Auf deutschen Bürger-Bühnen spreizte sich die ernste Welt, mit Antigone rebellierten wir gegen die Götter, mit Hamlet gegen das Sein, mit Innerlichkeit gegen die lachhafte Versuchung der Komödie, mit Würde wehrten wir uns gegen alles Platte. Dr. habil. Buster Keaton – oder gar nicht. Dem Volke hier ward jeder Tag zum Fest? Aber zur kulturellen Ausnüchterung hatte es doch das Theater. In jeder Kreishauptstadt stand eines, lauter Subventionszentren gediegener Schauspielerei, mit Stammtisch fürs Theatervölkchen im „Weißen Rössl" nebenan. Das also wäre das historische Theater-Feindbild von Peter Zadek, Hamburgs neuem Großwesir am Schauspielhaus. „Die Deutschen", sagte er, „sind sicherlich das einzige Volk auf Erden, das ein schlechtes Gewissen mehr genießt als eine schöne Frau, und genauso sicherlich das einzige Volk, das im Theater Langeweile als positives Erlebnis einstuft."
Das Dumme an der Diagnose ist nur, dass der Gemütstherapeut Zadek seine gelangweilten Deutschen als Patienten braucht, ganz wie der kulturelle Aufruhr, kontrasthalber, das biedersinnige Sonntagsglück benötigt. Ohne Ruhe kein Krawall. Und umgekehrt: So hat denn Hamburg, wie eh und je Hauptstadt der bürgerlichen Contenance und des sehr begrenzten Überziehungskredits, einen feuilletonistisch anerkannten Hofnarren bestellt, hat ihm das teuer renovierte Deutsche Schauspielhaus (Typ: Goldener Muff) überlassen und gedenkt nun, seiner hanseatischen Würde anlässlich des nächsten, allfälligen Zadek-Eklats, ja seines unerschütterlichen Krämergeistes noch gewisser zu werden. Denn die Dialektik des Theaterschocks folgt den ästhetischen Gesetzen der Schockierten und Abgebrühten, nicht den Absichten der frechen, wenngleich angestellten Schockierer. Womöglich sind deren Intentionen auch nicht so tiefsinnig? Vielleicht will Intendant Zadek ja nur amüsieren? „Ein Theaterabend", hatte einmal einer seiner Weggefährten der 50er Jahre gesagt, Kenneth Tynan, „ist grundsätzlich ein Weg, zwei Stunden im Dunkeln zu verbringen, ohne sich zu langweilen." Nun, gepflegtes Desinteresse im Parkett zu erzeugen, ist auch eine Kunst, und irgendwie hat Peter Zadek sich geweigert, sie zu erlernen. Dafür hat ihm die Kritik ein Etikett angeheftet, das er jahrelang würdevoll zu tragen wusste: Er sei, hieß es, ein „Mann des Skandals", also ein Held von heute.

Alle Verdachtsmomente sprachen dafür, er selbst spielte den Geständigen: „Mein erstes Theatererlebnis war ein Skandal." Als Schüler hatte er die Bühne und seine Captain-Hook-Rolle in „Peter Pan" verlassen, als ihn ein Krokodil fressen sollte: „That's unfair."
Da war er schon in England, „German and Jewish, not a very good combination", in den Worten eines College Tutors. Vor Ausbruch der dritten Walpurgisnacht hatten seine Eltern Berlin verlassen, waren nach London emigriert. In der Erinnerung des 1926 geborenen Peter steht das Reisebild eines gepackten Riesenkoffers auf Rollschuhen im Korridor.
Der ewige Goi blieb der flüchtigen Familie erhalten: Am Jesus College in Oxford herrschte für Juden ein Numerus clausus, und Zadek schaffte den Zutritt erst im zweiten Anlauf. Ein echter Brite wurde er, wiewohl naturalisiert, denn auch nie: Sein Reisepass des United Kingdom – eine Freikarte für die Spätvorstellung des Lebens, mehr nicht. Der Besitzer war schon wieder emigriert: ins Theater. Zadek: „Ich wusste nicht, ob ich Engländer oder Deutscher war." Er hatte sich bald nach dem Krieg dazu verstanden, seine persönliche Nation zu gründen – das Theaterensemble, jene Gesellschaft mit eigenen Grenzen, mit bunten Uniformen, zusammenklappbaren Regierungspalästen und der ungeschriebenen Verfassung namens „Kunst". Auf der Bühne wollte er zu sich selbst finden: ein Egoist. Gesucht war „die absolute, perfekte Komposition des Spiels", die vollendete Einstimmung der Schauspieler aufeinander, „sodass die geringste Änderung in der Darstellung sofort von den anderen kompensiert wird" (so der Regie-Eleve Zadek an der Old Vic School in London).

„Theater war noch nie so wichtig und noch nie so schlecht wie heute"

(Peter Zadek auf seiner ersten Hamburger Pressekonferenz, September 1985)

Sollte heißen: Im schönsten Theaterspiel erst verschmelzen die Protagonisten zu einem organischen Selbst, später dann – zur Zadek-Nation, zur enthusiasmierten Truppe. Um sie anzustacheln und zu bewahren, um sie zu bilden und zu beherrschen, bedarf es jedoch auch des äußeren Drucks, der Hitze des Krawalls, des Katalysators offener Feindseligkeiten, kurzum: des Skandals. Gut, er lockt auch das Publikum an. Und doch ist es nur Mittel, nicht aber Zadeks Zweck: ist ordinärer Rahmen, aber nicht das wahre Bild.

Aus: Michael Naumann: Die schönste Form der Freiheit. Siedler Verlag. München 2001.

Das Buch Hiob (1,6–12)

[6] Nun geschah es eines Tages, da kamen die Gottessöhne, um vor den Herrn hinzutreten; unter ihnen kam auch der Satan. [7] Der Herr sprach zum Satan: Woher kommst du? Der Satan antwortete dem Herrn und sprach: Die Erde habe ich durchstreift, hin und her. [8] Der Herr sprach zum Satan: Hast du auf meinen Knecht Hiob geachtet? Seinesgleichen gibt es nicht auf der Erde, so untadelig und rechtschaffen, er fürchtet Gott und meidet das Böse. [9] Der Satan antwortete dem Herrn und sagte: Geschieht es ohne Grund, dass Hiob Gott fürchtet? [10] Bist du es nicht, der ihn, sein Haus und all das Seine ringsum beschützt? Das Tun seiner Hände hast du gesegnet; sein Besitz hat sich weit ausgebreitet im Land. [11] Aber streck nur deine Hand gegen ihn aus, und rühr an all das, was sein ist; wahrhaftig, er wird dir ins Angesicht fluchen.

[12] Der Herr sprach zum Satan: Gut, all sein Besitz ist in deiner Hand, nur gegen ihn selbst streck deine Hand nicht aus! Darauf ging der Satan weg vom Angesicht des Herrn.

Die Bibel: Das Buch Hiob 1, 6–12.

Franziska Polanski

Osterspaziergang

Im Wald. Die Familie beim Osterspaziergang. Es regnet in Strömen.

VATER:	*(schwelgt)* Vom Eise befreit sind Strom und Bäche ...
MUTTER:	Ist das ein Wetter!
VATER:	... durch des Frühlings holden, belebenden Blick. Im Tale grünet Hoffnungsglück, ...
MUTTER:	Nein, so ein Wetter!
TOCHTER:	Wie weit gehen wir denn noch?
VATER:	Ihr habt offenbar überhaupt keinen Sinn für Kultur.
TOCHTER:	Was hat ein Spaziergang in strömendem Regen mit Kultur zu tun?
VATER:	Weißt du überhaupt, was ich eben zitiert habe?
TOCHTER:	Zitiert?
VATER:	Da haben wir es. Meine Tochter kennt den „Faust" nicht! Rita, ist das nicht fürchterlich!?
MUTTER:	Meine Haare sind schon ganz aufgelöst.
VATER:	Der Osterspaziergang hat Tradition, mein Kind. Schon Goethe beschreibt in seinem „Faust", wie die Leute hinaus vor das Tor ziehen und den Frühling begrüßen.
TOCHTER:	Ich sehe gar nicht ein, weshalb man bei so einem scheußlichen Wetter im Wald herumrennen muss.
VATER:	Wir „rennen nicht im Wald herum", wir wandeln auf den Spuren Goethes!
MUTTER:	Gott, Kinder, meine Haare!
VATER:	Gebildete Menschen gehen an Ostern spazieren!
TOCHTER:	Heiner wartet schon über eine Stunde in der Disco auf mich.
VATER:	Aha! Da haben wir es! Discotheken sind meiner Tochter wichtiger als der Osterspaziergang!
MUTTER:	Seid doch friedlich.
VATER:	Nun fängst du auch noch an!
MUTTER:	Ich fange nicht an. Ich weiß nur eines: Das Geld hätte ich mir sparen können.
VATER:	Was für ein Geld denn, Rita?
MUTTER:	Das Geld für die Dauerwelle.
VATER:	Wie kannst du denn jetzt von deiner Dauerwelle reden?
MUTTER:	Wann soll eine Frau denn von ihrer Dauerwelle reden, wenn nicht in strömendem Regen.
VATER:	Es ist hoffnungslos! Du redest von deiner Dauerwelle, Susanne denkt nur an ihre Discothek ... Begreift ihr denn nicht, dass es bei einem Osterspaziergang um andere Dinge geht als um nasse Haare oder geplatzte Rendezvous?
TOCHTER:	Um was geht es denn?
VATER:	Kultur, mein Kind! Aktive Goetherezeption. An Ostern spazieren gehen heißt, ein Stück abendländischer Tradition bewahren!
TOCHTER:	Ich kehre um.
MUTTER:	Lass uns umkehren, Horst.
VATER:	Gut! Bitte sehr. Dann kehren wir eben um! Aber dann, meine Herrschaften, behauptet nicht wieder, es läge an mir. Denn, wahrlich, an mir liegt es nicht!
MUTTER:	Was liegt nicht an dir?
VATER:	Na, wenn Blomüllers wieder behaupten, wir hätten keinen Sinn für Kultur! An mir liegt es nicht!

Aus: Franziska Polanski: Herr Schneider platzt und andere normale Zwischenfälle. © Ullstein Verlag. Frankfurt 1994.

Sie warf ihre Babys auf den Müll - Ihr Freund wollte keins

Diese Frau hat ein Herz aus Stein.

Manuela S. (24, Kellnerin) in Handschellen auf dem Weg zum Richter. Die blonde Hamburgerin hat ihre zwei Babys nach der Geburt in die Mülltonne geworfen. Wie Abfall, wie Dreck.

Die Neugeborenen erstickten qualvoll, ihre Leichen wurden nie gefunden.

Wir wissen nicht mal, ob es Mädchen oder Jungen waren.

Motiv der abscheulichen Taten: Manuela S. hatte Angst, ihren Lebensgefährten (53) zu verlieren. Er wollte keine eigenen Kinder.

Die Todesmutter Manuela S. (24) – auf Gran Canaria wird ihr der Prozess gemacht. „Audienca Provincial" in Las Palmas, das kanarische Strafgericht. Die Deutsche trägt eine schwarze Jeans, einen schwarzen Body, roten Lippenstift. Ein schwerbewaffneter Polizist bewacht sie. Ihr drohen 25 Jahre Gefängnis – nach strengem spanischen Recht.

Alles begann vor vier Jahren. Manuela S. verliebt sich in Arnold D. (damals 50). Ihm gehört eine Gaststätte in Hamburg-Wedel, Manuela jobbt als Kellnerin bei ihm. Beide ziehen zusammen. Arnold sagt immer: „Ich will keine Kinder. Dafür bin ich zu alt."

Im Herbst merkt Manuela: „Mein Gott, ich bin schwanger." Sie verheimlicht es. Als ihr Bauch dicker wird, sagt sie dem Freund: „Das ist eine Magenkrankheit, da sammelt sich Flüssigkeit an." Im Sommer 1992 ist der Bauch plötzlich verschwunden – niemand schöpft Verdacht. Aus dem Geständnis: „Ich habe das Kind gleich nach der Geburt in die Mülltonne geworfen." Vor zwei Jahren. Manuela S. zieht mit Arnold nach Gran Canaria. Sie eröffnen in Puerto de Mogan das Restaurant „Tu y Yo" (Du und ich). Das Fischerdorf im Südwesten gilt als der bezauberndste Ort der Insel, wird „Klein-Venedig" genannt. Manuela wird zum 2. Mal schwanger.

Heimlich bringt sie das Kind zur Welt – auf dem Wohnzimmersofa. Mit einem Küchenmesser schneidet sie die Nabelschnur durch, packt das Baby in ein Handtuch, wirft es in den Müllcontainer. Am Tag darauf hat Manuela schwere Blutungen, ihr Freund bringt sie in die Klinik. Die Ärzte stellen schnell fest: Diese Frau war schwanger.

Manuela gesteht, sagt: „Ich habe es schon einmal getan, in Hamburg ..."

In 10 Tagen Urteil.

Aus: Bild vom 11.2.1995.

Und es bricht doch ...

Heute möchte ich zum ersten Mal eine Frage aufgreifen, die in einer früheren *Stimmt's*-Folge beantwortet wurde *(ZEIT* Nr. 31/98), und die Antwort revidieren. Es geht um die Frage: Kann ein Mensch mit seiner unverstärkten Stimme ein Glas zum Zerspringen bringen? Unter der Überschrift *Selbst Caruso sang zu leise* schrieb ich damals: »Es ist kein dokumentierter Fall bekannt, in dem ein Mensch mit seiner Stimme ein Glas zum Zerplatzen gebracht hätte.«

Das stimmte wohl auch. Inzwischen aber ist das Kunststück tatsächlich vollbracht (und ich danke dem Leser David Käthner aus Chemnitz für den Hinweis): In der 31. Folge der Sendung *Mythbusters,* erstmals ausgestrahlt in dem amerikanischen Discovery Channel am 18. Mai 2005, ließen die Experimentatoren Glas zerspringen. Der Trick besteht darin, die Eigenfrequenz des Glases zu bestimmen und es dann mit genau dieser Frequenz zum Schwingen anzuregen. Zunächst wurde das mit einer Stimme demonstriert, die elektronisch verstärkt war – was allerdings nicht ganz der ursprünglichen Aufgabe entspricht. Dann aber trat der Rocksänger Jaime Vendera auf den Plan, der angeblich über einen Stimmumfang von sechs Oktaven verfügt. Neunzehnmal versagte er, aber beim 20. Versuch (und beim 12. Glas) machte es »klirr«. Also: Nicht alles, was bisher nicht geschehen ist, ist deshalb schon unmöglich. **CHRISTOPH DRÖSSER**

Freispruch in Prozess um Rechtsbeugung

Gericht wirft Reutlinger Amtsrichter aber „Versagen in ungewöhnlichem Maß" vor

Von unserem Redaktionsmitglied Theo Wurm

Rottweil, 10. Mai

Eine Strafkammer des Landgerichts Rottweil hat am Dienstag den 44jährigen Reutlinger Amtsrichter Günther Joos von der Anklage der Rechtsbeugung freigesprochen, „ihm aber gleichwohl den Vorwurf gemacht, „in ungewöhnlichem Maße versagt und den bösen Schein sachfremder Entscheidungen geliefert zu haben". Die Anklage hatte in diesem ersten Verfahren wegen Rechtsbeugung 20 Monate Haft beantragt.

Wie der Kammervorsitzende Günther Jose in der mündlichen Urteilsbegründung vortrug, hat sich der Amtsrichter zwar eine Reihe von Verstößen gegen die Strafprozessordnung zuschulden kommen lassen, im subjektiven Bereich sei aber der Nachweis nicht zu erbringen gewesen, dass der Angeklagte „vorsätzlich" oder „aus bedingtem Vorsatz" heraus einen Stadtstreuner für 12 Tage unter rechtswidrigen Umständen in Haft nahm, der den Richter auf dem Bahnhof belästigt und beschimpft hatte. Es sei Joos nicht zu widerlegen, dass er sich damals nicht selbst in seiner Person bedroht gefühlt, sondern darin eine Drohung gegen das Richteramt gesehen habe. Das möge von Außenstehenden als eine Bewusstseinsspaltung angesehen werden können. Der Amtsrichter habe jedoch „unwiderlegbar" die Auffassung vertreten, dass ihn die Strafprozessordnung an seinem Vorgehen nicht hindere.

Von der objektiven Seite her sah der Gerichtsvorsitzende auch das für den Tatbestand der Rechtsbeugung maßgebliche Merkmal, dass die Rechtsanwendung „unvertretbar" sein muss, als nicht gegeben an. Die rechtliche Würdigung der Vorfälle auf dem Reutlinger Bahnhof sei in der Sache nicht abwegig und der Erlass des Haftbefehls sei vertretbar gewesen. Jose begründete diese Beurteilung damit, dass das Amtsgericht Reutlingen den Stadtstreicher wegen versuchter Nötigung zu zwei Monaten Haft verurteilte, auch wenn nach einer Berufungsverhandlung lediglich eine Geldstrafe von 30 Tagessätzen wegen Beleidigung rechtskräftig wurde.

Im Hinblick auf mehrere Verstöße des Amtsrichters gegen die Strafprozessordnung, nach der er als „Verletzter" weder die Festnahme noch die Vorführung anordnen und auch nicht den Haftbefehl erlassen durfte, bescheinigte ihm die Strafkammer, dass er in dieser „Ermittlungssache versagt hat". Er habe das Gespür dafür vermissen lassen, dass er nicht zugleich als Mitbetroffener, als künftiger Zeuge, als weisungsgebender Staatsanwalt und als Richter hätte handeln dürfen. In einer „zumindest äußerst ungeschickten und lebensfremden Betrachtungsweise" habe er den Anlass zu dem Verfahren gegen sich gegeben. „Hätte Joos sich nur einmal in die Situation von K. versetzt", rügte Jose. Die Kammer sei nicht in der Lage, dem Angeklagten „weder richtiges noch rechtsmäßiges Verhalten zu attestieren".

Rottweiler Richterschelte

Keinen Schuldspruch, aber doch ein fast vernichtendes Urteil fällte die Große Strafkammer des Landgerichts Rottweil über das Verhalten des ersten Richters der Bundesrepublik, der sich wegen des Vorwurfs der Rechtsbeugung auf der Anklagebank zu verantworten hatte. Dieser scheinbare Widerspruch mutet äußerst unbefriedigend an. Er könnte den Verdacht nähren, die Kammer sei inkonsequent gewesen, um den Kollegen zu schonen.

Dabei ist ihr allerdings zugute zu halten, dass sie im Gegensatz zu den Verteidigern des Angeklagten Richters und auch in direktem Widerspruch zu dessen eigenen Darlegungen deutlich jene Rechtsverstöße beim Namen nennt, die er sich zuschulden kommen ließ. Was da im Verfahren selbst an Schauerlichkeiten aus der Justizpraxis zur Entlastung angeführt worden war, lässt die Kammer nicht gelten. Ohne augenzwinkernde Kompromisse verwirft sie alle Rechtfertigungen, die unter Berufung auf ein „Gewohnheitsrecht" vorgebracht worden waren, das sich erschreckend weit vom Willen des Gesetzgebers entfernte. Hier unnachgiebige Schelte geübt und die nötige Klarheit wiederhergestellt zu haben, ist auch ein wesentlicher Bestandteil des Richterspruches.

Zu berücksichtigen ist außerdem, dass die Kammer völliges Neuland betrat, als sie den Tatbestand der Rechtsbeugung zu prüfen hatte. Um diesen Tatbestand als gegeben anzusehen, musste „der bedingte Vorsatz" zu erkennen sein, dass der angeklagte Richter seine Rechtswidrigkeiten aus einer bösen Absicht heraus in Kauf nahm. Eine solche Absicht ist aber praktisch kaum nachzuweisen. Hier hielt sich die Kammer gewiss auch schon deshalb gerne zurück, weil ein Schuldspruch den Richter nicht nur mindestens für ein Jahr ins Gefängnis gebracht, sondern auch seine richterliche Existenz gekostet hätte. Der Verdacht oder der Anschein war gegen einen Mann kaum weiter zu erhärten, der sich unwiderlegbar und beängstigend zugleich als die leibhaftige Justiz fühlt.   wu.

Wie beeinflussen Brüder und Schwestern einander? Wo liegen die Wurzeln ihrer Hassliebe? Wieso sind leibliche Geschwister - aufgewachsen mit denselben Eltern, demselben Schokopudding und demselben Abendgebet - so verschieden?

Was die Forscher bereits wissen, widerspricht vielen aufrechten Überzeugungen und liebgewonnenen Klischees:

▶ Obwohl Geschwister das Erbgut derselben Eltern in sich tragen und in derselben Umgebung aufwachsen, unterscheiden sie sich in ihren Persönlichkeitsmerkmalen stärker voneinander als willkürlich auf der Straße aufgelesene Personen mit entsprechendem Alter, entsprechendem Geschlecht und ähnlicher sozialer Herkunft. Der Befund gilt bis hin zum Intelligenzquotienten.

▶ So sehr sie es auch beteuern mögen: Eltern behandeln ihre Kinder weder gleich, noch sind sie ihnen alle gleichermaßen lieb. Oft haben Vater und Mutter unterschiedliche Favoriten. In den USA, so das Ergebnis zweier Großstudien, bevorzugen die meisten Mütter das jüngere Kind.

▶ Zank und Balgerei im Kinderzimmer sind normal und, solange sie nicht ausarten, wünschenswert: „Rivalität wirkt als Entwicklungsmotor; Eifersucht ist Mörtel für die eigene Identität", sagt Kasten. „Sie spornt zu Leistungen an und hilft, sich abzugrenzen."

▶ Geschwister erleben nie das Gleiche. Auch die gemeinsamen Rituale der Kindheit nehmen sie unterschiedlich wahr: Den einen quält das Abendlied vor dem Zubettgehen, der andere versteht es als mütterliche Zuwendung.

Selbst eineiige Zwillinge mit identischem Erbgut interpretieren eine identische Umwelt zuweilen entgegengesetzt: Der eine zieht sich nach dem Tod des Vaters zurück, der andere hängt sich an die Mutter. In ihrer Vorstellung haben Geschwister nie dasselbe Elternhaus.

Entsprechend verzerrt sehen sie sich auch gegenseitig. „Er ist nett", schwärmt Nancy, zehn Jahre alt, den britischen Verhaltensgenetikern Judy Dunn und Robert Plomin vor. „Ich weiß nicht, was ich ohne einen Bruder machen würde." Sie sei „ziemlich eklig", erklärt der sechsjährige Carl. „Wir reden nicht viel miteinander. Und manchmal schimpft sie mich richtig böse aus."

Jedes Geschwister-Dasein bedeute ein „hochkomplexes Gefühlswirrwarr", fasst Wissenschaftler Frick zusammen, der darüber ein Buch mit dem Titel „Ich mag dich - du nervst mich!" geschrieben hat*. „Brüder und Schwestern bilden die erste soziale Gruppe, in die ein Kind sich einfügen muss."

Bei ihnen lernten sie das ganze Spektrum menschlicher Gefühle wie Liebe, Hass, Freude, Trauer, Rivalität oder Enttäuschung. „Und sie merken, wie ambivalent Beziehungen sind: Hass und Liebe können stündlich wechseln."

Das Kinderzimmer als Trainingslager, Geschwister als Sparringspartner für alle Siege und Niederlagen der frühen Persönlichkeitsbildung. Kaum etwas bleibt ihnen verborgen: nicht die erste Nacht ohne Win-

del, nicht die ersten Pubertätspickel, nicht das erste „mangelhaft" in Mathematik. Keiner weiß so zielsicher eine 13-Jährige zu treffen wie der jüngere Bruder morgens beim Frühstück: „Wenn ich so dicke Schenkel hätte wie du, ich würd mich nicht in die Schule trauen."

So viel Nähe erzeugt, was Psychologen „Tiefenbindung" nennen - und die halt lange an. „Die Geschwisterbeziehung", sagt Frick, „ist die dauerhafteste eines Menschen." Eltern sterben, Partner und Freunde kommen und gehen, doch Bruder und Schwester bleiben einem in der Regel lebenslang erhalten.

Bereits ein Siebenjähriger verliert seinen Kumpel, wenn er sich unablässig

„Geschwister als Sparringspartner – das Kinderzimmer als Trainingslager."

bockig anstellt. Den Bruder aber wird kein Kind los. Brüder und Schwestern lassen sich lange strapazieren.

In Glücksfällen ergänzen und unterstützen sie einander als eingespielte Teams: Jan Ullrich und sein Bruder Stefan, seit langer Zeit Mechaniker des Radrennfahrers; die öffentlichkeitsscheuen Discount-Milliardäre Theo und Karl Albrecht von Aldi-Nord und Aldi-Süd; Charlotte, Emily und Anne Brontë, Schriftstellerinnen im viktorianischen England; oder John Fitzgerald und Robert Kennedy: Als Wahlkampfleiter verhalf der Jüngere dem Älteren mit zum Präsidentschaftssieg.

Unter tragischen Umständen müssen sie Verrat üben, wie David Kaczynski, der 1996 den Aufenthalt seines älteren Bruders preisgab. Ted, bekannt geworden als „Unabomber", hatte in den USA mit Briefbomben mehrere Menschen getötet.

Oft begegnen sie sich bis ins hohe Alter in den als Kind erprobten Rollen: groß und klein, gescheit und dumm, schön und unscheinbar. Die große Schwester, die den kleinen Bruder schon immer an alles meinte erinnern zu müssen, ermahnt ihn noch als 50-jährigen Konzernmanager, Tante Ulla zum Geburtstag zu gratulieren. Die Jüngere, die sich immer benachteiligt fühlte, spürt als 60-Jährige endlich Gerechtigkeit, weil sich ihr Hals langsamer in Falten legt als der ihrer Schwester - und reibt es ihr lächelnd beim ersten Schluck Champagner auf das neue Jahr hin.

„Geschwister", sagt der Zürcher Psychologe Frick, „haben Macht. Man kann zu ihnen keine Nichtbeziehung haben.

Man hat so viel Zeit miteinander verbracht. Selbst wenn man sich überwirft und nicht mehr miteinander spricht: In Gedanken wird man sie nicht los." Brüder und Schwestern beschäftige ihr Leben lang ein menschliches Grundthema: „Sie suchen die Anerkennung des anderen."

Und dabei strapazieren sie einander - seit je finden sich in allen Kulturen Geschichten über ihren Zwist und Hass. „Ich habe große Rechte, über die Natur ungehalten zu sein", wütet Franz Moor in Friedrich Schillers Rebellionsstück „Die Räuber". „Warum bin ich nicht der Erste aus dem Mutterleib gekrochen?"

Im Alten Testament erschlägt Kain seinen Bruder Abel, weil er ihm Gottes Wohlwollen nicht gönnt. Jakob überlistet Esau und bringt den Älteren für ein Linsengericht um das Erstgeborenenrecht; Jakobs ältere Söhne verkaufen Josef, Vaters Liebling, aus Missgunst in die Sklaverei. Im Neuen Testament wütet der gehorsame gegen den rebellischen Bruder, weil der Vater den „verlorenen Sohn", das Problemkind, ebenso großherzig aufnimmt wie ihn, den Vorzeigejungen.

Burlesker die Szenen in den Mythen der Ägypter und Griechen: Seth ermordet seinen Bruder Osiris gleich zweimal; Atreus schlachtet aus Rache die Kinder des älteren Thyestes und setzt sie ihm zum Mahl vor.

Die deutschen Märchen umspielen neben Neid und Hass andere zeitlose Geschwisterthemen: Hänsel und Gretel, im Hexenwald auf Gedeih und Verderb einander ausgeliefert, stehen für die innige Verbundenheit zwischen Geschwistern, wie sie sich symbolisch im Bruderkuss oder in den Schwesternschaften der Nonnen wiederfindet. Aschenputtel leidet unter der Stiefmutter und den Patchwork-Schwestern; das Schicksal von Goldmarie und Pechmarie erzählt eine Menge über Schwestern, Konkurrenz und Erfolg.

Nur endet die Wirklichkeit zuweilen nicht wie im Märchen: Ein 15-jähriger Münchner ermordet seinen 11-jährigen Halbbruder mit einem Messer, Motiv: Eifersucht; eine 30-jährige Kölnerin verlässt einen Mann nach dem anderen, weil sie von ihrem Bruder geschlagen wurde; ein Hamburger, als Ältester in einer Patchwork-Familie aufgewachsen, verweigert die Fortpflanzung - er hasse seither kleine Kinder, erzählt er seiner Therapeutin.

„Wir müssen die Beziehungsmuster zwischen Geschwistern besser verstehen", sagt der Münchner Professor Kasten, „denn zuweilen sind sie Ursache krankhafter Gemütszustände." In der psychologischen Ausbildung werde das Thema noch immer unterschätzt, kritisiert auch der Zürcher Wissenschaftler Frick.

Selbst die Psychoanalytiker, wie kaum eine Zunft an tiefen Bindungen interessiert, haben sich verblüffend lange nicht um Brüder und Schwestern gekümmert. C. G. Jung, der als Vater der Analytischen Psychologie gilt, widmet Geschwistern kaum ein Wort.

Der Begründer der modernen Tiefenpsychologie Sigmund Freud, als ältestes von acht Kindern von der Mutter „mein goldener Sigi" genannt, beschäftigte sich hauptsächlich mit der Bindung zwischen Eltern und Kind. Geschwister bedeuteten ihm vor allem Staffage für die eigene Rolle: „Wenn man der unbestrittene Liebling der Mutter gewesen ist, so behält man fürs

Leben jenes Eroberergefühl und jene Zuversicht des Erfolges, welche nicht selten den Erfolg nach sich zieht."

Immerhin: Sein Widerpart Alfred Adler machte sich in den zwanziger Jahren bestechend einfache Gedanken. Der Charakter eines Kindes, so der Urheber der Individualpsychologie, hänge ab von dessen Platz in der Geschwisterfolge. Der Erstgeborene: traditionell, konservativ, rechthaberisch; der Mittlere: in sich ruhend, frei, ungebunden; der Letzte: ein seltsamer Außenseiter.

Vor wenigen Jahren veröffentlichte der US-Wissenschaftshistoriker Frank Sulloway eine Systematik, die weltweit Aufsehen erregte. In mehr als 20 Jahren hatte er über 6000 Lebensläufe aus den vergangenen fünf Jahrhunderten untersucht.

Seine Frage: Warum wird ein Rebell zum Rebellen, ein Kreativer zum Kreativen, wie gelangt ein Mächtiger zur Macht?

Seine Antwort: Die Rebellen rebellieren schon als Kleinkinder. Sie müssen sich als Spätgeborene durchsetzen und ihre Ideen gegen die hergebrachte Familientradition durchboxen. Die Erstgeborenen aber, die mit einem Vorsprung an elterlicher Zuwendung aufwachsen, entwickeln sich zu mächtigen, selbstsicheren, verantwortungsbewussten, aber auch konservativen Menschen – ihnen hat das bewährte Familiensystem ja nur das Beste gebracht.

21. FEBUAR 1431 Heute sah ich die Inquisitin zum ersten Mal. Ein kräftiges Mädchen, gut gewachsen, mit bäuerlichem Gesicht, dunklem Haar und üppiger Brust, von subtiler Schönheit, gesund und mit einer angenehmen Stimme gesegnet. Ihr Auftreten vor den Herren Doktoren war außergewöhnlich geistesgegenwärtig. Ich konnte mich der Bewunderung kaum erwehren. Mit folgenden Worten trat sie der Heiligen Inquisition entgegen: „Ihr nennt Euch meine Richter. Ich weiß nicht, ob Ihr es seid. Aber hütet Euch, dass Ihr nicht

„GOTT HAT MICH DEM KÖNIG ZU HILFE GESCHICKT"

übel richtet, Ihr würdet Euch in große Gefahr begeben! Gott hat mich, Jeanne, dem König von Frankreich zu Hilfe geschickt!"

Ihr Mut ist kaum zu erklären, außer durch den Beistand des Bösen. Drei englische Adlige und mehrere Soldaten bewachen sie rund um die Uhr im Turm des Schlosses Bouvreuil zu Rouen. Tags wird sie von ihnen schikaniert, nachts bedrängt. Trüge sie keine Männerkleidung, so wäre die Jungfrau längst in den Stand der Todsünde gefallen, was Gott verhüten möge. Ihre Füße liegen in doppeltem Eisen, an Händen und Hals sie an einen Holzblock gekettet. Und doch scheint sie ihr Schicksal leicht zu nehmen. Sie wirkt voller Zuversicht. Offenbar rechnet sie jeden Tag mit ihrer Befreiung aus den Händen der Heiligen Inquisition. Die über 60 gelehrten Beisitzer konnten sie nicht einschüchtern. Dabei hat sie es nicht nur mit einfachen Bettelmönchen zu tun, zu denen ich mich zähle, sondern mit den berühmtesten Professoren der Universität von Paris, Domherren von Rouen, normannischen Äbten, Weltgeistlichen. Der Vorsitzende Richter Pierre Cauchon, Bischof von Beauvais, Rektor der Universität Paris und Teilnehmer am Konzil von Konstanz, ist für seine Schärfe bekannt. Seit dem Vertrag von Troyes steht er fest auf Seiten der Engländer. Wer möchte an seine Unparteilichkeit in dieser Untersuchung glauben? Ich weiß nicht, ob Johanna sich ihrer Lage bewusst ist. Sie

Kardinal Heinrich Beaufort, Bischof von Winchester, verhört die kranke Johanna von Orléans in ihrer Zelle (Gemälde von Paul Delaroche)

fühlt sich als Kriegsgefangene der Engländer und scheint nicht recht zu verstehen, dass sie der Häresie angeklagt ist und nur in Sachen des Glaubens geprüft wird. Ich habe sie heute zurück in ihr Verlies geleitet. Da verriet sie mir, was sie von dem Prozess wirklich hält: „Bruder Ladvenu, die Wahrheit ist doch: Sie wollen um jeden Preis die Panik bannen, die bei meinem Anblick selbst ihre besten Truppen in die Flucht schlägt. Wie hoffen sie, das zu erreichen? Indem sie mir die magische Kraft absprechen, die ich besitze, und alle Welt davon überzeugen, ich sei nicht vom lieben Gott, sondern vom Teufel gesandt! Aber ich, Johanna, Jungfrau, Magd Gottes, weiß so sicher, wie Jesus für unsere Sünden gestorben ist, dass es die Heiligen Michael, Katharina und Margareta sind, die mir Gottes Worte überbringen."

22. FEBRUAR 1431 Im zweiten öffentlichen Verhör fragte man sie nach ihrer ersten Offenbarung. Sie antwortete stolz und rückhaltlos. Ich versuche hier, ihre Aussage so vollständig wie möglich wiederzugeben: „Als ich 13 Jahre alt war, hörte ich eine Stimme, die von Gott kam, um mich zu leiten. Das erste

Mal hatte ich große Furcht. Die Stimme kam zur Mittagsstunde, im Sommer, als ich im Garten meines Vaters war, an einem Fastentag, und sie kam von der rechten Seite, von der Kirche her, und es war eine große Helligkeit. Da wusste ich, dass es die Stimme eines Engels war, der mich immer beschützen wird. Ich versprach ihm, jungfräulich zu bleiben, solange es Gott gefalle. Danach sagte er mir, dass ich das Haus meines Vaters verlassen müsse. Ich solle mich beeilen und Orléans von der englischen Besatzung befreien. Der Engel erzählte mir von dem großen Elend, das im Königreich Frankreich war: die Armagnacs und die Burgunder seit langer Zeit in Fehde, Johann von Burgund, ein Verräter an Frankreich, auf Seiten des Herzogs von Bedford, der sich für den König von England und Frankreich hält. Ich musste weinen, als ich vom belagerten Orléans und von der Verzagtheit unseres Dauphins, Karl VII., dem rechtmäßigen König von Frankreich, erfuhr. Aber wie sollte ich, ein armes Mädchen, das nichts vom Reiten und vom Kriegführen verstand, dem König zur Krönung verhelfen? Die Stimme sagte mir, ich solle zu einem gewissen Hauptmann in Vaucouleurs gehen; er würde mir Leute geben, die mit mir kämen, und ein Schwert."

Ich fürchte, Johanna träumt noch immer von ihrer glorreichen Befreiung. Dabei pfeifen es die Spatzen von den Dächern: Der König hat seine Retterin schon lange vor ihrer Gefangennahme fallen gelassen. Die einen sagen, aus Eifersucht auf ihren Ruhm im ganzen Land. Die anderen glauben, weil er um jeden Preis Frieden schließen wollte mit den Engländern. Dabei hätte ihm die Kriegstreiberin Jeanne im Weg gestanden. Welch ein Undank, wenn man bedenkt, was sie für ihn getan hat! Wo ist er jetzt, ihr geliebter Dauphin, dem sie die Befreiung von Orléans schenkte? Heute berichtete sie uns den Hergang des Geschehens: Die Stadt war seit einem halben Jahr von den Engländern belagert und mit Bollwerken und Festungstürmen umstellt worden. Als sich die französischen Truppen aufmach- →

„ES IST MIR UNMÖGLICH, ZU WIDERRUFEN"

Das Gemälde von George William Joy zeigt die vom Kampf erschöpfte Johanna in voller Rüstung

ten, die Stadt zu befreien, zählte das englische Heer 5000 Soldaten. Am 29. April im Jahr des Herrn 1429 gelang der Durchbruch. Alle Menschen in Orléans, gleich welchen Geschlechts oder Standes, hielten Johanna für die Befreierin. Sie empfingen die kriegerische Jungfrau begeistert. Sie allein soll den Glauben der Soldaten an einen Sieg entzündet haben. In den kommenden Tagen richtete die Jungfrau drei Briefe an die Engländer, des Inhalts, dass sie im Namen Gottes ihre Bastionen verlassen und in ihr Land zurückkehren sollten. Täten sie das nicht, so werde sie, Johanna, Magd Gottes, ein Kriegsgeschrei erheben, dass man ewig daran denken wird. Am Abend des 6. Mai versammelten sie die Heerführer. Gemäß ihrer heutigen Erklärung beim öffentlichen Verhör hielt sie folgende Ansprache: „Steht morgen zeitig auf, früher als heute, und tut euer Bestes! Haltet euch immer an meiner Seite, denn morgen muss ich viel tun, mehr als je zuvor, und morgen wird aus meinem Leib Blut fließen, oberhalb meiner Brust." Im Morgengrauen des nächsten Tages stürmten die Franzosen das Fort der Tourelles. Dabei wurde Johanna von einem Pfeil an der Schulter getroffen. Wahrlich, die Rolle der Prophetin spielt sie sehr glaubwürdig. Nachdem die Blutung mit Öl und Fett gestillt worden war, legte sie wieder ihre Rüstung an, ergriff ihr Banner und trieb die müden Truppen zu einem neuen Ausfall an. Tags darauf war

Orléans frei. Welch ein undankbarer König, der diese Taten und alle anderen, die noch folgen sollten, so schnell vergaß!

24. FEBRUAR 1431 Johanna geht ihrem Verderben entgegen. Die Doktoren und Priester stellten ihr immer wieder neue Fallen: Ob sie genau wisse, dass sie im Stand der Gnade sei. Sie antwortete darauf: „Wenn ich es nicht bin, möge Gott mich dahin bringen, und wenn ich es bin, möge Gott mich darin erhalten." Eine geschickte Replik, gewiss, aber doch von einem Hochmut, den sich die Heilige Kirche nicht bieten lassen kann. Als ich die Angeklagte zurück in ihre Zelle geleitete, erlaubte sie mir Einblick in ihren Geisteszustand. Sie sagte mir: „Meine Stimme hat mir versichert, dass ich Hilfe erlangen werde. Ich weiß nicht, ob sie darin besteht, dass ich aus dem Gefängnis befreit werde, oder ob während des Prozesses ein Trubel ausbricht. Ich denke, es wird das eine oder das andere sein. Ich glaube noch immer an meine Befreiung. Aber ich weiß weder den Tag noch die Stunde. Ich bin ganz ruhig und heiteren Gemüts."

10. MÄRZ 1431, erstes Sonderverhör. Die Inquisitin wird immer strenger angefasst. Sie

eröffnete mir, dass sie jene Stimmen bat, bald sterben zu dürfen, ohne lange Qualen der Gefangenschaft. Man sieht ihr die Spuren der ständigen Verhöre an, der strengen Haft, der Einsamkeit, der verdorbenen Nahrung, der Pressionen durch die Wachmannschaften. Qualvoller für sie ist anscheinend, dass ihr die Sakramente verweigert werden. Solange sie Männerkleidung trägt, kann man sie nicht die Messe hören lassen.

28. MÄRZ 1431 Auf 70 Anklagepunkte ist der Herr Promotor der Kirche, Jean d'Estivet, gekommen. Ich muss leider berichten, dass viele Aussagen der Inquisitin verdreht und verfälscht wurden. Das ist der Kirche unwürdig. Die Aussagen wurden ihr noch mal übersetzt und verlesen, und alles, was sie antworten durfte, war: ich glaube es, oder: ich glaube es nicht. Anschließend forderte sie der Promotor auf, sich der Kirche auf Erden zu unterwerfen in allem, was sie getan hat, sei es gut oder schlecht, namentlich in ihren Verbrechen. Sie sagte: „Ich werde mich gern der streitbaren Kirche unterwerfen. Aber von dem, was Unser Herr mich tun hieß und befehlen wird, werde ich um keines lebenden Menschen willen ablassen. Es ist mir unmöglich, zu widerrufen. Man will mir weismachen, meine Offenbarungen seien Trugbilder und Teufelswerk. Ich antworte: Ich unterwerfe mich Gott und befolge sein Gebot."

9. MAI 1431 Ich danke Euch, Herr, für den Beistand, den Ihr der Angeklagten gewährt habt! Zwei Henker haben sie mit glühenden Kohlen, Schrauben, Haken und Zangen bedroht. Sie solle abschwören. Selbst da noch widerstand sie. Ihre Antwort: „Wahrhaftig, selbst wenn Ihr mir die Glieder brechen und die Seele vom Körper trennen solltet, würde ich nichts anderes sagen." Das hat gewirkt. Angesichts der Verstocktheit ihrer Seele haben die Richter eingesehen, dass die Folter bei ihr nur von schwachem Nutzen wäre. →

FOTO: LAUROS·GIRAUDON/ROUEN, MUSÉE DES BEAUX-ARTS

14. MAI 1431 Heute hat die Pariser Universität, Leuchte aller Wissenschaft und Ausrotterin aller Irrlehren, ihr Gutachten publiziert. Man befindet auf Abgötterei, Schisma und Abtrünnigkeit. Johannas Offenbarungen müssten von teuflischen Geistern stammen, deshalb trage sie auch kurze, über den Ohren rundgeschnittene Haare. Sie sei mörderisch und grausam, blutrünstig und aufrührerisch, zur Tyrannei aufwiegelnd und gotteslästerlich. Sie hat das Gebot, Vater und Mutter zu ehren, übertreten. Was für ein Niedergang seit ihren glorreichen Tagen! Bevor man sie seinerzeit vor den Dauphin ließ, unterzog man sie einer Prüfung. Man untersuchte ihre intimen Partien und bestätigte sie als wahre und unberührte Jungfrau. Ein theologisches Gutachten wurde dem König ausgestellt. Darin stand, dass er ihre Hilfe nicht zurückweisen dürfe, da die Gebete des armen Volkes und aller friedliebenden Franzosen auf ihrer Seite seien. Nichts Böses habe man in ihr gefunden, nur Gutes, Demut, Jungfräulichkeit, Ehrlichkeit,

Bescheidenheit. Heute wirft man ihr Hochmut, Unzüchtigkeit, Ungehorsam, Vermessenheit, Frechheit und Anmaßung vor.

24. MAI 1431 Ich bin meiner eigenen Überzeugung nicht mehr sicher. So weit hat es dieses Mädchen vom Lande also gebracht. Soll ich mich freuen, dass sie heute abgeschworen hat? Gewiß, sie rettete damit ihr Leben. Aber auch ihre Seele? Am Morgen hatte man sie auf den Friedhof von Saint-Ouen gebracht, wo ein Scheiterhaufen und zwei Holzgerüste errichtet waren. Auf dem größeren Gerüst saßen die Richter, ihnen gegenüber Johanna. Ein Haufen englischer Soldaten und viele Schaulustige hatten sich dort zusammengerottet. Die Angeklagte wurde noch einmal aufgefordert, abzuschwören. Für diesen Fall versprach man ihr, sie werde in den Gewahrsam der Kirche kommen und immer eine Frau bei sich haben. Erst blieb sie unbeirrt. „Was die Unterwerfung unter die Kirche angeht, so habe ich schon geantwortet." Der Magister der Theologie Guillaume Erard erwiderte, wenn sie nicht widerrufe, werde sie noch heute durch das Feuer sterben. Bischof Cauchon begann, das Todesurteil zu verlesen, und der Scharfrichter näherte sich der Jungfrau mit seinem Karren. In diesem Moment verließen sie die Kräfte. Sie unterbrach den Bischof und rief aus, sie wolle tun, was ihr die Kirche auferlege. Aus den Reihen der Zuschauer kamen empörte Rufe, Steine wurden geworfen. Einer rief, Bischof Cauchon sei ein Verräter. Unter dem Geschrei der Meute, die Blut sehen wollte, unterzeichnete Johanna eine Abschwörungsformel. Dabei lächelte sie. Dieses Lächeln - es geht mir seither nicht mehr aus dem Kopf.

28. MAI 1431 Ich habe mich nicht in ihr getäuscht! Johanna ist rückfällig geworden. Heute morgen begaben sich die Richter ins Gefängnis und fanden sie in Männerkleidern vor, die sie auf Anordnung der Kirche abgelegt hatte. Gefragt, warum sie erneut Männerkleider trage, antwortete sie, sie trage lieber Männerkleider. Worauf ihr gesagt wurde, sie habe geschworen, nie wieder so zu tun. Darauf sie: „Es ist schicklicher, Männerkleider zu tragen, solange ich unter Männern bin. Und außerdem habe ich sie wieder angelegt, weil man das mir gegebene Versprechen nicht gehalten hat, nämlich die Messe hören und den Leib Christi empfangen zu dürfen und mir die Fußeisen abzunehmen. Ich will lieber sterben, als in Fußeisen zu sein."

30. MAI 1431 Mir zittert die Hand, während ich die Ereignisse dieses Tages niederschreibe. Gegen neun Uhr morgens wurde Johanna an einen Karren gebunden und von mehreren hundert englischen Soldaten zum Alten Marktplatz von Rouen geführt. Man fesselt sie an ein Gerüst aus Gips gegenüber der Tribüne, auf der die Richter sitzen. Es dauert fast eine Stunde, bis die Predigt vorbei ist („Wenn ein Glied leidet, so leiden alle Glieder mit ihm", 1. Kor. 12,26). Dann verliest Bischof Cauchon das Urteil: „Wir verkünden, dass wir dich als faules Glied aus der Einheit der Kirche herausgerissen und ausgestoßen haben und dich der weltlichen Gerichtsbarkeit überlassen." Daraufhin ziehen sich die obersten Klerikalen zurück – ecclesia abhorret a sanguine (die Kirche verabscheut Blut). Das Feuer wird angezündet. Ich halte ihr das Kruzifix vor Augen. Der Scheiterhaufen war so hoch aufgeschichtet worden, dass der Scharfrichter der Verurteilten nicht den Gnadenstoß versetzen kann. Sie verbrennt unter großem Murren der Zuschauer. Ihr letztes Wort, das ich verstehen kann, ist „Jesus!"

Ihre Asche wurde in die Seine gestreut. Ein Gerücht kam mir gerade zu Ohren. Angeblich ist Johannas Herz nicht verbrannt.

Hiermit schließe ich meinen Bericht über Johanna, Jungfrau und Magd Gottes. Gott, steh uns bei und vergib uns unsere Sünden! Gezeichnet Martin Ladvenu, Dominikaner, Bruder des Klosters zu Rouen

MIRIAM GEBHARD

Später Sieg

Im französischen Nationalgedächtnis lebte Jeanne d´Arc, die Jungfrau aus Lothringen, als Landesretterin weiter. Die Schlachten, die dank ihrer charismatischen Ausstrahlung gewonnen wurden, führten am Ende dazu, dass sich der furchtsame und träge Karl VII. in Reims zum König krönen ließ – ein wichtiger Schritt für die Einigungs- und Zentralisierungsbestrebungen der französischen Monarchie. Im aufgeklärten kulturellen Gedächtnis übernahm Johanna von Orléans die Rolle als Streiterin gegen repressive katholische Kirchenautorität.

„Denn wo die Liebe hinfällt..."

Ist Schillers „Kabale und Liebe" überholt oder ist die Gesellschaft noch ein Problem für manche Paare?

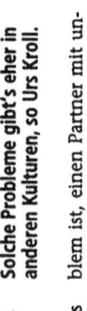

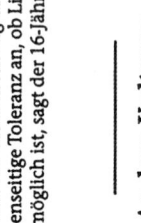

Liebe hat es nicht immer leicht – in früheren Zeiten schon gar nicht. Das zeigt zum Beispiel Schillers Klassiker „Kabale und Liebe". Doch ist das heute auch noch so? Sind Gesellschaftszwänge immer noch nahezu undurchdringlich oder ist es inzwischen okay, den Partner zu wählen, den man auch wirklich liebt? Die N-P@ge hat mal nachgefragt.

Katharina Weiß, 18 Jahre, ist der Meinung, dass es Klassenunterschiede zwar auch heute noch gibt, diese aber eher im Ausland zwingend sind. Ausschlaggebend sei hier aber nicht mehr der Adel-Bürgertum-Konflikt wie in „Kabale und Liebe", sondern die soziale Stellung in der Gesellschaft. „Die freie Wahl der Liebe wird sowieso in vielen Ländern meist durch die Eltern unterbunden: Die Ehemänner werden von den Eltern schon kurz nach der Geburt ausge-

Partnerwahl ist im Ausland ein Problem, findet Katharina Weiß.

sucht und die Meinung der Frau wieder einmal unterdrückt".

Gregor Wolf hat das Gefühl, dass es immer noch eine Klassen-Gesellschaft gibt. „Nicht

mehr so stark, aber die Unterschiede werden in letzter Zeit ja wieder größer", findet er. Er sieht die größte Kluft zwischen dem wohlhabenden Mittelstand

Man sollte der Liebe eine Chance geben, meint Kevin Schwarz.

Es kommt auf den einzelnen an, sagt Gregor Wolf.

und Sozialhilfeempfängern. Es kommt auf die Einstellung und gegenseitige Toleranz an, ob Liebe möglich ist, sagt der 16-Jährige.

Andere Kulturen

„Verschiedene Schichten gibt es immer noch, einen Adel aber nicht mehr", diese Auffassung hat Laura Völker, 15 Jahre. „Liebe bringt aber trotzdem keine Probleme. Wenn sie sich zwei Menschen lieben, hat da keiner etwas dagegen". Der gleichen Meinung sind Ina Madiev (17) und Franziska Ebert (15).

„In Deutschland gibt's das nicht mehr so arg, in anderen Kulturen schon", antwortet Kroll, 13 Jahre, auf die Frage, ob es in der heutigen Zeit ein Pro-

blem ist, einen Partner mit unterschiedlichem gesellschaftlichen Hintergrund zu haben.

Kevin Schwarz (18) meint, „unterschiedliche Schichten gibt es immer noch, vielleicht nicht mehr so stark. Aber es gibt sie. Wenn sich ein Paar aus zwei Schichten findet, können Probleme entstehen, weil die Eltern der sozial besser gestellten Person sich gegen das Verhältnis ihres Kindes sträuben. Das sollte man ändern, denn wo die Liebe hinfällt,...".

Man kann also zusammenfassen, dass Friedrich Schiller damals etwas zu Papier gebracht hat, das heute durchaus auch noch problematisch ist. Zwar kommt das Thema in anderer Weise vor, die Umfrage zeigt jedoch, dass es noch lange nicht gelöst ist und junge Menschen noch in unserer aufgeklärten Zeit bewegt.

(nh)

Solche Probleme gibt's eher in anderen Kulturen, so Urs Kroll.

Wenn sich zwei Menschen lieben, spielt alles andere keine Rolle – da sind sich Laura Völker, Ina Madiev und Franziska Ebert einig.

Heinrich von Kleist

Michael Kohlhaas

An den Ufern der Havel lebte, um die Mitte des sechzehnten Jahrhunderts, ein Rosshändler, namens Michael Kohlhaas, Sohn eines Schulmeisters, einer der rechtschaffensten zugleich und entsetzlichsten Menschen seiner Zeit ...

Anfang von: Heinrich von Kleist: Michael Kohlhaas

Alain Corbin

Pesthauch und Blütenduft

Dieser reichhaltigen Synthese ist noch einiges hinzuzufügen: die Gefängnisse, die Kirchen, die stinkenden Kloaken an den Seine-Ufern, wie etwa am Quai de Gesvres, und vor allem die Märkte, die ein regelrechtes Geruchsmosaik im Herzen des übelriechenden Paris bilden. Ab 1750 gilt den Hallen das besondere Interesse der neuen Wachsamkeit. Den unterirdischen Verschlägen entströmt eine ganze Skala fauliger Pflanzengerüche. An der Oberfläche, im Umkreis der „Scheißpforte", sind es die Fischausdünstungen, die dem Passanten den Atem verschlagen. Alles, was zur Auslage der Waren dient, ist derart mit üblen Gerüchen durchtränkt, dass es den fantasmatischen Wunsch nach Zerstörung unweigerlich belebt. Die Beobachter versuchen, den bis dahin undurchdringlichen Gestank im Zentrum der Hauptstadt zu analysieren: diesem Bemühen verdanken wir all die unerwartet detaillierten Geruchsbeschreibungen, die uns ein lückenhaftes, unvollständiges, am Riechorgan ausgerichtetes Bild von der Stadt vermitteln – ein Bild, das der unwiderstehlichen, harmonischen Logik des Gesichtssinnes entbehrt. Das Aufspüren der Ströme, die der Stadt ihre Gerüche aufprägen, bedeutet zugleich die Aufdeckung jenes Netzes, das die Krankheitskeime in Umlauf bringt und die Epidemie hereinbrechen lässt. Aus dieser neuen Sicht des städtischen Raums sollte – allerdings erst später – ein neues Verständnis der Gesellschaft entstehen. Im Augenblick bleibt der soziologische Entwurf noch sehr vage. Die Komplexität der Gefahren, deren Existenz an den Ausdünstungen des Bodens, des Wassers, der Exkremente, der Leichen und der unterschiedslos zusammengepferchten Körper abzulesen ist, widersetzt sich der Analyse. Bestürzt vom Geruch der Dinge und der fauligen Masse, sehen die Hygieniker zwar die Dringlichkeit ihrer Aufgabe, vermögen sie jedoch noch nicht systematisch einzuteilen. Erst das 19. Jahrhundert sollte dem neuen Verständnis eine Ordnung geben, eine Strategie entwerfen, die eine klare Trennung zwischen dem desodorisierten Bürger und dem stinkenden Volk impliziert.

[...]

Der proklamierte Niedergang animalischer Parfüms, dessen theoretische Rechtfertigung wir nun kennen, und der sich als ein erstaunlich komplexes Phänomen erweist, geht einher mit einer regelrechten Flut aus Frühlingsblumen gewonnener Öle, Essenzen und Duftwässerchen. Die Neuheit liegt vor allem in der Vielfalt. Am Hof Ludwigs XV. schreibt die Etikette täglich ein anderes Parfüm vor. Der große Erfolg des Rosenwassers dehnt sich aus auf Veilchen-, Thymian-, besonders aber Lavendel- und Rosmarindüfte. „Das Lavendelwasser", schreibt Malouin, „findet viel Verwendung bei der Reinlichkeitspflege und in den Kleiderkammern. Unter allen Gerüchen zeichnet der Lavendelduft sich dadurch aus, dass er gemeinhin jedem behagt." Als offizielle Bestätigung der neuen Sensibilität kommen um 1760 die nach der Marschallin und der Herzogin benannten Wässerchen in Mode. Ein paar Jahre später fügen die Pflanzendüfte der Südseeinseln den zahllosen Blütenessenzen eine exotische Note hinzu. Männer wie Frauen gehorchen den neuen Vorschriften; Casanova verspottet den jungen Baron Bavois, dessen Zimmer penetrant von „Pomade und Riechwässern" erfüllt ist. Die Parfümeure bieten Kompositionen an, „die man bei sich tragen kann", Parfüms, die nur zum Genuss da sind, ohne therapeutisches Ziel. „Wenn man Wohlgerüche bei sich trägt, verschließt man sie stets in kleinen Fläschchen, aus Sorge, diejenigen, die sie nicht mögen, zu inkommodieren", präzisierte Dejean. Mit Parfüms getränkte Wattebäuschchen werden in winzigen Räucherpfannen oder in die Kleidung eingenähten Kapseln am Körper aufbewahrt. Die Herren der eleganten Gesellschaft rivalisieren in der Kunst, Duftkompositionen zu analysieren. Der Besitz eines königlichen Parfüms weist die Zugehörigkeit zur Aristokratie des Raffinements aus. Casanova trägt das Fläschchen, das er aus der Umgebung Ludwigs XV. bekommen hat, am Gehänge seiner Uhr. Wir wissen, wie nachdrücklich der in der Bastille gefangene Sade seine Korrespondenten bittet, ihm reichhaltige Düfte zu schicken.

Alain Corbin. Pesthauch und Blütenduft. Eine Geschichte des Geruchs. © Verlag Klaus Wagenbach. Berlin 1984.

Die Erschaffung der Welt: Genesis 1,1–2, 4a

1   Im Anfang schuf Gott Himmel und Erde; [2] die Erde aber war wüst und wirr, Finsternis lag über der Urflut. und Gottes Geist schwebte über dem Wasser.

[3] Gott sprach: Es werde Licht. Und es wurde Licht. [4] Gott sah, dass das Licht gut war. Gott schied das Licht von der Finsternis [5] und Gott nannte das Licht Tag, und die Finsternis nannte er Nacht. Es wurde Abend, und es wurde Morgen: erster Tag.

[6] Dann sprach Gott: Ein Gewölbe entstehe mitten im Wasser und scheide Wasser von Wasser. [7] Gott machte also das Gewölbe und schied das Wasser unterhalb des Gewölbes vom Wasser oberhalb des Gewölbes. So geschah es [8] und Gott nannte das Gewölbe Himmel. Es wurde Abend, und es wurde Morgen: zweiter Tag.

[9] Dann sprach Gott: Das Wasser unterhalb des Himmels sammle sich an einem Ort, damit das Trockene sichtbar werde. So geschah es. [10] Das Trockene nannte Gott Land, und das angesammelte Wasser nannte er Meer. Gott sah, dass es gut war. [11] Dann sprach Gott: Das Land lasse junges Grün wachsen, alle Arten von Pflanzen, die Samen tragen, und von Bäumen, die auf der Erde Früchte bringen mit ihrem Samen darin. So geschah es. [12] Das Land brachte junges Grün hervor, alle Arten von Pflanzen, die Samen tragen, alle Arten von Bäumen, die Früchte bringen mit ihrem Samen darin. Gott sah, dass es gut war. [13] Es wurde Abend und es wurde Morgen: dritter Tag.

[14] Dann sprach Gott: Lichter sollen am Himmelsgewölbe sein, um Tag und Nacht zu scheiden. Sie sollen Zeichen sein und zur Bestimmung von Festzeiten, von Tagen und Jahren dienen; [15] sie sollen Lichter am Himmelsgewölbe sein, die über die Erde hin leuchten. So geschah es. [16] Gott machte die beiden großen Lichter, das größere, das über den Tag herrscht, das kleinere, das über die Nacht herrscht, auch die Sterne. [17] Gott setzte die Lichter an das Himmelsgewölbe, damit sie über die Erde hin leuchten, [18] über Tag und Nacht herrschen und das Licht von der Finsternis scheiden. Gott sah, dass es gut war. [19] Es wurde Abend, und es wurde Morgen: vierter Tag.

[20] Dann sprach Gott: Das Wasser wimmle von lebendigen Wesen, und Vögel sollen über dem Land am Himmelsgewölbe dahinfliegen. [21] Gott schuf alle Arten von großen Seetieren und anderen Lebewesen, von denen das Wasser wimmelt, und alle Arten von gefiederten Vögeln. Gott sah, dass es gut war. [22] Gott segnete sie und sprach: Seid fruchtbar, und vermehrt euch, und bevölkert das Wasser im Meer, und die Vögel sollen sich auf dem Land vermehren. [23] Es wurde Abend, und es wurde Morgen: fünfter Tag.

[24] Dann sprach Gott: Das Land bringe alle Arten von lebendigen Wesen hervor, von Vieh, von Kriechtieren und von Tieren des Feldes. So geschah es. [25] Gott machte alle Arten von Vieh und alle Arten von Kriechtieren auf dem Erdboden. Gott sah, dass es gut war. [26] Dann sprach Gott: Lasst uns Menschen machen als unser Abbild, uns ähnlich. Sie sollen herrschen über die Fische des Meeres, über die Vögel des Himmels, über das Vieh, über die ganze Erde und über alle Kriechtiere auf dem Land. [27] Gott schuf also den Menschen als sein Abbild; als Abbild Gottes schuf er ihn. Als Mann und Frau schuf er sie. [28] Gott segnete sie, und Gott sprach zu ihnen: Seid fruchtbar, und vermehrt euch, bevölkert die Erde, unterwerft sie euch, und herrscht über die Fische des Meeres, über die Vögel des Himmels und über alle Tiere, die sich auf dem Land regen. [29] Dann sprach Gott: Hiermit übergebe ich euch alle Pflanzen auf der ganzen Erde, die Samen tragen, und alle Bäume mit samenhaltigen Früchten. Euch sollen sie zur Nahrung dienen. [30] Allen Tieren des Feldes, allen Vögeln des Himmels und allem, was sich auf der Erde regt, was Lebensatem in sich hat, gebe ich alle grünen Pflanzen zur Nahrung. So geschah es. [31] Gott sah alles an, was er gemacht hatte: Es war sehr gut. Es wurde Abend, und es wurde Morgen: der sechste Tag.

2   So wurden Himmel und Erde vollendet und ihr ganzes Gefüge. [2] Am siebten Tag vollendete Gott das Werk, das er geschaffen hatte, und er ruhte am siebten Tag, nachdem er sein ganzes Werk vollbracht hatte. [3] Und Gott segnete den siebten Tag und erklärte ihn für heilig; denn an ihm ruhte Gott, nachdem er das ganze Werk der Schöpfung vollendet hatte.

4a Das ist die Entstehungsgeschichte von Himmel und Erde, als sie erschaffen wurden.

Die Bibel: Genesis 1,1–2, 4a.

Dieter Heckenschütz und Patricius Sauerbier

Das Soufflé. Die Geschichte eines Gourmands

Es war keinesfalls wie im Schlaraffenland, denn dort hätte es all jene Köstlichkeiten, die in Kisten und Kästen, Hafen und Trögen, Schalen und Schüsseln, Tiegeln und Töpfen wetteiferten, die Aufmerksamkeit der Passanten auf sich zu ziehen, für alle gegeben und nicht nur für die wenigen Glücklichen, die entweder durch die Launen des Zufalls mit bläulichem Blut in einer der Familien des Adels geboren worden waren oder aber, weniger durch Zufall, denn aus Berechnung, den Weg zur Geistlichkeit eingeschlagen hatten, der durchaus nicht nur jenseitiges Heil versprach, sondern auch jene höchst diesseitigen Freuden garantierte, wie sie ein gesättigter Magen zweifellos hervorrufen kann. Wir kennen unseren hässlichen Helden inzwischen gut genug; wir wissen, dass auch für ihn das Fressen vor der Moral kam. Wenn er mit seinen großen Sprüngen, mit seinem Buckel und seinen Säbelbeinen, mit einem Bücherpaket unter dem Arm, Huckendobels Geschäft verlassen hatte und die Rue Morgue hinunterhüpfte, lief ihm das Wasser im Munde zusammen, und der Geifer floss klebrig aus seinen Mundwinkeln. Schweineköpfe, Rinderköpfe, Kalbsköpfe und vor allem Schafsköpfe lagen aufgereiht nebeneinander und glotzten die Passanten aus gebrochenen Augen an. Schweinelungen, Rinderlungen, Kalbslungen und Schafslungen glänzten und gleißten, glibberten und bibberten im Sonnenlicht. Ganze Hirsche, Rehe, Füchse und Hasen hingen ausgeweidet an schmiedeeisernen Fleischerhaken, ihre Nieren, Lebern, Mägen und Därme lagen in offenen Fässern und Trögen, von denen Millionen Fliegen, die sich bekanntlich nicht irren, aufflogen, wenn Canailles Sprünge das Pflaster der Rue Daumier und den Place Diderot, die Champs Flaubert oder die Rue Villiers de l'Isle-Adam erschütterten. Den meisten Menschen, die zu jener Zeit in Paris lebten, war der Anblick der üppigen Fleischmassen von Kindheit an vertraut. Sie machten sich keine Gedanken darüber, und wenn sie Zeit zum Nachdenken fanden, überlegten sie, weshalb sie hungerten, obwohl Nahrung, nach der sie verlangten, doch offenbar reichlich vorhanden war. Das mutige Credo des vierzehnten Ludwig, sonntags müsse jeder ein Huhn im Topfe haben, war, nun ja, Propaganda geblieben. Canaille sah diese Köstlichkeiten zum ersten Mal und gierte danach, sie zwischen seinen Zähnen zu spüren und auf seiner Zunge zu schmecken. Auch nicht im entferntesten

vermochten jene zwei Kilo Schweinssülze und drei Kilo Blutwurst, die er in der Boucherie Eugene Sue für seine Folio-Bände bekommen hatte, seinen Hunger zu stillen. Er musste sich seit langer Zeit mit der wässrigen Buchhändlersuppe zufriedengeben, was sein Verhalten – nein, nicht entschuldigt –, aber doch wenigstens einigermaßen zu erklären vermag. Sobald er in die Nähe des ersten Verkaufsstandes kam, wurden seine Kängurusprünge langsamer. Er blieb stehen, an eine Hausmauer gelehnt oder in eine dunkle Ecke gezwängt, wartete, bis es über ihn kam, bis seine Zunge noch länger wurde, der Speichel noch reichlicher floss, und dann bückte er sich. Machte sich klein und kroch auf allen Vieren zu den Trögen und Fässern, Kisten und Kästen hinüber, in denen Austern und Garnelen, Hummer und Krabben, Enten, Fasane, Krammetsvögel und Wachteln, Schnecken und Froschschenkel, Sülzen, Tang und Flomenfett still vor sich hin verwesten. Züngelnd kroch Canaille von Verkaufsstand zu Verkaufsstand, leckte und schmeckte, kostete und nahm jede Einzelheit in sich auf, registrierte jede Geschmacksnuance. Schweinsköpfe aus der Normandie schmeckten völlig anders als Schweinsköpfe aus der Auvergne. Schweinsköpfe aus dem Languedoc unterschieden sich völlig von Schweinsköpfen aus der Provinz Maine. Wäre er zu höheren semantischen Einsichten fähig, es wäre ihm unbegreiflich gewesen, dass die Sprache dieser unendlich erscheinenden Vielfalt mit einem einzigen Wort beizukommen sucht: Schweinskopf. Schlicht und einfach: Schweinskopf. Und nichts sonst. Ähnlich, wie die Verschiedenheit der Schweinsköpfe, verhielt sich die Sache mit den Menschen. Unter dem Vorwand, völlig etikettenwidrig Handküsse verteilen zu wollen, griff Canaille wahllos nach Händen. Er schleckte Männerhände ab und Frauenhände und ließ seine lange Zunge klebrig über Kinderhände gleiten. Nur bei den Händen von Viktualienhändlern war er vorsichtiger, seit er von einem solchen, als Rache für die Schleimspur, die seine Zunge hinterließ, einen kräftigen Schlag mit der Sauglocke bezogen hatte. Zu spät! Canaille hatte auch den Geschmack des Viktualienhändlers längst in sich aufgenommen und registriert. Bald wusste er nicht nur, ob er einen Mann abschleckte oder eine Frau. Er wusste nicht nur, ob es sich um einen jungen Mann oder eine alte Frau handelte, seine Papillen unterschieden zwischen gesund und krank, vermochten nicht nur Berufe herauszuschmecken, sondern sie schmeckten sozusagen die ganze Biografie eines Wesens, die in jeder seiner Zellen gespeichert ist. Ein paar dieser Zellen blieben immer auf der Zunge unseres Helden zurück. Was brauchte er mehr, um sich sein Bild von der Welt zu machen? Längst hatte er die Gegend zwischen Rue Daumier und Place Diderot so genau abgeschmeckt, dass er sich in stockfinsterer Nacht mit verbundenen Augen zurechtgefunden hätte, auch wenn man seine Nasenlöcher mit einer Wäscheklammer verschlossen hätte. Auf dem Boulevard Zola war es dann auch, wo er zum ersten Mal nicht nur einen eindeutigen, klar von anderen Geschmäckern abzugrenzenden Geschmack wahrnahm, sondern eine ihm raffiniert erscheinende Kombination verschiedener Geschmäcker, die sich auf seltsame Weise gegenseitig durchdrangen und ihm wie eine Geschmackssinfonie vorkamen. Das war Rehschulter, aber nicht nur Rehschulter, sondern auch Schweinelende, aber nicht nur Schweinelende, sondern auch Schweinebauch, jedoch nicht nur Schweinebauch, sondern auch Pökelsalz, Piment, Nelke und Muskat. Mehrere Substanzen, jede für sich eine Substanz und ein Geschmack, hatten sich zusammengefügt oder waren miteinander verbunden worden, und eine neue Substanz mit einem neuen Geschmack war entstanden. Der Boden schien unserem Helden unter den Füßen zu fliehen, und er musste sich an eine Mauer lehnen und dort Halt suchen. Er war benommen – nicht nur, weil ihm die Markthändlerin, der er eine mit Liebe gekochte Rehmettwurst vom Verkaufswagen gefressen hatte, eins mit dem Schleifstahl übergebrannt hatte. Zuvor hatte er immer nur geschmeckt, was die Natur an Rohstoffen bereitstellte. Jetzt aber ahnte er, was der Mensch daraus alles machen konnte. Die Augen, nein, Zunge und Lippen gingen ihm über. Bisher hatte er mit Neugier gekostet, aber ohne besondere Bewunderung.

Jetzt begriff er, dass jene Rohprodukte, die er kannte (auch die Schlämmkreide der O und die Wassersuppe Huckendobels waren nichts anderes!), zu wunderbaren Speisen zusammengefügt werden konnten, die seiner Zunge schmeichelten, deren Bestimmung es nicht – jedenfalls nicht in erster Linie – war, seinen Magen zu sättigen, sondern seine Geschmacksnerven zu erregen, sie zu streicheln, mit ihnen sozusagen zu strippen und zu teasen, um sie irgendwann, wohlig erschöpft und ermattet, sich selbst zu überlassen. Als ihm dämmerte, welch großartige Chancen in dieser Möglichkeit lagen, schwindelte ihm aufs Neue. Er setzte sich auf eine Bank unter einer alten Platane, deren raue Rinde er nur verwirrt und ziemlich flüchtig ableckte. Eine Erleuchtung, deren Tragweite er dumpf zu ahnen begann, nahm ihm fast den Atem: Entfettete Schwarten, Schweinefüße, Schweinsohren, Kalbsbries, Lorbeer und Fenchel, Lammrücken, Rosmarin und Thymian, alles war schon in der Welt, und er wusste, wie es schmeckte. Zwischen gutem und schlechtem Geschmack vermochte er einigermaßen zu unterscheiden, er, hatte sich nur viel zu wenig darum gekümmert. Er hatte immer alles auf der Zunge spüren und hinter seiner niedrigen Stirn speichern wollen, was die Welt an Geschmäckern zu bieten hatte. Jetzt aber begann er, Produkte und ihre Geschmäcker zu kombinieren – leider noch ohne besonderes, bzw. nach einem höchst durchsichtigen Prinzip. Es waren Bizarrerien, die er schuf, wie ein Kind, das erfindungsreich mit Sprachbauklötzchen spielt.

Aus: Dieter Heckenschütz u. Patricius Sauerbier: Das Soufflé. Geschichte eines Gourmands. © Goldmann Verlag. München 1986.

Victor Hugo

Der Glöckner von Notre-Dame

Wir wollen den Versuch nicht machen, dem Leser eine Vorstellung zu geben von diesem Vierkant von Nase, von diesem Munde in Hufeisenform, von diesem kleinen, von einer roten, borstigen Braue überlagerten linken Auge, während das rechte ganz unter einer riesigen Warze verschwand; auch nicht von diesen unregelmäßigen, hie und da ausgebrochenen Zähnen, die den Schießscharten einer Festung ähnlich sahen; nicht von dieser wulstigen Lippe, über welche einer von diesen Zähnen wie der Hauer eines Elefanten herausragte; auch nicht von diesem gespaltenen Kinn und vor allem nicht von dem über dies alles gebreiteten Gesichtsausdruck, von diesem Mischmasch von Bosheit, Erstaunen und Traurigkeit [...] Träume sich, wer kann, dieses Gesamtbild aus! Das Beifallsklatschen war einmütig. Man stürzte nach der Kapelle hin. Man führte den glücklichen Narrenpapst im Triumphe heraus. Aber nunmehr waren das Erstaunen und die Bewunderung auf ihrem Gipfelpunkte. Denn die Fratze war sein Gesicht selbst! Oder vielmehr seine ganze Persönlichkeit war eine Fratze. Ein dicker, mit roten Borstenhaaren bespickter Kopf; zwischen den beiden Schultern ein ungeheurer Buckel, dessen Gegenstück sich vorn bemerkbar machte; ein System von Schenkeln und Beinen in so seltsamlich verschrobener Stellung, dass sie sich nur an den Knien berühren konnten und, von vorn gesehen, einem am Griffe verbundenen halbmondförmigen Sichelpaare ähnlich sahen; dazu große Füße und ungeheuerliche Hände; und mit all dieser Hässlichkeit verbunden eine unbeschreibliche, aber schreckliche Gebarung von Stärke, Behändigkeit und Mut – eine befremdliche Ausnahme von der ewigen Regel, welche verlangt, dass die Kraft wie die Schönheit aus dem Ebenmaße erwächst. So beschaffen war der Papst, welchen die Narren sich eben geschenkt hatten. Es war, als ob man einen Riesen vor sich sähe, der auseinandergebrochen und schlecht wieder zusammengefügt worden.

Aus: Victor Hugo: Der Glöckner von Notre-Dame. Aus dem Französischen von Philipp Wanderer. © Diogenes Verlag AG. Zürich 1985.

Riechen mit Verstand

Eine Chemikerin mit schwachem Geruchssinn ist die erfolgreichste Parfümeurin der Welt.

Heute ist Grojsman, 49, der Star unter den Parfümeuren. Kein Duftkompositeur ist erfolgreicher, keiner hat mehr Spitzenparfüms kreiert, keiner versteht es besser, das Aroma des Zeitgeistes mit derart ahnungsvoller Zielsicherheit für die Schönen und Reichen einzufangen. 45 der rund 800 Parfüms, die es derzeit auf dem internationalen Duftmarkt gibt, hat sie geschaffen – überaus erfolgreiche Kreationen, die fast alle auf den oberen Plätzen der Verkaufslisten rangieren. Und niemals zuvor war eine Nase, wie sich die Duftkompositeure selbst nennen, erfolgreicher als Grojsman in diesem Jahr: In den Charts der Spitzendüfte lagen fünf ihrer Kreationen unter den ersten zehn – das hat noch kein Parfümeur geschafft.

So komponierte Grojsman etwa das pudrig anmutende „Tresor", den derzeitigen Weltbestseller unter den Damendüften; des Weiteren „White Diamonds" und „Champagne", das der französische Designer Yves Saint Laurent bei ihr in Auftrag gab. „Eternity" und „Eternity for Men" entwickelt sie für Calvin Klein, der damit bislang viele Millionen Dollar verdiente. „Sophias Düfte", beschrieb der amerikanische Modemogul ebenso enthusiastisch wie metaphorisch, „sind wie sie selbst – sinnlich, aufregend, kurvenreich, einzigartig". Sophia kam in Lubcha, einem kleinen Ort in Belorussland, zur Welt. Spielzeug gab es keines, dafür Wiesen mit Narzissen, Veilchen und Wildkräutern. Dabei war es nicht die Schönheit der Natur, die das Kind faszinierte: „Es waren die Gerüche, die ich mir geradezu bildlich vorstellen konnte." Jeden Duft, der ihr vorschwebt, stellt sich Grojsman als Formel vor, aufgrund derer sie sich die Mischung der Zutaten vorstellen, sozusagen rational riechen kann – ähnlich wie der Komponist, der schon weiß, wie eine Melodie klingt, wenn er die Noten vor seinem geistigen Auge sieht. Drei bis fünf Parfüms entwickelt sie im Jahr, manchmal sind es auch nur zwei. In der Schlussphase, wenn sie die Düfte im Labor zusammenmischt, erprobt sie das Ergebnis an sich und ihrer Umwelt – bisweilen mit kuriosen Folgen: „Haben Sie keine Angst", erklärte ihr vor Jahren ein Mann, der sie im Central Park verfolgte. „Ich gehe nur Ihrem Parfüm nach, es ist wunderbar." Der Duft („Vanderbilt") wurde ein großer Erfolg.

ABBILDUNGSVERZEICHNIS

TEXTVERZEICHNIS

Es war uns leider nicht möglich, sämtliche Rechteinhaber ausfindig zu machen. Sollte ein Recht Ihrerseits betroffen sein, können Sie sich gerne bei uns melden.